中传学者文库编委会

主　任： 廖祥忠　张树庭
副主任： 蔺海波　李　众　刘守训　李新军　王　晖
　　　　　 杨　懿　柴剑平

成　员（按姓氏笔画排序）：
　　　　王廷信　王栋晗　王晓红　王　雷　文春英
　　　　龙小农　付　龙　叶　龙　刘东建　刘剑波
　　　　任孟山　李怀亮　李　舒　张绍华　张　晶
　　　　张根兴　张毓强　林卫国　郑　月　金　炜
　　　　金雪涛　周建新　庞　亮　赵新利　徐红梅
　　　　贾秀清　高晓虹　隋　岩　喻　梅　熊澄宇

中传学者文库

主编／柴剑平　执行主编／龙小农　副主编／张毓强　周建新

国际维度上的文化

李怀亮自选集

李怀亮 著

中国传媒大学出版社
·北京·

图书在版编目（CIP）数据

国际维度上的文化：李怀亮自选集 / 李怀亮著 . -- 北京：中国传媒大学出版社，2024.8.

（中传学者文库 / 柴剑平主编）.

ISBN 978-7-5657-3696-4

Ⅰ . G12-53

中国国家版本馆 CIP 数据核字第 2024WD9358 号

国际维度上的文化：李怀亮自选集
GUOJI WEIDUSHANG DE WENHUA：LI HUAILIANG ZIXUANJI

著　　者	李怀亮		
责任编辑	于水莲		
特约编辑	张斯琪		
封面设计	锋尚设计		
责任印制	李志鹏		
出版发行	中国传媒大学出版社		
社　　址	北京市朝阳区定福庄东街 1 号	邮　编	100024
电　　话	86-10-65450528　65450532	传　真	65779405
网　　址	http://cucp.cuc.edu.cn		
经　　销	全国新华书店		
印　　刷	北京中科印刷有限公司		
开　　本	710mm×1000mm　1/16		
印　　张	16.25		
字　　数	251 千字		
版　　次	2024 年 8 月第 1 版		
印　　次	2024 年 8 月第 1 次印刷		
书　　号	ISBN 978-7-5657-3696-4/G・3696	定　价	82.00 元

本社法律顾问：北京嘉润律师事务所　郭建平

总　序

　　媒介是人类社会交流和传播的基本工具。从口语时代到印刷时代，再经电子时代至今天的数智时代，媒介形态加速演变、融合程度深入发展，媒介已然成为现代社会运行的基础设施和操作系统。今天，人类已经迈入媒介社会，万物皆媒、人人皆媒，无媒介不社会、无传播不治理。今天，无论我们怎么用力于信息传播的研究、怎么重视信息传播人才的培养都不为过。

　　中国传媒大学（其前身为北京广播学院）作为新中国第一所信息传播类院校，自1954年创建伊始，即与媒介形态演变合律同拍、与国家发展同频共振，努力探索中国特色信息传播人才培养模式、构建中国信息传播类学科自主知识体系，执信息传播人才培养之牛耳、发信息传播研究之先声，被誉为"中国广播电视及传媒人才摇篮""信息传播领域知名学府"。

　　追溯中传肇始发轫之起源、瞩望中传砥砺跨越之未来，可谓创业维艰而其命维新。昔日中传因广播而起，因电视而兴，因网络而盛，今天和未来必乘风破浪、蓄势而上，因人工智能而强。在这期间，每一种媒介兴起，中传均吸引一批志于学、问于道、勤于术的

学者汇聚于此，切磋学术、传道授业，立时代之潮头，回应社会需求，成为学界翘楚、行业中坚，遂有今日中传学术研究之森然气象，已历七秩而弦歌不断，将传百世亦风华正茂。

自新时代以来，中传坚守为党育人、为国育才初心，励精图治、勠力前行，秉承"系统治理、创新图强、交叉融合、特色发展"的办学理念，牢牢把握高等教育发展大势、传媒业态发展趋势，瞄准"智能传媒"和"国际一流"两大主攻方向，以世界为坐标、以未来为向度，完成了全面布局和系统升级，正在蹄疾步稳、高质量推动学校从传统高等教育向未来高等教育跨越、从传统传媒教育向智能传媒教育跨越、从国内一流向世界一流跨越，全力建设中国特色、世界一流传媒大学。

中国特色、世界一流，在于有大先生扎根中国大地，汇聚古今、融通中外；在于有大先生执教黉门，学高为师、身正为范；在于有大先生躬耕杏坛，敦品积学、启智润心。习近平总书记更强调，高校教师要立志成为大先生，在教书育人和科研创新上不断创造新业绩。中传广大教师素来以做大先生为毕生职志，努力成为新时代"经师"与"人师"的统一者，做真学问、立高品行，践履"立德树人"使命。

2024岁在甲辰，欣逢中传建校70华诞，学校特邀约部分学者钩玄勒要、增删批阅，遴选已公开刊发的论文汇编成集，出版"中传学者文库"，意在呈现学校在学科建设、科学研究、服务行业实践等方面的最新成果，赓续中传文脉，谱写时代新声。

文库汇聚老中青三代学者，资深学者渊渟岳峙、阐幽抉微；中年学者沉潜蓄势、厚积薄发；青年学者踌躇满志、未来可期。文库与五十周年校庆所出版的"北广学者文库"相承接，大致可勾勒中传知识生产薪火相传、三代辉映之概貌,反映中传在构建中国特色新闻传播类、传媒艺术类、传媒技术类学科体系、学术体系和话语体系方面的耕耘与收获,窥见中国特色信息传播类学科知识体系构建的发展脉络与轨迹。

这一构建过程,虽筚路蓝缕,却步履铿锵;虽垦荒拓野,亦四方辐辏。一批肇始于中传,交叉融合、具有中国特色的学科,如播音主持艺术学、广播电视艺术学、传媒艺术学、数字媒体艺术学、政治传播学等,从涓涓细流汇入滔滔江河,从中传走向全国,展现了中传学者构建中国自主知识体系的学术想象力和创新力。文库展示的虽然是历史,实则是呈现今天;看似是总结过去,实则是召唤未来。与其说这套文库的出版,是对既有学术成果的展示,毋宁说是对未来学术创新的邀约。

回首过往,七秩芳华。我们深知,唯有将马克思主义基本原理与中华优秀传统文化相结合,才能推动中华学术创造性转化和创新性发展,推动中国自主知识体系的构建。我们深知,唯有准确把握媒介形态演变的脉动、深刻认知媒介形态变革所产生的影响,才能推动中国信息传播类学科自主知识体系的构建与时俱进。

展望未来,星辰大海。我们深知,以人工智能为代表的产业和科技革命正迅疾而来,媒介生态正在加速重构,教育形态正在全面重塑,大学之使命与价值正在被重新定义;我们深知,唯有"胸怀国之大者"、面向世界科技前沿、面向经济主战场、面向国家重大需求,才能确保中传始终屹立于中国乃至世界传媒教育发展之潮头。

如何应对人工智能带来的深刻变革,对中传而言是一场要么"冲顶"、要么"灭顶"的"兴亡之战"。我们坚信,不管前方是雄关漫道,还是荆棘满途,唯有勇敢直面"教育强国,中传何为?"这一核

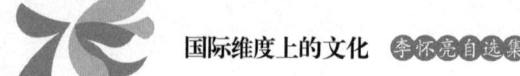

心命题，奋力书写"智能传媒教育，中传师生有为！"的精彩答卷，才能化危为机，奋力开创人工智能时代中传智能传媒教育新纪元。

功不唐捐，芳华七秩；风帆正举，赓续创新。

是为序。

第十四届全国政协委员，中国传媒大学党委书记、教授、博士生导师

目 录

第一章 文学与文化研究
- 第一节 文化在综合国力竞争中的地位越来越突出 …………… 001
- 第二节 中华传统文化与中华美学精神 …………………………… 003
- 第三节 试论中国现代文学社团的分类 …………………………… 004
- 第四节 骆宾基 1949 年前的小说 ………………………………… 011
- 第五节 论骆宾基"歌颂光明"的小说创作 …………………… 015
- 第六节 从中国现代文学看民族性格的构建 …………………… 020

第二章 中国文化"走出去"研究
- 第一节 文化"走出去"须统筹国际国内两个市场 …………… 029
- 第二节 "新冷战"条件下中国文化"走出去"的战略选择 …… 039
- 第三节 新秩序背景下我国文化"走出去"的逆接受效果分析 …… 048
- 第四节 中国文化"走出去"效果评估体系的构建 …………… 060

第三章 国际文化贸易研究
- 第一节 论国际文化贸易的现状、问题及对策 ………………… 074
- 第二节 中美文化贸易的新特点及中国"入世"后的对策 …… 098
- 第三节 国际文化贸易的影响因素研究 …………………………… 108
- 第四节 新政策环境下我国对外文化贸易发展路径 …………… 120

第五节 数字化条件下国际文化贸易的新趋势……………………………130

第六节 从市场占有率到价值引导力：中国对外文化贸易的
新趋势……………………………………………………………143

第七节 国际文化贸易格局下的中国文化出口策略………………………150

第四章 传媒经济与文化产业研究

第一节 文化产业发展与国家文化软实力的提升…………………………159

第二节 文化产业与经济增长关系的理论研究……………………………167

第三节 文化产业创新创造活力提升的重要渠道…………………………175

第五章 国际文化市场研究

第一节 多维视野下的国际电视节目市场——西方国际电视节目贸易
研究综述……………………………………………………………178

第二节 FTA 与中韩影视产业合作新空间…………………………………190

第三节 美国文化全球扩张和渗透背景下的百老汇………………………196

第六章 国际传播研究

第一节 西方话语霸权的消解与中国软实力的系统性构建………………204

第二节 "后全球化时代"的国际文化传播…………………………………211

第三节 从全球化时代到全球共同体时代…………………………………223

第四节 人类命运共同体理论与国际软实力格局的重构…………………229

第五节 美国软实力政策的变化：从小布什到特朗普……………………235

后记：李怀亮教授的文化研究印象……………………………………………246

第一章　文学与文化研究

第一节　文化在综合国力竞争中的地位越来越突出[*]

党的十六大报告指出："当今世界，文化与经济和政治相互交融，在综合国力竞争中的地位和作用越来越突出。"这一论断高度概括了当今世界文化、经济发展的新趋势和新特点，揭示了文化、经济和政治相互联系、相互促进的发展趋势，为我国社会主义文化建设指明了前进方向。

目前，在世界经济和文化发展中，出现了经济文化化、文化经济化、文化政治经济一体化的趋势。所谓经济文化化是指在现代经济的发展中，影响其发展文化的、信息的乃至心理的因素占有越来越重要的地位。文化经济化是指文化越来越具有经济价值，文化开始作为商品和服务进入市场，文化不但已经成为一门产业，而且在国民经济中具有举足轻重的地位。与此同时，文化与政治的关系也越来越密切。一些西方强国总是企图把自己国家的信仰、价值观和生活方式强加给其他国家。

随着信息时代和知识社会的到来，包括广播、电视、电影、新闻、出版、娱乐等在内的文化产业创造出了巨大的社会财富，在国内生产总值中所占的比重越来越大。现在许多发达国家已经把文化产业作为支柱产业。根据联合国教科文组织的统计，1980—1998年，印刷品、文学作品、音乐、视觉艺术、

---

[*] 文章原载于《求是》2003年第8期，收入本书时，略有删改。

摄影、广播、电视、游戏及体育用品的年贸易额从950亿美元激增至3880亿美元。这个数字还不包括多媒体、软件和其他版权产品的贸易。美国文化产品的出口收入已经占到其外贸总收入的38%。对文化产品的消费已经成为人们日常生活中不可缺少的重要组成部分，文化已经成为重要的消费领域。特别是随着社会生产力的发展，人们对生活质量的要求越来越高，为文化产业的发展提供了广阔的空间，而文化产业的发展又必然会依托和带动相关的产业，如视听业的发展就会带动新的电视设备、音响设备、传输设备等的研制和生产，从而使产业间形成良性循环。文化产业和其他产业间的相互渗透，会给其他的产业注入更多的文化含量，帮助和促进其他产业的产品和服务形成优势，从而给其他产业带来巨大的文化附加值。

历史上，国与国之间实力的较量往往体现在对土地、人口、能源和技术等因素的占有上。20世纪80年代以来，随着经济全球化的进程加快，人们不再仅仅注重经济和军事力量，而越来越看重包括政治、文化、科技和国民素质在内的综合国力，国与国之间的竞争越来越表现为综合国力的竞争。在综合国力中，经济实力和军事实力是物质基础，战略目的以及实现这一目的的意志、动员人民的能力等精神因素是使物质基础成为实际起作用的综合国力的必要条件。一切经济和军事的手段最终必须通过人的掌握运用才能发挥作用，而人是受到政治、文化等因素深刻影响的社会主体。在综合国力中，文化的功能在于通过对人的塑造和影响来增强或者涣散一个民族的凝聚力，从而最终影响综合国力的实现。

鉴于文化在综合国力中的重要作用，面对西方强势文化的挑战，提高中国文化国际竞争力的任务十分迫切。在全面建成小康社会的过程中，我们必须深刻认识文化建设的战略意义，大力推动社会主义文化的繁荣发展。要贯彻落实党的十六大提出的文化建设和文化改革的方针政策，积极发展文化事业和文化产业，不断增强中国特色社会主义文化的吸引力和感召力。2003年，我们必须抓住加入世界贸易组织的机遇，敢于迎接国际竞争中的挑战，大力推动各种文化产品和文化服务的出口，展示中国作为文化大国的良好形象，为更多的中国商品走向世界铺平道路，充分发挥文化在提高综合国力中的作用。

第二节 中华传统文化与中华美学精神*

中华优秀传统文化是中华民族在长期发展过程中形成的,其思想内容十分丰富,涉及哲学思想、人文精神、教化思想和道德理念等方面。总体来看,中国传统文化构成中,影响最大的当属儒、释、道三家。

先说秩序文化,也就是规范意识和秩序感。西方文化是建立在把人理解为"欲望的生物"这个基本前提上的,所以首重法律和宗教。中国传统文化却是建立在把人首先理解为"情感的生命"这个坚定立场上的,所以依靠道德和伦理来维系。孔子说"克己复礼为仁",孟子说"仁者,爱人",儒家为每一种情感关系附着一种道德纲目,如孝与慈、忠与恕、贞与信、义与和,正是希望在人的基本伦理亲情基础上,推己及人,建立起一整套的伦理体系,建立起一种由家庭推广至社会和天下的人伦秩序,正如孔子所说,"礼之用,和为贵",以情感的力量,通过道德约束,实现和谐社会,正是儒家对社会规范的理想设计。

由此出发,对于文艺创作来说,就是要从整个社会利益出发,为社会和谐与进步贡献正能量,而不是去一味暴露社会阴暗面,刻意渲染人性的丑恶,挑起社会矛盾,制造不和谐氛围。

再说创生性文化,其实也就是创新思维。老子说:"道生一,一生二,二生三,三生万物。"这与科技思维息息相通,但是科技思维往往致力于纷繁细节的再次裂变与细化,而道家的思维,却是向本原上溯求。

任何一种文化,从它萌生的一刻起,也如自然物一般具有自我增长的态势,如果得到了政治、经济、宗教或者其他力量的扶持,它就会迅速建立甚至膨胀泛滥,出现条条框框,这样就出现了如儒家的"礼教"在不同时期的束缚性。针对社会文化的各种过度建构,庄子的"齐物"思想正是一种解构

---

* 文章原载于《人民论坛》2016年第24期,收入本书时,略有删改。

性的"良方",庄子继承老子,消解各种对立概念,比如美与丑、贵与贱、健全与残缺等,以这种方式省思既有文化,打破人们对现有秩序的迷恋和盲从,为个体生命带来鲜活的生机。

最后再说慈悲文化,也就是悲悯意识。儒家的荀子谈到人性时感慨道:"人情甚不美,又何加焉。"所以他希望用"礼"来约束住人的欲望,但是他的学生接受了他的立场而又抛弃了他的观点,认为只有用"法"才能控制住横流的人欲。但是,儒家和法家对欲望的认识,都没有佛教来得宽广和彻底。

佛家的慈悲文化和大爱精神,与儒家的"仁爱"思想结合起来,在长期的历史发展过程中形成了我国高尚的历史文化价值观念,如崇高、正义、仁爱、善良、忠义等人文精神与人文传统。从这些高尚的文化价值观出发,我们就会去积极地关注民生、关注社会、关注人民的精神需求,发现现实的苦痛,发出时代的强音,而不是沉迷于那些暴力色情、低俗无聊、一味迎合低级趣味的作品。

第三节　试论中国现代文学社团的分类[*]

中国现代文学社团,不但数量众多,而且分布极广,这是中国现代文学的一个重要特点。对于这一重要的文学现象,我们应该进行专门的分类研究。本文仅就中国现代文学社团的定义和分类来谈谈笔者的一点看法,希望能起到一点抛砖引玉的作用。

所谓中国现代文学社团,是根据一定的文学或政治目的结合起来的作家组织,它的职能是作用于文学运动的发展。根据其性质,大致可将其分为三大类型:(1)以相同或相近的文学观点为旗帜所组织起来的同人团体,如文学研究会、创造社等社团;(2)以特定的政治思想以及这种政治思想指导下的文学思想为中心而组织起来的具有特定政治目的的团体;(3)因"职业"相同而

---

[*]　文章原载于《青海师范大学学报(社会科学版)》1985年第4期,收入本书时,略有删改。

组织起来的具有一定政治目的并以保护一般文艺事业的发展为前提的同业者组织，如中国著作者协会、中华全国文艺界抗敌协会等团体。这三个类型的文学社团的组织目的和方式、成员之间的相互关系、对文学运动发生作用的方式以及它们在中国现代文学史上所出现的时期，都有很大的差别。下面分别从这几个方面论述之。

一、以相同或相近的文学观点为旗帜组织起来的同人团体，主要有以下几个特点。

（1）大量出现新文学的"发难期"。章克标在《新文学概论第一章——新文学的起源》中这样描述道：

> 人有群性，人是群居的动物，由群性而发展成为集团，为阶级、为党、为团体，都根源于群性，则新文学之起源是与群性有关的。……在一间客室里，三五个投机的朋友在闲谈，于上下古今之余，其中有一位提议来办本杂志玩玩，另外的几个人也觉得新鲜有趣，大家赞同了。……这本杂志恰好是一本文学的杂志，又是很幸运地获得了不少读者，销路很好，居然不致蚀本。因了这本杂志，他们又求得了许多同志，投稿的人中颇有和他们志同道合，自然而然就形成了一个集团。①

并且由此而"群起效仿，出现了许多刊物的集团"。这段话中除了说办杂志的目的是"玩玩"不恰当外，所述大抵是符合新文学社团最初成立时的情形的。文学研究会、创造社都是这样建立起来的。同时，这些新文学社团的建立，也就是新文学的开始。可以这样说：中国现代文学运动的真正开始繁荣，是因为这种同人性文学社团的大量出现。中国现代文学初期的这些大量的同人性文学社团，是作为新文学运动的有生细胞出现的。正因为文学社团有这种重要作用，所以现代文学的领袖们，在他们开始投身于文学运动时，

---

① 章克标.新文学概论第一章：新文学的起源[J].论语，1937（103）：11-15.

无一例外地都注意到了建立文学社团的工作。鲁迅在东京弃医从文后的第一件事,便是组织社团,筹办《新生》杂志;郭沫若一踏上文学道路,便和陈君哲等组织夏社;茅盾也是文学研究会的主要发起人之一。

(2)自发性。无论鲁迅、茅盾还是郭沫若,他们在发起组织新文学社团时,都没有受到任何政党、阶级或组织的暗示,他们所建立的社团不负有任何政党的使命,社团的内部事务也不受外来力量的干涉。

(3)组织的松散性。这种社团内部的成员,仅仅是在文学主张上相同或相近,缺乏共同的政治思想基础和共同的远大目标。他们大都是一些小资产阶级的民主主义者,他们在五四新文化运动中接受了新思想,有反帝反封建的要求。但反封建之后应该进行什么样的社会革命呢?他们当中有的接受了马克思主义的思想影响,有的是无政府主义者,有的是基尔特社会主义者,政治思想各个不同,因而得出的答案也是不一样的。因此,在这些小资产阶级知识分子中间,就不可能有高度一致并且十分坚定的共同信仰,行动上不可能十分协调,他们所组成的文学社团也就必然在组织上是散漫和松弛的。如语丝社,它的成立宣言是他们并没有什么主义要宣传,各人的意见也不尽相同。因此,孙伏园最初邀集的十六个长期撰稿人中,有的都没有投过一次稿,而"所谓社员,也并无明确的界限",最初的撰稿者到后来所剩无几,"中途出现的人,则忽来忽去",甚至"只要投稿几次,无不刊载,此后便放心发稿,和旧社员一律待遇了",① 这就给了有些投机分子可乘之机,当他们失意时便利用《语丝》来发牢骚,一旦"功成名遂",就和它淡漠起来。文学研究会虽然有入会手续,但除缴纳会费外,对会员无任何约束,而且总会与分会之间也无隶属关系,"文学研究会这个团体从来不曾有过对于某种文学理论的团体的活动","它实在正象它的宣言所'希望'似的,是一个'著作同业公会'"② 所以造成这种状况的原因,主要是"本无所谓一定的目标,统一的战线",会员之间"意见和态度各不相同"。③ 对这种社团,鲁迅作了无比准确的

---

① 鲁迅.我和"语丝"的始终[J].萌芽,1930(2):53-91.
② 茅盾.中国新文学大系小说一集[M]//茅盾.导言.上海:上海文艺出版社,2003:1-32.
③ 鲁迅.我和"语丝"的始终[J].萌芽,1930(2):53-91.

概括:"文学社团不是豆荚,包含在里面的始终是豆。大约集成时本已各个不同,后来更有种种的变化。"①(《中国新文学大系小说集·导言》)因此,鲁迅在左联成立时,特别强调"联合战线是以有共同的目的为必要条件的"②(《二心集·对于左翼作家联盟的意见》)。为了增强社团的战斗性,鲁迅主张在20世纪20年代应该多成立小型的社团,因为成员一多,就会"因为希图保持内容的较为一致起见,即不免有互相牵就之处,很容易变为和平中正,吞吞吐吐的东西,而无聊之状,于是乎可掬。现在的各种小周刊,虽然量少力微,却是小集团或单身的短兵战,在黑暗中时见匕首的闪光……较之看见浩大而灰色的军容,或者反可以会心一笑"③。(《华盖集·通讯》)但是,我们也必须指出:这类社团虽然具有松散性,但它们既然作为一个集团,仍然有社员间的协作战斗,对社员也有一定的约束力。

(4)这类同人性社团对于文学运动发生作用的主要方式是促进文学创作的繁荣和推动文学流派的形式衍生。这类文学社团虽然"本无所谓一定的目标",但在它们的自由组合的过程中,大致相同或相近的创作主张,还是不可缺少的。这样,在一个社团成立的时候,它便招兵买马,团结了一批文学主张大致相同的作家,为流派的形成准备了一定规模的作家队伍。如文学研究会一成立便宣布:"把文学当作高兴时的游戏或失意时的消遣的时候,已经过去了。……文学必须研究和探讨有关人生一般的问题。"这是所有文学研究会的会员都接受的主张。它在这一旗帜下,团结了沈雁冰、叶绍钧、许地山、王统照、谢婉莹、郑振铎、朱自清、黄淑仪、许杰等一大批现实主义作家,他们都具有关心社会现实、反抗黑暗势力、寻求光明的共同的创作倾向,为文学研究会、为人生派小说这一流派的形成,奠定了作家队伍的坚实基础。同时,他们在为人生的旗帜下团结一致,共同对敌,在对鸳鸯蝴蝶派、学衡派的斗争以及与创造社的论争中,互相配合,使观点更加一致,为人生派小

---

① 茅盾.中国新文学大系小说一集[M]//茅盾.导言.上海:上海文艺出版社,2003:1-32.
② 鲁迅.二心集[M]//鲁迅.对于左翼作家联盟的意见.成都:四川人民出版社,2020:38-43.
③ 鲁迅.华盖集[M]//鲁迅.通讯.成都:四川人民出版社,2020:48-50.

说的形成奠定了思想基础。再有，他们利用自己团体的力量，出版刊物，发行丛书，为会员提供发表作品的园地，也推动了创作，并为流派的形成创造了条件。在中国现代文学史上，许多流派都是基于这类社团而产生的。

（5）小集团性。鲁迅曾经批评了某些同人社团的狭隘的做法。他说："现在的文艺界表面看来，似乎极其热闹，甚么甚么的社，一天比一天多。但多一个社却总除不了这么一套文学家：一个诗人，一个小说家，再有一个是批评家。……诗人拼命作诗，小说家拼命地作小说，批评家则拼命捧这两位文学家的作品，那一方面则拼命地贬斥以外的文学家。你也骂，我也骂，于是乎中国的文坛就不胜其热闹之至了。"（于一《追记鲁迅先生在女师大的讲演》，载《世界日报·骆驼》第117期）

二、以特定的政治思想以及这种政治思想指导下的文学思想为中心而组织起来的具有特定政治目的的团体，有以下几个特点。

（1）主要出现在第二次国内革命战争时期和解放战争时期。前一个时期属于共产党领导的有中国左翼作家联盟、北方作家联盟、中国左翼戏剧家联盟等，属于国民党团体的有中国文艺社、开展社、流露社等。后一个时期属于中国共产党领导的是中华全国文艺协会；国民党则另外组织中华全国文艺作家协会与之相对抗。这两个时期，国共两党展开了面对面的"肉搏"，都处于阶级斗争异常尖锐的时期，各个阶级和政党都要求用文学的武器为自己服务。可以说，这类社团都是为了适应尖锐激烈的政治斗争的需要而产生的。如中国左翼作家联盟就是为了适应中国共产党独立领导中国革命的形势所建立起来的，是在文学战线上和国民党所代表的大地主大资产阶级和帝国主义进行英勇斗争的坚强堡垒，它的宣言上便明确地写道："我们要把我们的艺术奉献给胜利——不然就死的血腥的战斗。"同样，国民党所建立的文学团体，也是从它的政治需要出发的。蒋介石政府定都南京后的前两年，虽然也建立了中国文艺社、线路社、开展社、流露社等团体，但它这时的主要精力在于对共产党所领导的工农红军进行"军事围剿"，尚无暇注意文艺，它的这些"御用"文学团体，也就毫无起色，鲜为人知。从1935年开始，在全国人民日益高涨的反日浪潮中，中国共产党提出了建立抗日民族统一战线，革命作家根据这一政策,提出了"国防文学"口号,在文艺界产生了广泛的影响。为了对抗共产党的统一战线政策,反对"国防文学"口号,国民党改组了它最大的御用文学团体——中国文艺社,并且建立了江西文艺社、江苏文艺协会、民族文化社等一大批由国民党党部插手经营的文学社团,扯起了民族主义文学的破旗,大肆批评共产党的统一战线政策和"国防文学"口号。

(2) 组织上的特点:因为这类社团的产生出于政治目的的需要,所以它们的建立往往得益于政党的帮助,而建立后的组织安排,就有政党的参与,如左联就是在中国共产党浙江省委的直接关怀下建立起来的。建立之后,左联在内部设立了党组,领导左联的工作。国民党方面的中国文艺社,直接领有蒋政府的巨额津贴,它的理事长是国民党中央党部宣传部部长叶楚伧,副理事长是张道藩,常务理事长是国民党中央宣传部副部长方治。因此,这类社团往往具有明确的共同目的与成员的纯粹性。其组织的严密性大大越过了第一类同人性社团。

(3) 这类社团对文学运动发生作用的方式,主要是推进文学思潮的发展。因为这些社团的成员是在政治思想一致的基础上团结起来的,因此,只要政治思想相同,不论作家是现实主义还是浪漫主义,也不论其创作风格是否相近,都可以加入。这样这类社团就很难发展成为一个主要是以创作思想和创作风格是否相近来衡量的文学流派。但是,这些社团为了服务于它们各自的政治目的都宣扬了一定的文学理论。左联成立了马克思主义文艺理论研究会和文艺大众化问题研究会,翻译介绍了大量的无产阶级革命文学理论,并多次开展了大规模的文艺大众化问题的讨论,同新月派、论语派、第三种人、民族主义文学展开了斗争,扩大马克思主义文艺思潮的影响。

(4) 革命社团的战斗性和国民党社团的腐朽性。这类社团虽然都具有以上几个特点。但因为它们所依附的政治势力不同,代表的阶级利益不同,彼此之间就又产生了不同。属于中国共产党领导的以左联为代表的革命文学团体,因为代表了历史的前进势力,团结了鲁迅、茅盾等一大批有影响的作家,成为20世纪30年代中国文坛最有影响的文学团体。而国民党所组织的中国文艺社,由于代表了黑暗的势力,任何一个正直的、前进的作家都不肯与它合作，那么大一个社团竟然没有一个有影响的作家，它的主干成员，不是国民党党棍，就是一些才能平庸如华林总干事一样的无名之辈。这样一个只能领津贴作报销的团体，是不堪革命作家一击的，这也充分地证明：国民党虽然当时在经济和军事上占有统治地位，但它从来没有获得过对于文化运动的领导权。

三、以"职业"相同而组织起来的具有一定的政治目的并以保护一般文化事业发展为前提的文学团体，具有以下特点。

（1）这类社团在中国现代文学史上经历了这样一个发展过程：1928年，郑伯奇、沈端先、李初梨、郑振铎等曾经发起组织中国著作者协会。1932年，陈望道、冯雪峰、孙师毅、陈子展、王礼锡也曾发起过同样的名称的组织。但是，这两个社团几乎都是刚成立不久便又于无形中解散了。1935年之后，为了响应中国共产党建立民族救亡统一战线的号召，中国左翼作家联盟自动解散，成立了中国文艺家协会、北平文艺家协会、中国诗歌作者协会、小说家座谈会等以"职业"相同组织起来的社团，号召全中国的文艺作家不分党派、不论创作思想是否相同，在抗日的旗帜下携起手来，共同作战，推动了文艺界的团结。但这时仍然没有建立起一个统一的、全国性的组织。直到抗日战争全面爆发之后，救亡图存成了摆在每一个不甘做汉奸的作家面前的共同的使命，文艺界才出现了来自各方面的组织起来的强烈呼声。于是，在广大革命文艺工作者的推动下，1938年3月27日在武汉中华全国文艺界抗敌协会成立了。该会除总会外，还在成都、桂林、昆明、曲江、三台、襄樊、宜昌、长沙、香港、延安、晋东南、上海等地建立了分会，在抗日的旗帜下，不分党派，团结了几乎全国所有的爱国作家。

（2）与第二类社团有相同之处：它们也具有较强的政治目的。如1932年的中国著作者协会的宗旨是"争取言论、出版、集会、结社之绝对自由，反对一切对于著作者的压迫，提高工作者的一切工作报酬，反对帝国主义文化、封建文化以及文化上的'法西斯蒂'政策，以集团的力量促进文化事业的发展。"（1932年1月15日《文化新闻》）中华全国文艺界抗敌协会的宗旨中的首要内容也是"联合全国文艺作家共同反对日本帝国主义的侵略，完成中国民族自由解放"。

（3）在组织目的和对文学运动发生作用的方式上与前两类社团的不同：第一类社团发动的动机，往往是借集体的力量来发行刊物、出版丛书，最终达到促进文学创作的目的；第二类社团是利用文学的武器来为特定阶级的政治斗争服务；而第三类社团却以"职业"相同相号召，它除了特定的政治目的外，还有保护一般的文化进展的职能。在这里，我们所谓"职业"相同，是指以文学著译为工作。而职业的特性，决定其必须具有买卖关系。工人为厂主制造产品，著作家售其译著给书商，同样都是出卖劳动。工人有工会这种联合群众力量以为本身的利益而斗争的组织，著作家在同样的意义下，也应该有自己的组织，这个组织的目的就是保护文化事业本身的发展。具体说就是争取出版、言论自由，保障作家权益。它的职能不是直接促进创作的繁荣和流派的形成，也不是掀起某种文艺思潮，而是保证整个文艺事业的发展。如在抗日战争期间，由于国统区经济恐慌，物价飞涨，许多作家无法维持生计，贫病交迫，使文学事业的发展受到了极大的阻碍。这时，中华全国文艺界抗敌协会作为一个合法存在的同业者组织，从 1940 年开始，便积极发起了保障作家权益、援助贫病作家的运动，帮助一大批作家解决了生活上的问题。同时，文协积极地投入了争取民主的运动，要求国民党政府给作家以出版、言论的自由。由此可以看出，这种类型的文学社团，往往成为革命作家们争取合法权益的一种手段。

第四节　骆宾基 1949 年前的小说[*]

骆宾基对人们灰色生活的鞭挞和对崇高的生活意义的追求，是受到了外国文学的深刻影响的。

骆宾基在《六十自述》里曾说他 1935 年在北京图书馆接触了列夫·托尔斯泰、狄更斯、普希金、陀思妥耶夫斯基、莫泊桑、契诃夫等 19 世纪文学大

---

[*] 文章原载于《文学评论》1987 年第 1 期，收入本书时，略有删改。

 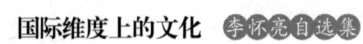

师们的著作,产生了"以文学艺术为武器,从事反帝反封建的革命宣传的意思"①。后来,他又阅读了果戈里和罗曼·罗兰等作家的作品,这些外国作家都为骆宾基所热爱,但他们对骆宾基的创作所产生的实际影响,并不相同。例如被称为"恶魔天才"的陀思妥耶夫斯基的那种令人战栗的心理剖析,骆宾基就不欣赏,而托尔斯泰和狄更斯对天真纯洁的童年生活的描绘,给了骆宾基很大的启发。当然,托尔斯泰对农民和劳动生活的热爱以及他的"心灵的辩证法",也对骆宾基有所影响。但这些作家给骆宾基的影响都是局部的、有一定限度的,真正能从整体创作倾向上给骆宾基以较大影响的是契诃夫、莫泊桑和罗曼·罗兰。骆宾基很欣赏莫泊桑的《项链》《羊脂球》《二渔夫》等作品,因为它们批判了资产阶级的道德的堕落,嘲讽了中小资产阶级卑下的精神世界和无聊生活。和莫泊桑相比,契诃夫给骆宾基心灵上的震撼更加强烈。契诃夫对人生意义的探求,是沿着两条线索展开的:一条是对灰色人生的解剖,另一条是对理想性格的塑造。"他憎恨庸俗,对庸俗的事情,无论如何微末,他都决不容情,他尽情讽刺、暴露落后思想的可厌方面——暴露那对国家命运的淡漠和缺少崇高的思想"②。契诃夫只有一个死敌:庸俗。他鞭挞漠视大变动时代的国家命运的人,描写官吏们、商人们、枯燥乏味的教师们和粗野的警察们,成功地揭露了那个庸俗世界的可悲和可笑。与此同时,契诃夫对那些虽然在生活中处于被动的地位、常常被欺侮,却仍然对未来充满希望而且不失自尊心的人们,怀着一种兄弟似的同情。特别是在后期,他走上了一条新的道路,他在作品中探索生活的意义,把一些新的动机——为未来而工作带到他的人物的生活与思想里来了。在他的剧本《海鸥》和小说《新娘》等作品中,我们可看到,小市民灰色生活的源泉枯竭了,而妮娜和娜嘉等人所代表的"富有朝气的青春力量,向着那诱惑人的、海阔天空的远处走去"③。骆宾基

---

① 骆宾基.骆宾基短篇小说选[M].北京:人民文学出版社,1980:493.
② 席达诺夫.论俄国作家[M]//杜尔希.论契诃夫.何家槐,译.上海:新文艺出版社,1953:121.
③ 沃罗夫斯基.沃罗夫斯基论文学[M]//沃罗夫斯基.安·巴·契诃夫.程代熙,译.北京:人民文学出版社,1981:264-268.

说他在这些作品中"感到了一种深沉的庄严的脚步声"①。这种深沉而庄严的脚步声,和骆宾基对生活意义的一贯积极追求,正好十分合拍。1935 年,骆宾基读了契诃夫的短篇小说《打赌》,受到了很大的启示,时隔五十年后的 1987 年,他在谈起这篇作品时,还能清楚地记起它的某些细节。从《乡亲——康天刚》中我们可以看出这篇作品对骆宾基的影响。《乡亲——康天刚》和《打赌》在题材、人物、故事乃至表现手法上,并没有什么相似之处;然而两者对人生哲理进行探索的规律是相同的,它们都可被视为哲理小说。年轻的律师(《打赌》)和康天刚,都从一个较低的出发点开始,经过长期的追求,达到了比原来高得多的思想境界,悟出了人生的真谛和哲理。如果契诃夫写那位律师经过十五年的孤寂生活后得到了两百万卢布,或骆宾基写康天刚十七年后娶到了他的意中人,这两篇作品的艺术价值就会变得不可想象。年轻律师从追求金钱开始,悟出了知识就是力量的妙谛,最后达到了超脱一切、否定现世庸俗生活的思想境界;乡民康天刚则从个人的爱情追求出发,最后遗忘了对爱情的追求。前者的追求给人的启迪是:知识比金钱更有力量,人们要唾弃现实社会中的庸俗生活。后者的追求则是:不要苟且偷安,而应当主宰自己的命运。这两种追求实际上是一种:追求生活的真正意义。在这种哲理高度的深层探索上,它们是息息相通的。此外,骆宾基笔下的曲秀芳(《五月丁香》),和契诃夫笔下的妮娜(《海鸥》)、娜嘉(《新娘》)等有着积极追求生活意义的共同精神特征。骆宾基憧憬着倔强的、反抗的自由灵魂,因而能与罗曼·罗兰的为自由而战斗的精神一拍即合。除了因为罗曼·罗兰是著名的反战作家,还有一个重要的原因是:抗战后期,国统区的大部分知识分子都处在一种灰色的日常生活的包围之中,他们不甘消沉,要抗争,可是又被切断了伸向血与火的生活吸取革命斗争能源的血管。于是,他们就转而向自己的内心世界来寻找战斗的力量,他们找到了罗曼·罗兰。骆宾基就是他们中的一个。罗曼·罗兰的进取的、个人奋斗的精神,和骆宾基要做生活强者的思想结合起来,甚至影响到了他的性格、气质。

---

① 骆宾基.初春集[M]//骆宾基.略谈契诃夫.南昌:江西人民出版社,1982:192-196.

骆宾基的小说又深深地植根于中华民族几千年来的心理结构和文化传统之中。他的小说常常表现着一种对理想品格的追求,为了使这种追求更加清楚,我们不妨再做一个简单的比较。萧红的《小城三月》《呼兰河传》和骆宾基的《幼年》,都有小孩子看见大人偷东西的情节。《呼兰河传》中的小女孩自己也偷家里的东西,看到有二伯偷东西后,又把这当作一个把柄去"敲诈"二伯,让他给她买糖吃。骆宾基在谈到契诃夫的《坏孩子》时,曾说这种类似的"敲诈"行为背后,"实在是隐藏着一些可怜和可痛的东西"[1]。他的《幼年》中的小主人公看到姜仰山伯父偷自己儿子家的东西后,姜仰山要他保密,他的心灵受不了这种重压,从乡下回到了城里。《呼兰河传》的小主人公想吃烤鸭子,便把鸭子往井里赶,《幼年》中的小主人公无意中打死了邻居的小动物,便常常在心里深深地谴责自己。萧红是在写一种叛逆性格,骆宾基则有着浓厚的道德意识。他在追求着一种纯洁的心灵和强大的道德力量。因此,他对于生命价值的思考常常表现为一种对理想人格的追求。中国的传统文化,是一种内省的智慧,在能动的主体责任感中产生了人的自尊和对人的尊重。他最重视的不是确立对于外间世界的认识,而是致力于成就一种伟大的人格。"三军可夺帅也,匹夫不可夺志也""岁寒,然后知松柏之后凋也""志士仁人,无求生以害仁,有杀身以成仁""可以托六尺之孤,可以寄百里之命,临大节而不可夺也""士不可以不弘毅,任重而道远""富贵不能淫,贫贱不能移,威武不能屈""举世誉之而不加劝,举世非之而不加沮"。这些都无非表现了一种人的自尊和自重,表现了一种人格的力量!中国传统文化的这种对于理想人格的追求,充满着与命运作斗争的积极进取的精神。这种理想化的人格,成了中国历代知识分子自身修养的目标。骆宾基从小就受到中国传统文化的陶冶,继承了中国知识分子的优秀品格。他笔下的康天刚、邰浩然,就是这种民族性格的体现者。这种为祖国可以"杀身成仁"的民族精神,在当时的民族革命战争中,最值得我们珍视。

骆宾基对外国文学的学习是自觉的,而中国传统文化对他的影响是以一

---

[1] 骆宾基.初春集[M]//骆宾基.略谈契诃夫.南昌:江西人民出版社,1982:192-196.

种深入骨髓、不易被发现的形态存在着的。中国传统文化"渗透人们的生活、关系、习惯、风俗、行为方式和思维方式,通过传播、熏陶和教育,在时空中蔓延开来。对待人生、生活的积极进取精神终于成为中华民族的一种无意识的集体原型现象,构成一种民族性的'文化—心理结构'"①。这种"文化—心理结构"是"超稳定型"的,能够同化和接纳外来思想中与它相适应的部分。骆宾基对契诃夫、莫泊桑、罗曼·罗兰等的积极进取思想的接受,便是受到这种心理机制的影响的。把外来的积极进取精神纳入中国传统文化追求理想人格的"文化—心理结构",是骆宾基小说创作的思想基础。

第五节　论骆宾基"歌颂光明"的小说创作[*]

一

骆宾基在中华人民共和国成立后一些谈创作的文章中都强调在社会主义时代文学的主要任务不是暴露黑暗而是歌颂光明。他曾经打算写一组连续性的短篇小说,总题就叫"歌颂"。确实,1949年后他创作的小说也从来没有一篇以揭露社会问题而引起过像《组织部新来的年轻人》或《本报内部消息》那样的轰动。从总体上来说,这也是20世纪50年代文学创作的一个时代特色。我们可以很容易地把这种现象追溯到我们党当时的某些文艺政策,看作骆宾基对毛泽东同志《在延安文艺座谈会上的讲话》的自觉实践。这些都是正确的,但这只是的一个方面,我们不能因为时代的原因而忽视了作为创作主体的作家自身,否则就会把事情简单化。我认为骆宾基在1949年后创作的小说以歌颂光明为主,并不是简单的"遵命文学"。这里面有他独特的审美追

---

① 李泽厚.中国古代思想史论［M］.北京：人民文学出版社,2020.
＊ 文章原载于《河北学刊》1994年第5期,收入本书时,略有删改。

求，而这种审美追求也并不是1949年后才出现的。

骆宾基认为文学作品的色泽应该是明快、淡雅的，能给人以清新的感觉。郁达夫的浪漫感伤之作，曾风靡五四时期。当时许多青年连行动和服饰都模仿郁达夫作品中的主人公，但骆宾基并不喜欢这种过分宣泄感情的方式。巴金的《家》曾使多少为婚姻自由和民主事业而奋斗的青年热泪盈眶，但骆宾基却更喜欢那种表现含蓄而非一泻无余的作品。契诃夫作品中的笑声吸引了骆宾基，他在契诃夫的作品中找到了适合自己的冷静、含蓄、幽默的表现方式。他追求幽默，但并没有流于油滑，而是给自己的小说涂上了一层喜剧的色彩，他并不回避现实，但在他的作品中却少见血淋淋的场面描写，在这一点上他和孙犁有一种相同之处：即使不可避免地要写到一些充满了人生辛酸的场面，似乎也要把它淡化。"节制"和"心理距离"使骆宾基的小说有一种淡淡的幽默、轻松和明快的色彩。

明白了骆宾基的这种美学追求，我们就不难理解，在20世纪50年代充满了锣鼓和鞭炮声的喜庆日子里，他是多么容易激动地挥起五色的彩笔，把新时代描绘得更加美丽！没有必要讳言，由于骆宾基把"歌颂"作为自己的主要任务，过分注重表现生活中的光明面，有时便不免部分地删削、修改了生活，如他在《我的创作历程》中所说的他对《父女俩》中那个父亲形象的处理，我认为是不妥的。但是，也大可不必因为骆宾基的"歌颂"，我们就把他的作品视为"歌功颂德"之作从而对它不屑一顾。且不说他作品中那如初春的新绿一般的色彩、那诗情画意般的意境，仍然可以给今天的读者以美的享受，他作品中所"歌颂"的内容，在今天也是健康的、美好的。

二

既然是"歌颂"，就难免要在作品中配合党和政府的某些具体政策，即我们所批评的"用形象图解概念"。这一点，骆宾基既然生活在那个时代就很难免俗，如《年假》就是骆宾基为了宣传党在过渡时期的总路线而写的。但骆宾基绝大多数的小说都不是为配合某项具体政策而作的。他的"歌颂"并不是盲目的赞美,而是有他自己对生活的独特理解的。1949 年前骆宾基一直在思索和探讨着生活的意义。1949 年后,他从亿万劳动人民在祖国的社会主义建设中表现的劳动热情中,找到了生活的真正意义。他 1949 年后的小说所要"歌颂"的,是他从劳动人民身上发现的"劳动美"。

马克思认为:"生产生活也就是类的生活。这是创造生命的生活。生命的活动的性质包含着一个物种的全部特性、它的类的特性,而自由自觉的活动恰恰就是人类的特性。……正是通过对对象世界的改造,人才实际上确证自己是类的存在物。这种生产是他的能动的、人类的生活。"①"我的劳动是生活的自由表现,因而我享受了生活的愉快。"②但是,人类的这种本质,在私有制下却被异化和扭曲了:"异化劳动从人那里剥夺了他所生产的对象,从而也剥夺了他的类的生活。"③这时,"对劳动者说来,劳动是外在的东西……劳动者在自己的劳动中并不肯定自己,而是否定自己,并不感到幸福,而是感到不幸,并不自由自在地发挥自己的肉体力量和精神力量,而是使自己的肉体受到损伤、精神遭到摧残"④。只有到了共产主义,人的全部本质才能够充分发挥出来。

骆宾基认为:"凡属于创造性的产物,它本身就含着创造者的全部生命和精力的因素。若是创造者不把全部生命和精力贯注到他的生产事业上去,那么,虽然客观上有了必要的环节条件,那种奇迹式的创造物,还是不可能出现的。""我们中国劳动人民具有这样一种困苦不屈的英雄气概。""这种精神是中国劳动人民优秀传统之一,而给历代统治者所摧残、压制、掩埋了很久的年代,直到 20 世纪初叶,已经呈现一种枯萎状态。"但在初春般的社会主义祖国,"所有潜伏在中国劳动人民气质上的优秀品质,都像度过酷冬的本已凋敝的枯树一样,在这给人民带来了'春天'的阳光底下,抽芽、放叶,一天天普遍的茁壮起来。人们在爱国主义的生产竞赛中,对生产劳动本身产生

---

① 马克思.1844 年经济学哲学手稿[M].刘丕坤,译.北京:人民出版社,1979:50.
② 卢森贝.十九世纪四十年代马克思恩格斯经济学说发展概论[M].方钢,杨慧廉,郭从周,译.北京:生活·读书·新知三联书店,1958:20.
③ 马克思.1844 年经济学哲学手稿[M].刘丕坤,译.北京:人民出版社,1979:51.
④ 马克思.1844 年经济学哲学手稿[M].刘丕坤,译.北京:人民出版社,1979:47.

了强烈的热情……在劳动过程中获得了一种创造过程所给予的困苦与欢乐，在劳动中产生了一种感性的节奏和旋律，形成了劳动的热情。这时候，生产劳动对于他，已经成为一种获得胜利欢乐的感性的热爱，而不仅仅是完成爱国生产任务而仅有的一种单纯的理性支配"①。骆宾基把具有这种英雄气概的人称作"生产艺术家"。他所"歌颂"的，主要就是这种劳动热情。如果说孙犁善于发现劳动人民身上的人性、人情美，并把发掘、表现这种美作为最高的艺术追求，那么，骆宾基便最注重发现、歌颂劳动人民身上那种作为"生产艺术家"的高贵品质，并把表现这种美作为自己的艺术理想。他笔下的普通人王妈妈、老魏俊等人物形象将因为这一点而永远放射出动人的光彩。

三

骆宾基在中华人民共和国成立后写的小说主要是"歌颂"而很少对不合理的事物进行直接的揭露和尖锐的抨击，但这并不能说明他没有看到生活中存在的问题，而只是因为他有自己反映问题和处理问题的方式。

骆宾基反复说过，他在中华人民共和国成立初期创作的作品中不揭露现实中的阴暗，是出于对新生的社会主义祖国的热爱，因为那时我们的政权刚刚建立，还不稳固，歌颂应当留给自己，暴露却只应当限于敌人。这决不是作家事后的辩解。正是因为这样一种心情，骆宾基对现实生活中所存在的问题不采取直接揭露的方式，而是在作品中塑造出理想的新人形象，以此来对现实中不合理的事物和暂时还不觉悟的干部群众进行苦心孤诣的讽喻。如现实中存在着官僚主义作风和不关心群众疾苦的干部，他就塑造一个处处为群众着想，做群众贴心人的干部形象来给大家做榜样。

我们知道骆宾基 1938 年入党，1949 年前曾两次被国民党逮捕。他对党是忠心耿耿的，在 1956 年却曾被当作"胡风分子"的怀疑对象被错误地隔离审查了一年。此后，又被下放到黑龙江省的边远农村，受到了一系列不应有的

---

① 骆宾基.初春集[M].南昌：江西人民出版社，1982.

歧视。他从自己的切身感受和对现实的观察中发现,当时党内存在着不信任群众的错误。但是,怎么样来反映这个问题呢?骆宾基没有站在对立的立场上对党进行攻击,也没有站出来大嚷大叫,指手画脚地申斥,而是在对正面典型形象的塑造中表达了自己对党群关系的深刻思索和自己的理想。《暴雨之后》中的老伐木工人张广义,在深夜河边的营火旁为年轻的共产党员、生产科科长王祥讲述了他和局党委书记老陆之间的一段友谊,也写了那种党群之间的血肉联系在新一代党员与群众之间的发展。《山区收购站》写两位国家工作人员对待群众利益和群众关系上的不同态度。这篇小说作于1961年,写的是"大跃进"时期的事情。"大跃进"时期采取一切为生产服务、一切为钢铁让路的方针,当时黑龙江农村的大批山产运不出去,国家只好停止收购,给人民生活带来了影响。面对前来交售山葡萄的社员,收购员王子修只是想:葡萄决不能收,国家的资金不能糟蹋。因此,他几乎与群众站在了对立的位置。而年轻的主任曹英却主动为群众着想,想到用山葡萄酿酒的方法,既没有浪费国家的资金也没有让山葡萄烂掉。在对群众的关系上,王子修作为国家的一个收购员,生怕社员沾了国家的光,因此尽量把收购价格压低,这时他就成了一个狭隘的"国家利益者",只想着怎样从社员手里多为国家赚些钱。在这种思想指导下,他自然就变得不相信群众,而以为只有自己才爱护国家利益。曹英与他不同,她充分相信群众的思想觉悟和爱国热情,让陈老三自报价格,陈老三得到了信任,报的价格公平合理,马上就做成了一笔生意。关于王子修这个人物,作者说他:"总以为唯有自己是热爱社会主义祖国,为社会主义祖国的建设积累资金的爱国主义思想,但这种思想,却是以排除自己的朋友,贬低自己的朋友的思想,甚至是在无形中伤害自己的朋友为标志来表明的。"[①] 从作品中的描写到这段话,再联系骆宾基在1956年之后因"胡风事件"而被放逐到黑龙江农村,长期得不到信任,我们可以体会到作者当时"寄意寒星荃不察"的隐衷和心曲。可贵的是,在这种情况下,他并没有丧失信心、丢掉理想,因此,他能够既揭露出当时社会上存在的问题,

---

① 骆宾基.初春集[M].南昌:江西人民出版社,1982.

引人对某些错误的政策进行深思，又很好地解决了问题，为我们塑造了主任曹英这样发着光彩的典型形象。

第六节　从中国现代文学看民族性格的构建[*]

本文把从"五四"时期文学对国民性的研究到当前小说的文化寻根看作一种本体的运动，其核心和目的都在于民族性格的构建。这种持续的运动，丰富了我们民族的人格理想。

一

近代中国人，由洋务运动到维新变法，终于发现了仅仅"振兴实业"和实行"立宪国会"，并非"根本之图"。[①]"此后最要紧的是改革国民性，否则，无论是专制，是共和，是什么什么，招牌虽换，货色照旧，全不行的。"[②]"要打倒一两个帝国主义者和资本家是容易得很，可是要打倒这一种中国民族的卑劣的阴险性，却真是谈非容易。中国的人心早死了。"[③]基于这种认识，他们甚至褊狭地认为："政治的革新，是不中用的了，须得有精神上的改革去支配一切。"[④]在这种思想的支配下，"五四"作家大都自觉地充当着精神医生的角色，寻找着中华民族性格中的病症。中国近代史上的每一次"鞭击"，都抽打着他们的心灵。他们不得不痛苦地操起"解剖刀"，从中国人的性格心理中寻找失败主义的病根。

《阿Q正传》可以说是鲁迅给中国国民性所开的一份诊断证明书。许多

---

[*] 文章原载于《青海师范大学学报（社会科学版）》1988年第4期，收入本书时，略有删改。
[①] 鲁迅.鲁迅全集：第一卷[M]//鲁迅.文化偏至论.北京：人民文学出版社，2006：20-29.
[②] 鲁迅，景宋.两地书[M].北京：人民文学出版社，1952.
[③] 郁达夫.奇零集[M]//郁达夫.公开状答日本山口君.上海：开明书店，2009：43-52.
[④] 傅斯年.白话文学与心理的改革[J].中国新文学大系，1935（1）：202-392.

患有心理病的人在过想象生活时会产生一种自己觉得伟大的迷惘症,这就叫作补偿作用,追溯起来这些人有一种自卑的情愫。[①] 阿 Q 的精神胜利法,就其实质来说,乃是一种自卑情绪。他在现实生活里处处失败,却不敢正视现实,整天生活在幻想中,他自认门第高,辈分大,和别人比丑,健忘,自打嘴巴,自轻自贱第一,听天由命。这种心理症,是失败主义的产物。就其不敢或无力与现实抗争这一点而言,阿 Q 的性格和郁达夫早期作品中的主人公于质夫的性格实质是一样的。于质夫有着严重的性变态心理症。他不是恋爱里的悲伤者,而是从心理上根本没有勇气去追求性对象,不敢去恋爱,是一个强烈的自卑狂。正常情况下两性关系中男性的"侵略性因素",在他身上完全丧失了。这就造成了他在性心理上的被动地位,他不能也不敢占有性对象,从而也没有丝毫的勇气在生活中追求什么。他自卑自贱,自我虐待,自我作践以致最后自杀,是一个地地道道的弱者形象。

在叶绍钧和巴金的笔下,我们也可以发现一大批与阿 Q、于质夫一样,属于同一谱系的弱者形象。叶绍钧最成功的作品是那些批判小市民愚弱性格的小说,如《饭》《校长》《潘先生在难中》等。巴金笔下的弱者形象,都有一个像面团一样任人揉搓的性格,从周如水(《春天里的秋天》)到高觉新(《家》)再到汪文宣(《寒夜》),构成了巴金笔下的弱者形象系列。

不仅五四运动时期,我们在 20 世纪 40 年代的一些具有"五四眼光"的作品中,也可以找到这类形象,如丁玲《太阳照在桑干河上》的侯忠全和赵树理《李有才板话》中的秦老汉,都以胆小怕事的性格为特征。

由此可见,"软弱"是"五四作家们"诊出的中华民族性格中的一大病症。

二

中国现代作家刻画这些弱者形象,对他们进行批判、解剖,是为了呼唤

[①] 康克林. 变态心理学原理 [M]. 吴绍熙,徐儒,译. 北京:商务印书馆,1936.

强者。郁达夫把自己打扮成"模拟的颓唐派",并不是为了让别人模仿,他曾感叹世人不知他心中的甘苦:"我是弱者,我是庸奴,我不能拿刀杀贼,我只希望读我此集的诸君,读后能够昂然兴起,或者竟读到此处就将全书丢下,不再将有用的光明,虚废在这些无聊的呓语之中,而马上就去挺身作战,杀尽那些比禽兽还相差很远的军队,那我的感谢,比细细玩赏我的作品,更要深诚多了。"① 叶绍钧写小市民的愚弱是为了"讽它一下",巴金写觉新是为了让他睁开眼睛,走向反抗的道路。

这一时期以及稍后的作家,在批判"软骨症"的同时,也塑造了一系列强者的形象,最突出的有狂人(《狂人日记》)、莎菲(《莎菲女士的日记》)、高觉慧(《家》)、李冷(《灭亡》)等。这些形象的特点是:在个人与社会的冲突中,他们已不再妥协、屈服,而是把个人凌驾于旧世界之上,对旧的社会、伦理、道德和思维方式进行彻底的粉碎。他们宁可与旧社会同归于尽,也不愿低下自己高贵的头颅。狂人产生了对旧世界存在合理性的根本怀疑,踢了古久先生的陈年流水簿子,发誓要同"猎人打完狼子一样",除灭吃人的人。莎菲大胆地发问:"你以为我所希望的是'家庭'吗?我所欢喜的是'金钱'吗?我所骄傲的是'地位'吗?"这里有对一切传统的生活方式和道德标准的大胆的否定。一切世俗的东西她都不需要,她只需要一种真正的爱情。弗洛伊德说:"欲望,在男人身上是指提高自我人格的野心,在青年女子身上就是性欲。"② 她执着地追求着情欲的满足,肯定生命的感性形式。她的"本我"无时无刻不在与社会所造成的"超我"相对抗。感性与理智、个人与社会的冲突使她处在极端的痛苦中。虽然她在严酷的社会现实面前到处碰壁,但她决不向现实认输。她没有像冰心小说中的女主人公们那样躲向母亲的怀里,也不像许地山作品中的女主人公从宗教中得到内心的平静和安慰,而是勇敢地实践了自我对社会成规的超越。巴金笔下的李冷、陈真、吴仁民、高觉慧等青年形象,虽然具体性格有别,但有一些共同的特征。他们勇敢地追求正常

---

① 郁达夫.寒灰集[M].北京:中国文联出版公司,1998:1-6.
② 弗洛伊德.创造性作家与昼梦[J].侯国良,顾闻,译.文艺理论研究,1981(3):150-155.

人的生活，反抗命运和环境的摆布，他们体内"潜伏着过多的生命力"，需要散发出来为社会、为他人而工作，他们对旧制度充满了憎恶感，愿为人类的幸福牺牲自己。

无论是狂人、莎菲还是巴金笔下的"高觉慧们"，在旧世界面前都具有一种勇于破坏一切而不可被征服的大无畏气概，洋溢着英雄主义的气息。他们是现代作家们有意识针对第一类弱者形象而被当作有理想的性格的人来塑造的。如果说作家们通过阿Q、于质夫、高觉新、周如水等形象，对中国人性格中怯懦的一面进行了批判，那么作家们塑造这一类理想形象，是想用包含着较多外来文化成分的价值观念、思想信念以至思维方式，来改变中国人传统性格中的某些特点，向人们昭示：做人要做这样的人。

狂人，可以说是鲁迅早年所理想的"精神界战士"的突出代表。鲁迅心目中的"精神界战士"，不迎合世俗的传统道德和多数人的意见，具有坚定的信念和顽强的斗争精神，立志改革社会，拯救人类，不达目的，决不罢休。只有如此"多力善斗之士，即忤万众不慑之强者"，才足以做将来社会的"桢干"和"柱石"。莎菲刚问世不久，就被人称为"现代女孩"（modern girl），认为她患有西方的"世纪病"。中国传统的"非礼勿视，非礼勿言，非礼勿动"，"坐莫摇身，笑莫露齿"以及什么三从四德之类的约束和中国传统妇女身上柔弱服从的特点，在莎菲身上，一点也找不见。莎菲，可以说是最集中、最突出地体现了西方个性解放思潮的女性文学形象。巴金笔下的"高觉慧们"身上有着一些俄罗斯无政府主义者的身影。巴金曾经系统地研究并翻译过无政府主义理论家克鲁泡特金的著作。但是，对于作家巴金来说，最重要的也许不是无政府主义的一整套政治思想，而是无政府主义者和俄罗斯民粹派革命家身上所体现着的那种人格力量。巴金曾在许多文章中用赞美的口气谈到克鲁泡特金。他在克鲁泡特金《我的自传》中译本的序言中曾对读者说："我决不想向你宣传什么主义。不过想指示一个道德的发展的人格之典型给你看，教给你一个怎样为人怎样处世的态度。你也许会像许多人那样地反对他的主张，你也许会象另外许多人那样信奉他的主张；然而你一定会像全世界的人那样要赞美他的人格，将承认他是一个最纯洁最伟大的人，你将爱他敬他。"①这种人格就是真挚、热情、叛逆反抗和勇于牺牲。很明显，鲁迅呼唤"精神界之战士"，巴金憧憬无政府主义思想，其用意都在于针砭"阿Q"的失败主义和"高觉慧"的怯懦性格，试图把强者、战士的血液注入他们，使他们由麻木和冷漠变得热爱生活，由唯唯诺诺变得勇敢叛逆，由失败主义走向英雄主义。我们不能不承认，鲁迅等作家所提倡的英雄主义，在一定程度上改变了传统人格的结构，在中华民族的血液中注入了新的生机。

三

在中国新文学发展的第一个十年中，作家们的着眼点主要放在揭出中国人性格中所存在的病苦上，以"引起疗救的注意"。在"疗救"的过程中他们又主要把西方的人道主义、个人主义精神当作对症的"药方"。随着现代中国革命的发展，作家们越来越多地看到了潜藏在中国人民身上的许多可贵品质。鲁迅前期重点批判国民性的低劣，"三一八"惨案、五卅运动、北伐革命以后，他于20世纪30年代写下了著名的《中国人失掉自信力了吗？》一文，尖锐地批评了当时流行的不相信人民群众革命力量的社会思潮，宣称："我们自古以来就有埋头苦干的人，有拼命硬干的人，有为民请命的人，有舍身取法的人……虽是等于为帝王将相作家谱的'正史'，也往往掩不住他们的光耀，这就是中国的脊梁。"②基于这样的认识，他以浓墨重彩的如椽巨笔，塑造了大禹（《理水》）和墨子（《非攻》）等代表民族脊梁的形象。大禹和墨子艰苦朴素的生活、不辞劳顿的奔波、言行一致的作风等，都被鲁迅当作中国人民传统的品质和美德，进行了热情的歌颂。抗日战争全面爆发后，在反侵略的艰苦斗争中，中华民族越来越显示了她的伟大的品格，越来越多的作家开始描绘和歌颂体现在劳动人民身上的民族精神，民族形式也得到了空前的重

---

① 克鲁泡特金.我的自传[M].巴金，译.北京：人民文学出版社，2007：405-409.
② 鲁迅.且介亭杂文[M].南昌：江西教育出版社，2018：86-88.

视，民族文化得到了宣扬。孙犁的小说，极力发掘劳动人民身上存在的人情、人性美，歌颂他们的爱国主义精神。老舍的《四世同堂》使传统性格在烈火中经受严酷的锻炼，让它放出光辉的异彩。祁老者、祁瑞宣、韵梅、祁天祐、钱默吟和其他小羊圈胡同的好邻居们以他们各具特色的声音，汇成了一曲礼赞中国人优秀品格的多声部合唱。《四世同堂》的全部艺术描写深刻地表明：在几千年文化传统基础上形成的民族性精华，有它不可摧毁的生命力。郭沫若的《屈原》塑造了屈原这个象征着中华民族爱国主义精神的形象。20世纪40年代许多话剧从历史事实取材，如阿英的"南明史剧"，表明作者们对中国传统文化的热爱。

不过，具有强烈的时代使命感和历史责任感的现代作家，并没有去一味地歌颂传统文化。鲁迅说他写作《故事新编》的重要原因之一是"想把那些坏种的祖坟刨一下"[①]。鲁迅把《故事新编》中的女娲、后羿、宴之敖、大禹、墨子当作勤劳勇敢、富于反抗精神、为人民谋利益等优良传统的象征，在他们身上提取我们民族精神的精华；而对于老子、孔子、庄子、伯夷、叔齐，则极力讽刺嘲笑，揭发他们的种种消极思想，因为这些思想的流毒绵延不绝，显现在当时不少人身上。《故事新编》几乎写到了先秦大部分思想家，我们可以把这部作品看作鲁迅有意进行的对中国古代文化的一次大检讨。在诸子中，鲁迅把其当作歌颂对象的只有墨子一人，而对于墨子，鲁迅也只是肯定他的"苦干""硬干"精神，并不是肯定他所代表的小生产者的思想体系。这就说明鲁迅并不是在思想体系上来肯定中国传统文化的。老舍的《四世同堂》掘出了民族精华，也毫不留情地批判了传统文化中的保守成分。它的一个重要主题就是批判市民的苟活性格，批判造成这种性格的思想文化传统。由此可见，中国现代文学史上最天才的作家们对传统文化和外来文化的态度是开放的，气魄是宏大的。传统，既不是"国粹"也不是废物。他们以对传统的批判，打破了传统的封闭性，在传统的血脉中注入了西方的先进思潮和人格理想，使传统得到了新生。他们热爱中华民族的传统文化，但并不盲目，他们

---

① 鲁迅.致萧军萧红[M]//鲁迅.鲁迅书信集：下.北京：人民文学出版社，1978：670.

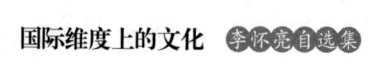

把传统文化、性格,放到现实的炼狱中,让它纯净,让它发光,让它肯定自己从而超越自己。这样,在"五四文学"所形成的新传统,已经有了新的积淀:我们在眉间尺和宴之敖(《铸剑》)身上可以感到"精神界战士"的气质,在祁瑞全的身上可以看到高觉慧的影子,大禹和墨子在鲁迅的《故事新编》中也早已不是古代的英雄,而被融入了现代战士和强者的特点。

我们不可忽视这种新的积淀。这种积淀渗入这个时期成长起来的青年的心里,这些进步青年中又有一大批作为新鲜的血液,融入了我们党的"机体"。民主和科学的精神,唤醒了广大工人和农民群众。可以说,没有新文化运动对中华民族性格心理的调整,就不会有20世纪40年代抗日战争的胜利,神州大地就不会挺起胸膛,甚至不会有我们党在经历了"浩劫"后的振作。这绝不是耸人听闻!

四

中国经历了许多动荡,作家们在伤痕的隐痛中开始深刻的反思,他们感到我们这个民族巨大的内在生命力:它依靠自己的力量战胜内部的封建主义和腐朽政治。可以说,这本身就是一种民族自信心的表现。那么,这种力量来自我们民族内部的哪个方面呢?作家们似乎是毫不犹豫地齐声回答:人民。诚然,人民是我们民族的支柱。但我们是靠着人民身上哪些因素来实现浩劫后民主的振作呢?是靠了中国农民小生产者的思想意识吗?是他们的吃苦耐劳的忍让精神吗?我想都不是。使我们的民族在十年沉睡后焕发出勃勃生机的真正原因,是新文化运动所倡导的民主与科学精神!这股春风当初曾鼓舞着众多热血青年投身革命的洪流。当初的"高觉慧"和"莎菲"们,带着他们被五四精神洗礼过的思想,在1949年后奋战在我们党和国家的各条战线上。今天我们党和国家的领导者中有许多就是当时五四运动和历次学生运动中的骨干。鲁迅、巴金、丁玲等所塑造的新的民族性格,已作为一种新的积淀渗透到千万中国人心中。我们的民族就是靠了这种对民主精神的向往战胜了封建专制的遗风,依靠科学的力量战胜了愚昧,才开始了新的腾飞。

以鲁迅作品为代表的"五四文学"在中国人的性格心理中加入了一种富有生命力的新的因素,使我们整个中华民族受益匪浅。而在20世纪80年代,以《雪落黄河静无声》为代表的一些新时期文学作品,却没有做到这一点。受这种思潮的影响,有些文学作品表现了狭隘、保守的思想。如《鲁班的子孙》把代表新的经营方式的小木匠当作否定性人物来处理,极力赞扬尊奉老祖宗"古训"的老木匠,并为这种古训的丧失感到怅惘和不安。作者不是从深邃的历史意识出发来把握生活的基本矛盾,而是局限在狭小的见地和感情中不能解脱。应该看到,这样的作品有意无意地肯定了中国人性格中保守、落后的一面。

五

在新时期文学中,阿城、李杭育等的小说,表现了一种新的性格追求的倾向。

《棋王》中的王一生,不像"五四"时期文学作品中的知识青年那样颓丧感伤,把自己小小的悲欢视为整个宇宙;也不像《家》中的高觉慧那样以民族的命运和人民的安危为己任,慷慨激昂,向一切旧势力挑战;更不像"文革"时期小说中的红卫兵闯将那样飞扬跋扈。20世纪以来中国文学的青年形象是以感情的大幅度起落、内心的巨大冲突、性格的昂扬激烈和反叛精神为基本特征的。王一生带着他的超然和飘逸走入了中国现代文学的形象画廊,就显得非常惹人注目。

在人类社会,重要的有三件事情:一是温饱,二是生存,三是发展。当千万中国人处于水深火热之中,为了生存而离乡背井、啼饥号寒的时候,任何与他们有着相同思想感情的作家,自然不会奢谈什么"修身养性"的超然雅趣。他们乐则大笑,悲则大叫,正视淋漓的鲜血和惨淡的人生,在可诅咒的地方击退可诅咒的时代。他们不愿躲到"艺术之宫"或"象牙之塔",而宁愿徘徊在十字街头。这时,当温饱和生存的基本问题解决后,中国文学开始谋求"发展"。新民主主义革命时期的作家写的是"生",新时期的一些作家开始写"性"(修身养性)。老一代作家的作品中激荡着争生存求解放的焦灼,

"阿城"们的态度却要比他们从容舒缓得多。"衣食是本,自有人类,就是每日在忙这个。可囿在其中,终于还不太象人。"(《棋王》)他们写下棋,写读书(《孩子王》),写人与自然(《树王》《最后一个渔佬儿》),特别注重高级层次的人类文化活动,因而能在较为恬淡的心情中揭示人的一些微妙心理。

这时的小说,更多地把艺术的焦点集中在政治、社会和伦理的人际关系方面,而阿城、李杭育等却注重写人的"文化心理"。他们在评判其人物时,并不仅仅以简单的"落后"或"先进"来作依据,而是注重揭示人物心理中的审美价值。这和他们对待中国传统文化的态度是一致的。他们清楚地看到,"我们的文化传统确实不大理想。那里面糟粕居多;其中有一些还是全世界最腌臜的"①,但他们不愿轻易地把这种传统打发掉,他们知道,"古往今来,文学始终向往着个性"②,这个"个性"就是美。这已不是五四运动时期那种用西方的思想武器来批判中国传统文化的简单化做法了,而是站在现代文化思想的高度来审视已往的一切传统的做法。

李杭育笔下"葛川江的老一代儿女们似乎已被时代遗忘","他们身上却有一种揪心的美"③吸引着我们。画屋师爹的生财之路受到了现代生产方式和现代观念的冲击,但他的画屋技术被评为民间艺术,受到赏识(《沙灶遗风》);弄潮的老头因为迷信观念而丧生,但他临死之前又那样平静、从容(《珊瑚沙的弄潮儿》);最后一个渔佬儿顽固地坚持落后的生产方式,穷到眼巴巴地看着自己的女人跟了别人,但同时表现了他对大自然的迷恋和对葛川江的忠诚(《最后一个渔佬儿》)。这些人身上的小生产者的落后意识自然不足为训,但对他们身上表现的那种令人震惊的美,我们却无法抗拒。作者所关心的已不仅是农民怎样学习科学技术、掌握先进的生产方式而发家致富,也不仅是对他们身上的落后意识的改造,而是从更高层次的审美角度来思考什么样的人格才是健全的。他们试图用现代人的眼光去审视传统文化,发现其中的审美意义,在现代中国文学性格的塑造中,添画了俊逸的一笔。

---

① 李杭育. "文化"的尴尬[J]. 文学评论, 1986 (2): 50-54.
② 李杭育. "文化"的尴尬[J]. 文学评论, 1986 (2): 50-54.
③ 王蒙. 葛川江的魅力[J]. 当代杂志, 1985 (1): 235-237.

第二章　中国文化"走出去"研究

第一节　文化"走出去"须统筹国际国内两个市场*

国内市场和国际市场之间是一个相互依存的关系。统筹国际国内两个市场,是中国文化产业发展到一定阶段之后的必然要求和必然选择,也是中国文化产业"走出去"的最大"瓶颈",是中国从文化产业大国向文化产业强国迈进的战略调整机遇。统筹国际国内市场的关键在于市场规则体系的统一,中国近年来致力于推动文化产品走向国际市场,但着力点基本上是各种政策优惠,而较少涉及市场规则体系的调整。我国今后应当从市场规则体系的调整入手,构筑文化强国的基础。

2014年3月,国务院发布的《关于加快发展对外文化贸易的意见》提出要"统筹国际国内两个市场、两种资源……在更大范围、更广领域和更高层次上参与国际文化合作和竞争,把更多具有中国特色的优秀文化产品推向世界"。和国务院此前发布的同类文件相比,"统筹国际国内两个市场、两种资源"是一个新的主张。在文化产业全球化发展趋势日益明显的环境下,这种新的主张,对我国的文化贸易发展起到更加积极的指导作用。本节将对这一主张的形成进行一个历史的回顾,分析必须"统筹国际国内两个市场、两种资源"的深层原因,并从企业层面和市场规制层面进一步探索统筹国际国内

---

* 文章原载于《现代传播(中国传媒大学学报)》2015年第7期,收入本书时,略有删改。

两个市场的路径和措施。

一、"统筹国际国内两个市场"是中国文化产业发展到一定阶段的必然要求和必然选择

进入21世纪以来，中国非常重视文化产品"走出去"工程，并积极探索"走出去"的路径和措施。

近年来，国家层面有关"走出去"的主要政策文件有：（1）中共中央办公厅、国务院办公厅印发的《关于进一步加强和改进文化产品和服务出口工作的意见》（中办发〔2005〕20号）；（2）国务院办公厅转发财政部等部门的《关于鼓励和支持文化产品和服务出口的若干政策》（国办发〔2006〕88号）的通知；（3）商务部、外交部、文化部、国家广电总局、新闻出版总署、国务院新闻办公室颁布的《文化产品和服务出口指导目录》；（4）商务部、文化部、国家新闻出版广电总局、中国进出口银行颁布的《关于金融支持文化出口的指导意见》；（5）商务部等十部门颁布的《关于进一步推进国家文化出口重点企业和项目目录相关工作的指导意见》（商服贸发〔2010〕28号）；（6）国务院印发《关于加快发展对外文化贸易的意见》（国发〔2014〕13号）。除了这些专项文件之外，国务院发布的《文化产业振兴规划》和《中共中央关于深化文化体制改革、推动社会主义文化大发展大繁荣若干重大问题的决定》等关于文化和文化产业综合发展的文件，也对发展对外文化贸易提出了指导性意见。

通过对以上政策的文本细读，我们可以发现政府对中国文化"走出去"的财政、税收支持力度越来越大，对中国文化"走出去"的主体、渠道、内容、策略等问题的认识越来越深入，思路越来越清晰。特别是对于国内国际两个市场关系的把握越来越准确。

这些文件表明我国对文化贸易作用的认识有一个不断深化的过程。2007年的《文化产品和服务出口指导目录》表明我国当时更多是从扩大文化外交的角度来认识"走出去"的。2014年的《国务院关于加快发展对外文化贸易

的意见》是这样表述的:"将发展文化产业、推动对外文化贸易与促进经济结构调整、产业结构优化升级相结合,与扩大国内需求、改善人民群众生活相结合,促进服务业发展、拉动消费和投资增长。"一个人均收入 1000 美元的国家的消费者,与一个人均收入 1 万美元的国家的消费者,其消费偏好和欣赏水平肯定大为不同。因此,这两个国家之间的文化折扣就可能很大。所以,只有把文化产业、文化贸易和实体经济的发展结合在一起,文化和经济相互促进,才有可能真正提高我国文化的国际竞争力。"丝绸之路"和"海上丝绸之路",为文化贸易提供了新的机遇。

2005 年中办发 20 号文《关于进一步加强和改进文化产品和服务出口工作的意见》,对于什么样的文化产品适合走向国际市场,什么样的文化产品难以适合国际市场的需求,并没有做出区别,支持力度也是一样的:"支持和鼓励杂技、戏曲、戏剧、曲艺、音乐、舞蹈、民间文艺赴国外开展商业演出及美术品、工艺美术品等商业展览活动。"这种所有艺术门类、所有文化产品不加区别齐步走的做法,显然没有考虑到国内市场和国际市场的消费偏好和市场需求有很大差异,是一种一厢情愿的做法。虽然这个文件也提到"注重贴近不同国家和地区的实际,尊重其宗教信仰和道德标准,贴近各国人民对中国文化的需求,贴近国外受众的欣赏习惯",但这与"统筹两个市场"还不是一个层面的概念。

2009 年国务院出台的《文化产业振兴规划》指出要大力发展对外文化贸易,"重点扶持具有民族特色的文化艺术、展览、电影、电视剧、动画片、网络游戏、出版物、民族音乐舞蹈和杂技等产品和服务的出口,抓好国际营销网络建设。支持动漫、网络游戏、电子出版物等文化产品进入国际市场。鼓励文化企业通过独资、合资、控股、参股等多种形式,在国外兴办文化实体,建立文化产品营销网点,实现落地经营"。这里提到的"产品进入""营销网络建设"和"在国外兴办文化实体",主要还是聚焦我国文化产品"走出去"的方式和方法问题。2011 年《中共中央关于深化文化体制改革推动社会主义文化大发展大繁荣若干重大问题的决定》指出要"推动中华文明走向世界""开拓国际文化市场",但文件的概括性很强,并没有具体阐述如何"开拓国际文化市场"，也没有提及国际国内两个市场的关系。

2014年3月，国务院发布的《关于加快发展对外文化贸易的意见》（以下简称《意见》）提出要"统筹国际国内两个市场、两种资源……在更大范围、更广领域和更高层次上参与国际文化合作和竞争，把更多具有中国特色的优秀文化产品推向世界"。这种"统筹国际国内两个市场、两种资源"的新思想，从国际文化市场竞争总体格局出发，统揽全球化时代文化竞争的新态势，更加贴近国际文化贸易的实际，不仅对我国文化产品走向国际市场具有更强的指导意义，而且站在一个新高度，对中国文化产业参与国际市场大循环、调整发展方向，都具有重要的理论意义和实践价值。

二、国际国内两个市场的依存关系

（一）产品出口国的可能性决定于它的国内需求

只有在国内已经存在大规模需求的产品，在国际市场上才会是具有相对优势的产品。在长期地致力于满足国内需求的过程中，企业规模日益扩大，成本降低，产品就会具备国际竞争力。

在实体经济领域，国内市场与国际市场的相互依存关系已经得到了反复证明。瑞士手表、日本相机、美国飞机，都是以国内市场为立足点，进而占领国际市场的。在文化传媒产业，比较典型的例子是美国的电影和电视剧。美国的电影和电视剧有发育良好的国内市场。美国的电影和电视剧之所以在国际市场上具有竞争力，很大程度上是因为其在国内市场已经取得成功，可以收回成本并获得利润。这就使其在国际市场上拥有极大的价格优势。美国的两位学者E.M.罗杰斯（E. M. Rogers）和大卫·沃特曼（David Waterman）在他们合著的《远东地区电视节目制作与贸易的经济状况》中指出，假设一个国家的国内生产总值越高，或者这个国家的广播电视基础设施规模越大，这个国家从美国进口电视节目的比例就越低；相反，如果一个国家国内生产总值越小，或者其广播电视基础设施规模越小，这个国家从美国进口电视节目的比例就越大。^①这说明，如果一个国家国内市场空间大、做得好，就更容易取得国际市场的有利地位；相反，如果一个国家国内市场规模狭小，该国家就很难在国际市场上取得这种优势，而往往被别国淹没。最典型的案例是新加坡的纪录片制作公司。由于没有国内市场作依托，这些公司只能为美国的探索频道（Discovery Channel）代工。

（二）两个国家的需求结构越相似，这两个国家之间的贸易量越大

如果两个国家的偏好越相似，需求结构越相似，即两个国家的需求结构中重叠部分越大，那么，这两个国家之间的贸易量也就越大。如果两个国家需求结构完全一样，一个国家的可供进出口的物品也就是另一个国家可供进出口的物品。

统筹国际国内两个市场的基础是消费者的需求偏好。从产业内贸易的角度来看，国际国内两个市场需求偏好越接近，发生贸易的可能性越大。所谓"产业内贸易"是指一个国家在出口的同时又进口某种同类产品。这里的"同类产品"是指按国际贸易标准分类至少前三位数相同的产品。[2]他们既出现在一国的进口项目中，又出现在一国的出口项目中。"到目前为止，产业内贸易仍然主要在发达国家之间进行，并在工业化。国家的制成品在贸易中处于主导地位。"[3]根据联合国教科文组织提供的资料[4]，印刷品、文学作品、音乐、视觉艺术、摄影、广播、电视、游戏及体育用品的贸易，绝大部分是在少部分国家之间进行的。日本、美国、德国和英国是世界上文化产品最大的出口国，占全部出口额的一半；文化产品进口也高度集中于美国、德国、英国和

---

① WATERMAN D, ROGERS E M. The economics of television program production and trade in Far East Asia [J]. Journal of communication, 1994, 44 (3): 89–111.

② 根据1971年联合国颁布的《全部经济活动的国际标准产业分类索引》(SITC)的标准来划分。根据这一标准，录音制品的分类号为8983，图书及其他印刷品的分类号为8921，艺术作品的分类号为8960。

③ 陈家勤. 当代国际贸易新理论 [M]. 北京：经济科学出版社，2000：27.

④ CANO G A. Culture, trade and globalization: guestions and answers [M]. New York: UNESCO Publishing, 2000.

法国。文化产品的进口和出口高度集中于少数几个国家的现象，属于典型的产业内贸易。文化产品及服务的进出口贸易主要集中于少数几个发达国家的原因还与这些国家的需求偏好相似有关。

（三）消费资本积累会影响到文化产品的贸易模式

艺术消费非常容易使人上瘾（addictive）。诺贝尔经济学奖获得者乔治·斯蒂格勒（George Stigler）和加里·斯坦利·贝克尔（Gary Stanley Becker）1977年在他们的论文《偏好是无可争辩的》中指出，从音乐消费中产生的边际效用依赖于消费者已经消费的总量及其欣赏音乐的能力，而欣赏音乐的能力又是以往音乐消费的一个函数。在消费音乐的过程中，消费者的"消费资本"会增加。受教育的程度越高，已经建立起来的消费资本越多，消费者的"消费资本"（consumption capital）增长也就越容易。在价格及收入不变的情况下，消费资本的积累可能会导致消费者对音乐商品实际需求的变化。① 把这一原理运用到文化艺术产品的国际贸易中来，把个人的消费积累扩展到社会消费资本积累，我们就会清楚地看到来自国外的陌生的艺术，在刚开始的时候，都会遇到"文化折扣"：此时，人们还没有像对待本国艺术那样建立起对外国艺术的个人消费资本，由于大家都不了解这种来自国外的艺术，社会的消费资本也有待发展、培育。我们把语言、地理等因素考虑进来，发现各种文化之间越接近，相关消费资本的差距也就越小，因此文化贸易也就越大。文化亲近是地理距离、共同语言及以往文化贸易历史等因素的一个综合函数。不同国家之间对外国文化艺术品的消费资本的积累是极不平衡、不对称的。然而，对外国文化艺术的消费资本一旦建立起来，外国文化艺术的疏异感和异域色彩就会越来越淡。最终，文化消费资本积累的效果得到强化，它们会变成民族文化的一部分。

综上所述，根据产业内贸易和需求偏好理论，对照我国文化产业发展的

---

① ETZIONI A.The study of tastes will set thee free[J].Journal of socioeconomics，1998，27（4）：475-479.

现状，我文化产业的主导取向不应该是与国际文化贸易趋势相悖的，而应该是与国际市场趋同的。任何一种资源都是相对于特定的技术手段而言的，民族文化的丰富资源需要现代的诠释才能绽放异彩。我们的文化产品只有让外国人能看懂、能理解，才有可能让他们喜欢，从而产生购买行为。

三、微观层面：文化企业如何统筹国际国内两个市场

文化企业要"走出去"，不是简单地把在国内生产好的文化产品卖到国外去那么简单。如何"走出去"不仅是销售环节的问题。文化产品要"走出去"，就必须让国际市场导向贯穿企业价值创造的全过程。本部分仅从文化产品的内容标准方面提出一些建议。

文化产品的内容定位，是一个国家文化产业在国际市场上形成品牌的首要因素。从对新加坡、日本、韩国和美国的文化产品内容定位战略的对比分析中，我们可以看出中国文化产业在"走出去"过程中应当秉持的态度。

首先，看新加坡的例子。新加坡的影视企业在走向国际市场时完全融入了国际市场，却失去了自有品牌的打造，没有成功做到两个市场的统筹。新加坡为了打破新传媒集团的垄断地位，鼓励民营影视企业发展，20世纪70年代成立了许多民营制片公司。这些公司最开始主要给新传媒集团旗下的电视频道提供节目。但由于国内市场狭小，为了生存，这些民营独立制片公司把目光转向了国际市场。它们主要生产纪录片，最大的客户是美国的探索频道。这些公司完全按照探索频道内容标准进行生产制作，在创意、题材、观念、语言、叙事方式等方面，都严格按照探索频道的要求量身打造节目，以致这些新加坡公司生产的纪录片在该频道播出后，观众根本不会关注这些节目的制作方是谁。对于中国的文化企业来说，新加坡独立制片公司的做法显然是不值得学习的。中国文化企业"走出去"，既要追求经济效益，也要为增强中国的文化软实力作出贡献。如果中国影视企业完全按照美国电视频道的内容标准来生产节目，失去中国文化的灵魂，也就失去了"走出去"的意义。

其次，从中外国际合作制片的案例来看，有些影视产品在内容定位上，

既试图照顾中国文化特色，同时照顾合拍方国家的文化特色。这种做法的出发点是要统筹国际国内两个市场，但结果事与愿违，做出来的产品非此非彼，不中不洋，国际国内两个市场都不买账。中澳合作制片的例子很能说明这个问题。对中澳合作制片来说，最大的挑战是能够编写出既适合两国观众的欣赏习惯又能与双方政府的要求相一致的剧本。而且，制片人想同时吸引中国观众和西方观众的努力和尝试，会把事情搞得非常复杂而且难以成功。事实上，要找出一个能吸引不同国家观众的故事，是一件非常困难的事情。中澳双方在文化上存在巨大差异，具有较低的文化相似性，也缺乏共同历史背景。这就意味着中澳合拍片剧本应当更多涉及所谓"国际内容"，如科幻题材就可能更容易成功。但这样就把题材限制到了很窄的范围。而且诸如科幻这样的"国际题材"是美国人的长项。所以，虽然中澳双方于2006年签订了合作制片的双边协议，但在这个协议下合作的几部电影，没有一部成功。[1]

在内容定位上值得中国文化企业借鉴的是韩国的做法。韩国的文化产业具有非常明确的国际市场取向。从市场规模上来说，韩国文化产业的目标是占到国际文化市场份额的5%以上。韩国音乐、服饰、影视、电器、游戏、足球等混合而成的"韩流"正以强劲的势头走向世界。韩国文化何以具有如此的冲击力？根本原因就在于其文化产品的内容战略一方面立足于本土传统文化，而另一方面不断学习先进，然后创新出具有现代意识的内容形式。从题材类型上来分析，韩剧主要分三类——家庭生活剧、青春偶像剧与历史题材剧。在整体格局中，家庭生活剧比例最大（50%左右），青春偶像剧次之（30%左右），古装历史剧最少（15%—20%）。爱情是文学影视作品永恒的主题，韩国以男女之间的爱情为主题的电视剧出口最多。对于中国文化企业来说，立足于本土传统文化的观念已经为人们所熟知，但是，中国文化企业对于如何以本土传统文化为基础，创造出具有现代意识的内容形式，降低国际文化贸易中的"文化折扣"影响，还需要作出进一步探究。

---

[1] 彭伟英，李怀亮. 中外合拍电影对中国软实力的提升作用［M］. 南京：南京大学出版社，2016：63-74.

当然，除内容战略，技术、投资、渠道和品牌等产业战略也很重要，限于篇幅这里就不一一讨论了。

四、统筹国际国内两个市场的关键：市场规则体系

"判断一国国内市场和国际市场的对接和统一程度，正确的途径应该是着眼于两个市场的市场体系、市场规则是否对接和统一。国内外市场对接和统一的基础是统一的市场规则。"[1] 随着我国经济的不断开放，特别是我国加入世界贸易组织（World Trade Organization，WTO）以来，我国的市场经济地位得到国际认可，国内市场与国际市场接轨的速度加快，国内市场日益融入国际市场体系，国际国内两个市场的界限变得越来越模糊。由于一方面当前国际市场体系还不完善，另一方面国内市场离现代市场经济要求还有很大距离，两个市场的摩擦也在加剧。

特别是我国的文化产业，由于文化传统、意识形态、贸易壁垒等，在市场准入、产权制度、市场机制等方面，国内文化市场与国际文化市场之间仍然存在着巨大鸿沟。国际国内市场之间的巨大鸿沟，直接导致我国的文化产业至今仍是自说自话的内循环产业而不是外向型产业。衡量一个国家的某个产业是否发达，一般采用三个指数：对GDP的贡献、就业人口比例和外贸占总行业比例。世界版权组织发表的《世界版权产业报告》就是用这三个指数来衡量全球文化产业发展现状的。根据世界版权组织的资料[2]，和美国相比，我国出口占行业总收入比例很小，文化出口占整体出口比例很低。此外，我国文化出口还存在出口结构失衡、文化出口内容单一、出口贸易效益低下、出口区域过于集中、出口渠道狭窄等一系列问题。

为了推动文化产品和服务"走出去"，在与国际市场接轨方面，我国也

---

[1] 洪银兴，黄繁华. 统一市场规则对接国内市场和国际市场[J]. 社会科学研究，2005（4）: 5.
[2] WIPO. Copyright industries in the U. S. economy—The 2011 REPORT [R/OL]. (2011-11-02) [2015-01-11]. https: //www.wipo.int/export/sites/www/copyright/en/docs/performance/econ_contribution_cr_us_2011.pdf.

进行了积极的探索和实践。文化保税区的实践就是一个很好的例子。文化保税实践与经济发展水平有着重要联系。其原因在于大规模对外文化贸易一般基于较高发展水平的社会经济，其受到产业结构、消费结构等多方面的影响。同时与经济区位、交通条件等联系密切。因而，目前我国文化保税走在前列的当属北京、上海、深圳这样地处三大都市圈的一线城市。

上海是国内首个推行文化保税的城市。2007年，上海在外高桥保税区率先搭建了上海国际文化服务贸易平台，其于2011年11月成为文化部命名的全国首个国家对外文化贸易基地。一年之后，由北京歌华文化发展集团与北京天竺综合保税区共建的北京国际文化贸易服务中心，成为继上海后文化部命名的第二个国家对外文化贸易基地，并借助园中园的实现形式，使北京成为目前国内唯一依托空港建立国家级文化保税区的城市。2013年12月，深圳实践文化保税，并成为继北京、上海之后，中国第三个拥有对外文化贸易基地的城市。

有别于市场经济完善的发达文化经济体，我国文化领域的改革开放同样采取渐进推进的方式。文化保税即具有中国特色的实践探索和创新。目前，走在全国前列的是上海外高桥保税区和北京天竺综合保税区。前者不仅起步早、发展基础和平台坚实，而且已经在文化产品的保税实践上取得成绩、积累经验。后者启动虽晚，却有后发优势，发展快速。

制度突破对于目前的文化保税而言似乎有些求全责备，毕竟是新事物、新现象，有待不断探索。然而，近几年的发展状况表明，即便对于文化保税走在前列的地区来说，在国家决意进一步提升对外开放水平以及大力支持文化"走出去"的背景下，文化保税领域改革创新的力度以及速度并非尽如人意，这集中表现在，更多关注政策优惠，在制度创新方面迟迟未有深入动作，如文化保税区的管理体制，是否会有多样性的经营主体；是否能加大对文化企业的授权力度；能否进一步改革文化保税区的监管制度，减少对文化企业的直接干预，提升监管效率；可否依据文化保税的特殊性，完善或制定相关的法律制度，奠定文化保税区运作的法制基础等。这些问题显然对于我国文化保税区未来的持续健康发展具有重要意义。

第二节 "新冷战"条件下中国文化"走出去"的战略选择*

日益严峻的生态环境并没有使世界各国更紧密地团结起来,更有效地共同抗击威胁全人类的环境恶化。在这个全人类本该团结协作的时刻,美国这个超级大国却向中国发起了"新冷战"。"新冷战"是由美国发动,部分西方国家追随的,从贸易、金融、科技、地缘政治到意识形态全方位的,旨在遏制中国发展的国际运动。这场"新冷战"的到来,是人类历史上的一次大倒退,具有极大的破坏性,将对国际社会的福祉造成极大的损害,同时,不以中国的意志为转移,给中国带来近半个世纪以来最为恶劣的国际环境,给中国文化"走出去"带来严峻的挑战。

一、"新冷战"条件下的国际环境

(一)美国把中国定义为"战略竞争对手"(strategic adversary),形成了政治、经济、科技、文化、军事全方位遏制中国的系统的"新冷战"政策

虽然在《美国国家安全战略报告》这样的政治文件里没有明说战略竞争对手就是敌人,但在美国的许多主流媒体上和政治人物的讲话中,对中国却经常使用"敌人"(enemy 或 foe)这样的词。美国前总统迈克·彭斯(Mike Pence)在被称为"新冷战铁幕演讲"的讲话中,从南海问题到中国的海外投资问题,指责中国破坏美国的民主制度,全方位对中国进行持续的妖魔化。特朗普总统的经济顾问皮特·纳瓦罗(Peter Navarro)在他

---

* 文章原载于《对外传播》2020 年第 8 期,收入本书时,略有删改。

的《致命中国》(Death By China)一书中,也对中国进行了全面抹黑。《致命中国》全书共分为五个部分:第一部分讲中国的黑心产品;第二部分论述美中贸易,指责中国摧毁了人们在美国的工作机会;第三部分说中国扩充军力及新增间谍活动形成了对美国的威胁;第四部分对中国的政治制度进行了批判;第五部分呼吁各国付诸行动以在"中国世纪"存续。中国学者在谈到《致命中国》的时候,往往只看重该书的第二部分,也就是论述美中贸易关系的部分。实际上,该书是从政治制度、军事扩张、工业生产和社会文化一体化的视角进行美中关系探讨的。特朗普的前战略顾问班农更是从中美两国大国竞争的角度来强调美国必须立刻全面遏制中国的理由。史蒂夫·班农(Steve Bannon)在接受《美国望》记者采访时说:"我们正在与中国进行经济战,我们两国中的一个将成为未来25—30年的霸主。而如果我们陷入其中,他们将成为霸主。""对我来说,与中国的经济战就是一切,美国必须专注于此。"他称,如果美国在这场"经济战"中继续失利的话,"那么5年后,最多10年后,我们就将面对一个无法挽回的转折点。"①

(二)意识形态对立在"新冷战"中占有突出位置

第二次世界大战以后世界形成了以美国为主导的国际秩序。国际秩序是指国家依据国际规范采取非暴力方式解决冲突的状态,其构成要素为国际主流价值观、国际规范和国际制度安排。②

"冷战"结束后,国际秩序的基本特征是西方价值观、西方制定的国际规范和国际制度均居于主导地位。一般而言,西方人称这一秩序为自由国际主义秩序。自由国际主义的要素是西方自由民主制度(政治),多边主义(外交),市场经济、自由贸易和美元主导(经济),美国的军事霸权地位、盟国

---

① 陈小茹.白宫首席战略顾问班农:特朗普正与中国打经济战[N/OL].中国青年报,2017-02-24[2020-07-18].https://shareapp.cyol.com/cmsfile/News/201708/17/share47515.html?t=1543 669688&nid=.
② 阎学通.无序体系中的国际秩序[J].国际政治科学,2016(2):1-32.

网络及其用武力维护这一秩序的决心（军事），威尔逊主义及其哲学基础西方自由主义（思想）。芝加哥大学米尔斯海默教授认为，国际秩序的目的是在世界范围内推广民主、促进经济开放并把越来越多的国家整合到这一秩序当中来。① 在这种占统治地位的意识形态之下，西方的自由民主制度成为其认定的唯一具有合法性的社会制度，其他的国家治理形式都被西方视为不自由、不民主、专制甚至邪恶的制度，都是要被消灭的。

美国在"二战"之后一直以"推广民主"作为其外交政策的核心，曾经以改变政权的方式在一些国家推广民主。结果不仅没有推广民主，反而给这些国家带来了灾难。虽然"专制国家是邪恶的，必然崩溃；某某国家是专制国家，必然很快崩溃"这种推论早已遭到许多西方有识之士的唾弃，但时至今日，西方国家一些政治人物和学术精英，仍然不顾中国特色社会主义市场经济的发展实际，而仅仅从概念出发来判断中国，得出一些错误甚至荒谬的结论。

近段时间以来，以共同的意识形态和价值观为纽带，美国发动的"新冷战"得到加拿大、澳大利亚、英国和印度等国家的追随，形成了新的反华联盟雏形。

（三）美国为了遏制中国，不惜付出沉重代价，表现了不惜血本的决心

经济全球化实现了全球范围内产业结构的调整和产业链的融合，促进了经济增长和贸易发展。高度全球化的产业链，使得企业能够在全球范围内组织生产，并及时地将产品投入市场。产业链广泛分布可以使一件产品的不同零部件来源于许多国家。全球化促进了经济增长，经济增长有助于大幅度减少贫困。在中国、印度、俄罗斯、巴西、肯尼亚、土耳其、印度尼西亚和南非，贫困人员逐渐被转化为劳动力和生产力，人类历史上从未有过像21世纪初这样的时期，大部分人脱贫和致富的速度变得更快。这对整个世界都是好事，包括发达国家和发展中国家。资本主义跨国集团公司在全球范围内畅通无阻，凭借雄厚的资本实力、领先的技术水平、先进的管理经验、多样化的

---

① MEARSHEIMER J J. Bound to fail: the rise and fall of the liberal international order [J]. International security, 2019, 43 (4): 7-50.

营销手段以及制定游戏规则的先发优势，在国际市场上获得了垄断性的市场地位和丰厚甚至超额的利润。

除此之外，全球化展现了它的一些副作用，比如一些发达国家的"经济主权"受到了挑战：工厂外迁造成个别发达国家内部的制造业空心化，原来的制造业基地经济下滑，民生经济衰退。然而，美国为了遏制中国、让制造业重回美国而采取"逆全球化"战略，就会切断全球供应链，对美国企业造成极大损失。给中国产品增加高额关税，也会相应增加美国消费者的额外支出和负担。美国的芯片生产企业如高通、思科等，其产品的主要买主是华为和中兴，美国政府决定对华为"断供"芯片，让这些企业至少损失30%的利润。英国打击华为之后，直接损失至少217亿英镑，而且会使英国的5G网络建设落后世界领先水平。即使如此，英美都要打击华为、遏制中国，由此可见其背水一战的决心。

和具体的经济利益相比，从最根本上讲，美国更看重原则和价值。为了捍卫原则，美国宁可牺牲具体的经济利益。亨利·基辛格（Henry Kissinger）先生曾写道："外交政策的任务与其说是追求特定的美国利益，不如说是培养共同原则。随着时间的推移，美国将成为欧洲设计的秩序不可或缺的捍卫者……因为美国的未来植根于通过传播民主原则而取得的和平之中。"① 目前，美国为了遏制中国，宁可牺牲掉其国内民众的一些经济利益，宁可舍弃全球化带来的诸多好处，也要坚决发动"新冷战"。不明白这一点，只从经济利益的角度去评估，只从善良的愿望出发，我们就无法理解美国目前的对华政策。

（四）在文化和传播领域，美国动用国家机器，对中国进行全面围追堵截

2017年12月，由美国国会资助的国家民主基金会出台的《锐实力——日益上升的专制影响》报告对中国文化交流项目进行了全方位歪曲化解读，马尔科·卢比奥（Marco Rubio）等参议员在看到这份报告后受到触动，认为中国的对外文化活动特别是媒体活动已经严重影响到美国乃至世界的安全，进

---

① KISSINGER H.World order［M］.New York：Penguin，2015.

而引发了美国对中国文化"走出去"项目展开的一系列围追堵截。2018年1月,卢比奥等参议员向司法部提交了请求把CGTN和新华社登记为外国代理人的信函,12月份,美国政府正式要求中国驻美机构注册为"外国代理人"。"外国代理人"即等同于中国政府的一部分。随后,事件进一步升级。2020年1月,美国政府将新华社、CGTN、中国国际广播电台、《中国日报》《人民日报》五家媒体的海外版美国发行机构列为"外国使团",不承认其新闻媒体性质。紧接着,2020年3月,美国直接宣布驱逐60余名中国记者。

美国不仅禁止中国的主流媒体在美的正常业务,而且对中国的民营科技和传媒企业也进行审查。例如,2019年10月10日,美国共和党参议员马尔科·卢比奥向美国财政部"打报告",要求对TikTok母公司字节跳动两年前的Musical.ly收购案进行审查。近年来,在中美两国围绕贸易和技术转让问题上日趋剑拔弩张之际,TikTok突破一些发展障碍,在美国青少年中越来越受欢迎。数据显示,TikTok目前在美国的月活跃用户数为2650万人,其中60%的人为16岁到24岁的青少年,但壮大的中国科技公司似乎极容易触动美国政界的"敏感神经"。

2020年左右,中印摩擦不断,印度以安全为由,下架了59款热门中国App。包括最知名的TikTok、微信、QQ音乐等。据了解,仅TikTok在印度的用户就有2亿人,活跃用户超过1亿人,受到影响的还有Helo、Likee这样的社交媒体平台,以及视频聊天应用Bigo Live。

二、"新冷战"条件下中国文化"走出去"的新选择

针对日益复杂的国际环境,中国文化"走出去"必须直面现实,做出新的战略调整。

(一)以人类命运共同体理论作为文化"走出去"的灵魂

习近平主席指出,在文化上,要尊重世界文明多样性,以文明交流超越

文明隔阂、文明互鉴超越文明冲突、文明共存超越文明优越。①

以文明交流超越文明隔阂。马克思在《共产党宣言》中说："资产阶级，由于开拓了世界市场，使一切国家的生产和消费都成为世界性的了……过去那种地方的各民族的自给自足的闭关自守状态，被各民族的各方面的互相往来和各方面的互相依赖所代替了。物质的生产是如此，精神的生产也是如此。各民族的精神产品成了公共的财产。民族的片面性和局限性成为不可能，于是，由许多种民族的和地方的文学形成了世界的文学。"② 文化交往通常是指不同的文化在不同的地域、不同的人群中的交流而相互影响、相互作用的过程。在这个过程中，不同的文化之间相互冲突、相互适应、相互学习、相互促进，从而克服了彼此固有的不足，汲取了彼此的精华，共同促进了人类社会的进步。

以文明互鉴超越文明冲突。人类历史上的许多战争都是由"文明的冲突"引起的，带来了深重灾难。1993 年夏季号《外交》（*Foreign Affairs*）季刊发表哈佛大学著名教授塞缪尔·亨廷顿（Samuel Huntington）的《文明的冲突》（The Clash of Civilization）一文，并引起学术界广泛而激烈的争鸣。1996 年，亨廷顿出版了《文明的冲突与世界秩序的重建》一书，系统地提出了他的"文明冲突论"。当今世界，"文明冲突论"仍然有一定影响。2019 年 5 月，当时出任美国国务院政策规划办公室主任的克伦·斯金纳（Kiron Skinner）提出，中美贸易战是"文明的冲突"，说当今的中国比当初的苏联更可怕，因为"对华文明冲突论"是对非西方国家的冲突，是对"高加索"（Caucasian）以外的人种的冲突。这种说法的种族主义色彩很浓，受到了广泛的批评。相比而言，我国学者费孝通先生提出"各美其美、美人之美、美美与共、天下大同"的设想则更加包容。每一种文明都是美的结晶，都彰显着创造之美。一切美好的事物都是相通的。

以文明共存超越文明优越。文明优越论往往和种族优越论联系在一起。

---

① 习近平.党的十九大报告［R/OL］.（2017-10-18）［2020-01-18］.https://news.12371.cn/2018/10/31/ARTI1540950310102294.shtml?eqid=f921f7180001882b00000006646c7e19.

② 共产党宣言［EB/OL］.（2018-04-24）［2020-02-18］.https://www.12371.cn/special/gcdxy/.

20世纪30年代，德国希特勒及其纳粹党人宣扬雅利安人种是世界上最优秀的人种，日耳曼民族是上帝的"选民"，是最优秀的民族，应当做世界的统治者。这是种族优越论的典型代表。文明优越论还常常与制度优越论联系在一起。第二次世界大战之后，美国的外交政策就以"推广民主"为核心。各个民族应该秉持平等和尊重，摒弃傲慢和偏见，加深对自身文明和其他文明差异性的认知，推动不同文明交流对话、和谐共生。中国为世界的和平发展和全人类的进步贡献了智慧和思想。在这个意义上，中国领导人提出并倡导的人类命运共同体理念符合人类发展大趋势。新加坡国立大学李光耀公共政策学院特聘讲座教授、亚洲和全球化研究所所长黄靖指出，中国在全球化遭遇阻力和挑战时提出人类命运共同体，是一个势在必行之举，是符合全球化发展潮流的倡导。①

（二）注重与"一带一路"合作伙伴的文化交流和文化贸易

"丝绸之路"自古以来就是沟通中西交流的要道，把以中国为代表的东方文化与西方文明连接起来，在古代东西方经济文化交流史上发挥了重要的作用。"一带一路"倡议自2013年提出至今，在政策沟通、设施联通、贸易畅通、资金融通、民心相通方面取得丰硕成果，在全球化4.0进程中作出了突出的中国贡献。中国与其他国家共建的"一带一路"的高质量成果，展现了强烈的示范效应，多个基础设施和民生项目为许多国家抗疫发挥了积极作用，并将对今后的复工复产、经济可持续增长发挥重要作用，切实为推动人类命运共同体贡献了中国智慧和中国方案。

改革开放以来，中国经济快速增长，中华民族不懈奋斗，努力创新的优良品质在推动经济发展的同时，让中华文化越发吸引全世界的目光。越来越多的国家对中国产生了浓厚的兴趣，进而带来了对中国图书、电影、动漫、网络游戏等文化产品的大规模需求，成为我国的文化产品出口的强劲动力。

---

① 吴刚，李勇，青木，等.习近平演讲再提命运共同体 新加坡学者：符合全球化发展潮流［N/OL］.环球网，2017-01-19［2020-01-02］.https://world.huanqiu.com/article/9CaKrnJZPUF

借助"一带一路"契机推动文化走出去，与沿线国家开展文化合作交流，有助于增进共识、互相包容、化解分歧，从而促进国家间的经济合作进一步深入。为加强与"一带一路"共建国家和地区的文明互鉴与民心相通，切实推动文化交流、文化传播、文化贸易创新发展，文化部编制了《文化部"一带一路"文化发展行动计划（2016-2020年）》，这不仅是对共建丝绸之路经济带和21世纪海上丝绸之路的愿景与行动的有力推动，更是为"一带一路"文化建设工作的深入开展绘制了路线图，提供了坚强组织保障。目前，面向"一带一路"的国际文化出口额突飞猛进，文化产业竞争机制逐步完善，基础设施与服务体系配套小有规模，文化产业发展格局初步形成，园区企业逐渐壮大。

"一带一路"建设在推动共建国家加强交流和发展贸易的同时，也自然地将中国的影响力扩展到其他地区，这本身就是一种"双赢"。"一带一路"倡议的提出，为中国传统文化走出国门创造了契机，使中国传统文化在与其他国家的文化交流中互学互鉴，打破了地域的界限，消除了不同文化间的隔阂。随着"一带一路"倡议的落地和推进，中国与世界各国在经贸、文化等领域互学互鉴、合作共赢，未来必将成为水乳交融的利益共同体、责任共同体和命运共同体。

（三）以数字内容为核心，用数字技术带动文化出口

科学技术革命是推动文化产业发展的直接动力。互联网技术和数字技术成果带来的商业进展，在中国已从蓄势待发阶段进入群体迸发阶段，包括全业务流程的智能化、线上线下的融合，以及消费的场景化与个性化，使中国文化产业发生了质的飞跃。2020年《政府工作报告》指出，要"加强新型基础设施建设，发展新一代信息网络"。5G网络建设可以大幅提高数据传输的速度，降低时延；数据中心建设可以使数据的存储和处理更加便捷。新基建兼有新兴产业和公共产品的特性，其快速发展不仅能为数字经济发展提供更广阔的舞台，还能强化对生产、流通、分配等环节的改造，对经济发展的各个行业、各个领域进行数字赋能，为产业转型发展形成长期支撑。以新基建加速数字经济发展的速度，以科技创新推动文化产业转型升级和提质增效，

催生新的文化业态，改变文化产业的商业模式和贸易方式，带来了文化贸易新的增长点。未来，大数据、5G、物联网、区块链、人工智能及人机融合等技术值得被关注，它们将为文化产业和文化贸易插上"翅膀"。我国经济已由高速增长阶段转向高质量发展阶段，推动包括网络游戏在内的我国数字内容产业高质量发展同样是大势所趋。中国的游戏产业和数字内容产业发展较晚，但通过政府政策的有力扶持和中国企业的不懈创新，已经成为中国文化"走出去"的一道亮丽风景线。2013—2019 年，我国游戏行业市场规模逐年扩大。2019 年，我国游戏行业市场规模约为 2309 亿元，较 2018 年增长 7.7%。中国网络游戏在海外市场有着巨大的发展空间，2019 年，我国自主研发游戏的海外市场销售收入达 115.9 亿美元，较 2018 年增长 21.0%，高于国内销售收入增速，在所有文化产业门类中是增长最快的。在数字内容的出口市场上，销售收入增长较快的分别是数字影视内容、网络文学和数字音乐三个门类。[①]

随着"互联网+"的发展，数字技术已经成为当今文化创新的发展引擎，文化内核与科学技术的融合也在不断增强，新的文化创意产品层出不穷。因此，加大数字技术在文化产品中的比重，不仅能够优化我国文化产品的整体性布局，也直接关乎着我国文化产品"走出去"的路径。当今新一代信息技术的发展，催生了 3D 电影、数字动漫游戏、VR 互动全景体验等新兴的文化产业形态，革命性地改变了文化产业的发展方式。目前，我国文化产品出口的核心竞争也集中在以数字技术为核心的文化产品中，只有以数字技术为核心，对我国的文化进行深度的开发和包装，形成全产业链的优势，才能不断地增强我国的文化产品在国际市场上的竞争力。在这方面，腾讯可被称为领军者。不管是从游戏产业的布局还是坐拥阅文集团等 IP 资源的战略，腾讯都在紧跟市场需求，调整战略，不断提高并巩固其行业龙头地位，力求把具备国际化思维的有潜质的 IP 递送给具备国际化制作能力的团队，从全球领域去思考 IP 的衍生和变现。

---

① 2020 年中国游戏行业发展现状分析［EB/OL］.（2020-04-10）［2020-05-10］.https://baijiahao.baidu.com/s?id=1663557997247676162&wfr=spider&for=pc.

第三节　新秩序背景下我国文化"走出去"的逆接受效果分析*

当今世界正经历百年未有之大变局，中国将如何影响现在的世界秩序成为国际社会热议的话题。西方社会，特别是美国国内一些人出于对中国的忌惮宣扬中国威胁论、中国崩溃论、修昔底德陷阱论等观点。在这一背景下，旨在沟通中国与世界的中国文化"走出去"活动中出现了逆接受效果，即中国文化活动在海外遭遇认知曲解、态度敌对和行为排斥，聚焦中美，主要表现为美国政客攻击性言论的频现、国家级敌视态度的发布以及敌对行为的实施。受众前构性知识的差异、故意对抗性解码、传播方式的不当是引发逆接受效果的重要原因。基于此，中国应建立双元化话语体系应对无意曲解，以"合作＋抗争"应对故意打压，以受众为核心优化传播方式。

近几年，中国文化"走出去"在体量、结构以及效果方面取得了显著的成果。商务部数据显示，2019 年，中国文化产品出口额达到 998.9 亿美元，同比增长 7.9%，而贸易顺差达到 883.2 亿美元，同期扩大 6.8%。① 同时，以中国网络游戏、网络武侠文学以及抖音短视频为"领头羊"的新兴文化产品在国际社会上崭露头角。然而，中国文化在国际上获得广泛知名度的同时，海外逆接受问题也随之浮现。其中，2017 年 2 月，美国国家民主基金会发布的报告《锐实力——日益上升的专制影响》一文对中国文化"走出去"活动进行了全方位的歪曲化解读，马尔科·卢比奥（Marco Rubio）参议员在看到这份报告后深受触动，于 2018 年 1 月向美国司法部提交了请求把 CGTN 和新

---

* 文章原载于《中国文化研究》2021 年第 2 期，与刘冰冰合作，收入本书时，略有删改。
① 2019 年中国文化产品进出口总额同比增长 8.9%［EB/OL］.（2020-03-18）［2020-03-18］. http：//tradeinservices.mofcom.gov.cn/article/yanjiu/hangyezk/202003/100767.html.

华社登记为外国代理人的信函，这一举动是诱发逆接受言论上升到国家政策层面的催化剂。之后，美国政府对新华社、CGTN、中国广播电视台、《中国日报》《人民日报》五家重量级中国媒体的海外工作展开了一系列围追堵截。这一针对中国主流媒体的公然敌视行为并非偶发性事件，折射出我国文化"走出去"遭遇逆接受的深层次问题。从近几年中美关系的大环境来看，美国对中国文化海外活动的歪曲性言论愈演愈烈，而近期针对我国媒体企业海外业务的限制行为标志着逆接受已经从浅层的舆论攻击上升到深层的行为对抗。西方国家对我国文化"走出去"的逆接受，不仅会妨碍正常的国际文化交流，而且会进一步加剧美国对华"新冷战"程度，因此我们很有必要对我国文化"走出去"逆接受效果进行深入研究。

一、从国际学术文献中分析"逆接受"效果产生的背景

面对中国经济的迅速崛起和美国处理国际事务能力的下降，未来中国如何与世界相处的话题吸引了国际上越来越多学者的关注。许多国外学者推测，崛起的中国必定会从自身的利益出发重塑世界秩序。但是他们的依据稍有不同。马丁·雅克（Jacques Martin）从中国历史文化角度入手，认为在鸦片战争之前，中华文明的中心地位被周边国家长期承认，而"朝贡制度"是中国处理对外关系的一贯方案，所以随着中国的崛起，隐藏在中国人骨子内部的文化优越感会促使朝贡制度的回归，进而会代替现有的国际秩序。[1]亚伦·弗里德伯格（Aaron Friedberg）从中美大国关系角度出发，认为随着双方力量对比的变化，中美之间存在的意识形态和地缘政治的分歧愈加明显，但是美国对于中国的崛起并无有效措施应对，所以最终中国会取代美国的地位。[2]胡安·卡德诺（Juan Cardenal）和H.阿罗鸠（H. Araújo）则从经济实力出发，

---

[1] MARTIN J.When China rules the world：the rise of the middle kingdomand the end of the western world[M].New York：Penguin, 2009.

[2] AARON L.FRIEDBERG.Acontest for supremacy：China, America and the struggle for mastery in Asia[M].New York：W.W.Norton&Company, 2011：20–22.

认为中国的经济触角已经遍布世界范围，所以中国最终会凭借经济实力统治全球。① 而阿文德·萨勃拉曼尼亚（Arvind Subramanian）则通过对以往英国、美国崛起中其主导经济地位的相应指数的探寻，来验证中国的经济发展状况，发现中国也具有成为单极世界的主导者的能力。② 约书亚·科兰兹克（Joshua Kurlantzick）从软实力角度来看，认为中国正在向东南亚以及世界范围内发出"魅力攻势"。此外，还有对"中国威胁论"的直接性论断。③ 以上都是单纯从某一方面分析中国具有改变全球秩序的能力，具有一定的片面性。2011年皮尤研究中心的"全球态度项目"对22个国家进行调查，有15个国家认为中国已经或者将要代替美国成为头号大国，这种微观调查更加带有主观判断。④ 但是，这些观点汇集在一起，势必会让西方国家特别是美国社会各界产生一定的危机感，进而遏制中国的发展。

然而，从表面来看，中国在全球范围内的曝光度虽然在增多，但是沈大伟（David Shambaugh）认为中国的全球影响深度仍旧欠缺，外交方面中国仍以防御性政策为主，文化方面具有全球影响力的艺术、影视等产品依然很少，甚至在我国最骄傲的经济领域中，中国仍旧缺少能够影响全球的大型跨国公司和国际知名品牌产品，所以中国只能被称为局部大国。⑤ 正如约瑟夫·S.奈（Joseph S. Nye）所说的："拥有资源体量并不等于拥有影响力。"⑥ 虽然从表面上看这种观点可能暂时会缓解西方的紧张心态，但是他们的观点无疑暴露了

---

① MARSDEN W, CARDENAL J A, ARAÚJO H. China's silent army: the pioneers, traders, fixers and workers who are remaking the world in Beijing's image, trans [M]. New York: Crown, 2013: 15.

② DARVID S. Eclipse living in the shadow of China's economic dominance [J]. Journal of economic perspectives, 2011 (31): 113-130.

③ JOSHUA K. Charm offensive: how China's soft power is transforming the world [M]. New Haven: Yale University Press, 2007: 20.

④ China seen overtaking U. S. as global superpower [EB/OL]. (2011-07-13) [2021-04-22]. https://www.pewresearch.org/global/2011/07/13/china-seen-overtaking-us-as-global-superpower/.

⑤ DAVID S. China goes global: the partial power [M]. Oxford: Oxford University Press, 2013: 16-18.

⑥ NYE J S. The future of power [M]. New York: Public Affairs, 2011: 8.

软实力赤字是制约中国进一步崛起的短板。根据奈对软实力的定义，文化是软实力的重要组成部分[①]，所以对中国文化"走出去"活动的抨击和制裁是美国遏制中国的重要举措。

二、文化"走出去"逆接受的内涵

我国文化"走出去"的目标是通过主动实施文化交流、文化贸易以及文化外交等活动让海外受众熟悉和正确认识中国文化，进而理解和接纳中国文化。但是由于国际环境错综复杂，受众的接受效果并不总是能够达到预期目标。结果与目标背离的情况，即为逆接受，具体指中国文化活动在海外遭遇的认知曲解、态度敌对和行为排斥。对于国内传输端来说，逆接受的出现无疑是消极的，如果不加以有效应对，会在全社会形成关于中国文化思维模式的"路径依赖"，这种结果很难被扭转。

然而，为了对文化逆接受有深刻的认识，本节引入文化误读概念加以比照。文化误读一般被认为是"接受方按照自身的文化传统、思维方式和自己所熟悉的一切去解读另一种文化"[②]，本节的文化逆接受与以往的文化误读概念具有一定的差别。从内容上看，文化误读强调认知层面的扭曲，但是文化逆接受不但强调认知层面扭曲，更加强调态度和行为层面的对抗；从结果来看，文化误读可能造成文化的增值、减值、等值和异值四种情况，但是文化逆接受只包含减值和异值两种情况；从影响来看，文化误读可能会在思想碰撞中产生创造性，但是文化逆接受对于传输方来说必定造成破坏；从产生原因上看，文化误读可能是有意的也可能是无意的，但是相对来说，更多强调的是无意曲解，文化逆接受也来源于有意和无意两个层面，但是更多强调的是在无意基础上的故意扭曲，所以在跨国文化交流过程中，文化逆接受会易受国际关系的影响。

---

① NYE J S. Soft power [J]. Foreign policy, 1990 (80): 153-171.
② 乐黛云. 比较文学与比较文化十讲 [M]. 上海：复旦大学出版社, 2004: 32.

三、我国文化"走出去"遭遇逆接受的层级

政客、媒体以及政府等舆论领袖主体掌控着国家的话语权,他们对问题的认知、态度和行为很大程度上决定着国家的整体接受导向。随着中西力量对比发生变化,中国海外文化活动在美国舆论领袖中间遭遇的逆接受不断升级。如果把文化遭受逆接受的强度设为低、中、高、极高四个等级,那么目前西方国家特别是美国对华文化"走出去"的逆接受已经达到"极高"的程度。其表现不但涵盖语言层面的言论攻击、心理层面的态度敌视,而且已经上升到针对中国文化企业的现实性的行为敌对,这将进一步加剧中美"脱钩",将中美关系引向歧路。

(一)逆接受的初级层——政客攻击性言论的频现

西方精英借助各种媒体表达针对中国的歪曲言论由来已久,而且对中国发表攻击性言论的频率总是与其国内的社会状况恶化程度呈正相关,即西方国家内部某一种重大问题凸显时,对中国的攻击性言论总会异常增多。对头号攻击者之一的美国前国务卿迈克·蓬佩奥(Mike Pompeo)的 Twitter 进行分析发现,在 2020 年 3 月份,其对中国的攻击性言论只有 4 条,4 月份上升到 5 条,5 月份已经达到将近 18 条。① 凭借其个人影响力,这些狂轰滥炸的言论势必会引导众多民众的认知。

当然,中国文化海外传播也是其抨击的主要对象,蓬佩奥在福克斯商业频道 Lou Dobbs Tonight 中发表言论:"中国通过孔子学院派遣到美国的学生会窃取美国的知识产权,我们需要确保保护美国学者、美国知识产权、美国创新者,保护他们的财产和他们所做的工作。"② 这一耸人听闻的言论一度引起

---

① 资料来源:根据迈克·蓬佩奥的 Twitter 发文数量统计所得。
② GRONEWOLD A.Pompeo to Governors:China is watching you, foreign policy[EB/OL].(2020-02-08)[2020-03-08].https://www.politico.com/news/2020/02/08/mike-pompeo-governors-china-112539.

了美国众多学者们的恐慌。几乎同一时间，美国政治新闻网站发布其在2019年全国州长冬季会议上的讲话，认为孔子学院的学生传播中国政府运营的信息，需要管理者高度警惕。然而，其言论竟然也得到了服务于民主党派的纽约州州长科莫的认同，他表明这个话题很合适，中国问题是一个安全的话题，不是美国内部的政治话题。① 根据《中国国家形象全球调查报告2018》显示，48%的国外民众了解中国文化渠道是国内传统媒体，33%的受调查者了解中国文化渠道是通过新媒体，超过与中国人交往、通过中国的新旧媒体等方式的比率。② 所以，美国政治精英对中国文化海外活动的歪曲被媒体的频繁曝光无形中会在更大范围内深化逆接受。

（二）逆接受的中级层——国家级敌视态度的发布

在意见领袖的言论引导下，对中国文化"走出去"活动的敌视态度在西方政商两界得到蔓延。其中，《锐实力——日益上升的专制影响》这一报告是政府层面对中国文化"走出去"活动敌对性态度的浓缩，它是由对中国具有敌对态度的学者胡安·巴勃罗·卡德纳尔（Juan Pablo Cardenal）、雅克·库埃雷日克（Jaeek Kueharezyk）等撰写的，美国民主基金会发布以及美国国会支持的针对中国文化"走出去"活动的歪曲论断的系统性文件，体现了美国对中国文化"走出去"态度上的逆接受。从报告传达的总体基调来看，我国开展的国家间民间人文交流、大型文化活动、院校科研机构教育合作、媒体业务合作等多样化文化对外交流活动都被"妖魔化"为是对其他国家文化制度的"强势入侵"，会对所谓"民主社会"造成腐蚀与颠覆性的损害。然而，我国的文化交流活动起步相对较晚，是在学习效仿西方的基础上发展而来的，西方国家实施的对外文化交流被其定性为"软实力"的体现，而我国

---

① GRONEWOLD A.Pompeo to Governors: China is watching you, foreign policy [EB/OL]. (2020-02-08) [2020-03-08]. https://www.politico.com/news/2020/02/08/mike-pompeo-governors-china-112539.

② 当代中国与世界研究院.中国国家形象全球调查报告2018 [R/OL]. (2019-10-18) [2020-01-18].http://accws.org.cn/achievement/201912/P020191203506190462412.pdf.

的这些活动却被其臆断为"锐实力"的拓展，这从根本上扭曲了中国的对外文化活动的性质。针对具体文化"走出去"活动，如中国与国外当地媒体合作开展的中国文化传播项目，被歪曲为意图垄断国外民众思想的举措；中国发起的来华留学项目、学术专家之间的论坛交流等活动，被丑化为中国通过公关方式在国外培养自身意识形态的代理人；中外达成的文化商业合作项目，被妖魔化为中国的政治与经济施压的结果。此外，中国文化"走出去"在拉美、东欧等国家获得成效的这一事实，被他们认为这些国家是中国意识形态的"受害者"，要强化对抗措施。

总之，从对华文化"走出去"活动敌对态度的发生机理上看，西方国家对华文化"走出去"的逆接受呈现了以下几个特点：沿袭并强化"冷战"思维，划分阵营，选边站队，把中国和俄罗斯放在对立的位置上，进行指责和批判；臆断目的和动机；制造耸人听闻的概念，例如"中国威胁论""中国崩溃论""修昔底德陷阱"等；把互利共赢的国际合作说成中方的金钱收买；捕风捉影，把找不到事实依据的事情说成中国的"幕后操纵"；把经济活动政治化，指认中国与其他国家正常的经济合作背后有政治目的；对中国在国际社会受到的欢迎醋意大发、冷嘲热讽；以宣战的方式，提出敌对的应对策略。

（三）逆接受的高级层——国家级敌对行为的实施

首先，随着中国整体实力在国际社会上的提升，我国文化活动在美国遭遇的逆接受由精英阶层的个人助推已经上升到国家级的敌对行为。美国共和党参议员马克·卢比奥将《锐实力——日益上升的专制影响》报告中应对中国文化海外活动的对抗性措施作为政策性提案交给国会，这一行为促成了国家级制裁中国媒体企业的行为的产生，之后的两年内中国媒体企业在美国集体遭到系列性业务阻碍，这严重干扰了中国媒体企业海外正常业务的开展，如表1所示，然而反观其他国家媒体在美国的海外活动、中国媒体在除美国之外国家的海外活动都没有遭遇类似"劫难"，其背后意图显而易见。

其次，鉴于美国清楚地意识到美国的民族文化能够在全世界扎根蔓延与其具有时代文化引领作用的迪士尼、好莱坞、可口可乐等文化巨头密不可分，所以在互联网时代，美国对中国的制裁行动已经蔓延到新兴互联网文化企业。其中，中国社交媒体平台 TikTok 因其在西方广受欢迎而最先受害，来自 Sensor Tower 分析公司的数据显示，2020 年前三个月，TikTok 被下载次数达到 3.15 亿次，超过以往任何应用程序的季度下载量。① 然而，以存在"安全隐患"为由，美国针对 TikTok 的刁难几乎就没有停止过，参议院查尔斯·舒默（Charles Schumer）和汤姆·科顿（Tom Cotton）要求美国情报界评估 TikTok 和其他中国平台的国家安全风险，之后又多次呼吁并敦促美国运输安全管理局停止使用该应用程序，在其推动下，美国国防部、国务院、国土安全部等部门直接禁止其员工使用 TikTok，而针对 TikTok 的审查更是频繁，如马克·卢比奥呼吁美国外国投资委员会针对 TikTok 收购应用软件 Musical.ly 这一事件进行审查，并最终得以落实其政策。甚至如迪士尼流媒体前高管凯文·梅耶尔（Kevin Mayer）个人选择担任 TikTok 公司首席执行官这样的正常人事变动都会引发美国政界对其进行安全审查的呼声。所以，联想美国多次发布针对中国的"实体名单"，可以得出美国制裁的不是某个企业，而是对中国崛起的故意对抗。

表 1　中国媒体在海外遭遇的逆接受行为

时间	事件
2018 年 1 月	卢比奥参议员向美国司法部提交将 CGTN 和新华社登记为"外国代理人"的信函
2018 年 12 月	美国司法部正式要求中国驻美机构注册为"外国代理人"
2020 年 1 月	美国国务院将新华社、CGTN、中国广播电视台、《中国日报》《人民日报》五家媒体海外版美国发行机构列为"外国使团"，否认其新闻媒体性质
2020 年 3 月	美国国务院直接宣布驱逐 60 余名中国记者
2020 年 5 月	美国国土安全部规定来自中国境内的驻美记者签证停留期不得超过 90 天
2020 年 5 月	美国国务院要求 CGTN 的所有在美员工填写一份所谓"国务院外国使团问卷调查表"，5 页的表格内容包括个人、配偶、孩子、共同居住者的基本信息以及自己过去 5 年内的工作职务等

---

① PHAM S.TikTok is winning over millennials and instagram stars as its popularity explodes［N/OL］.CNN News China，2020-05-05［2020-05-09］. https：//www.cnn.com/2020/05/05/tech/tiktok-bytedance-coronavirus-intl-hnk/index.html.

四、我国文化"走出去"逆接受产生的原因

(一)受众角度——前构性知识差异下的无意曲解

中国文化"走出去"逆接受面临不断升级的现状,从受众角度来看,前构性知识差异是逆效果产生的基础。在国家关系不断博弈过程中,中国文化在海外遭遇的逆接受呈现恶化趋势,不能否认前构性知识的差异在逆接受萌芽期发挥的作用。前构性知识一词来源于文学接受理论,该理论认为文学作品的创造是由作者与读者共同完成的,作者只是负责单纯构建包括词语、句子以及语言等符号在内的文学文本,而读者的作用在于对文本未定性内容进行具体化加工,相比而言,读者对于塑造文学作品的价值更大。因为每个读者因思想观念、审美标准、认知水平、接受水平等前构性知识不同,在对文本留白具体化的过程中,会出现相异的解读,也即威廉·莎士比亚所说的:"一千个读者就有一千个哈姆雷特。"

在我国文化主动"走出去"的过程中,中华文化内容及其传播方式就相当于"未定性文本",而国外受众就相当于读者,特定社会状态下形成的心理结构、价值取向等无意构成了其他国家内部集体的前构性知识。然而,由于历史发展的特殊性,我国走出了一条适合自身的中国特色社会主义道路,但是,以西方国家的思维定式来看,中国特色社会主义理论体系与西方建构的整套体系并不相容,中国文化"走出去"的内容和方式即处于西方话语体系之外的声音传递。所以,西方政客、精英在对中国问题的理解过程中,总是在自身话语体系的无意识驱使下进行文化过滤,以对中国文化做出认知评判。如美国国务院政策规划主任凯润·斯金纳(Kiron Skinner)曾经表示:"美国与苏联的对峙,是'西方大家庭'内部的争斗,现在与中国的竞争,不仅是经济的竞争、意识形态的竞争,更重要的是两种文明之间的竞争。"由此可见,以对立的前构性知识为思想指导,海外对中国文化"走出去"活动的解读与我国的期待不融合的结果是必然的。所以,前构性知识是逆接受出现的基础原因。

(二)受众角度——对抗性解码下的故意打压

如果说我国文化"走出去"活动在海外遭受的浅层次逆接受受制于前构性知识的无意识作用,那么面对逆接受的不断升级恶化,故意性对抗成分则愈加明显。

斯图亚特·霍尔(Stuart Hall)在其编码和解码理论中认为,受众在解码的过程中,会出现三种情况,分别是顺应性解码、协商性解码以及对抗性解码。其中顺应性解码是受众完全按照传播者的意图对信息进行被动接受;协商性解码是受众对信息的解读过程中附加有自身的思考,这两种解码方式下符码都会获得正接受。但是,对抗性解码则是受众基于自身的身份认同,在完全理解编码者传达符码的基础上对符码的故意对抗。

中国文化活动在"走出去"过程中,西方国家会以自身利益为出发点,对中国文化实施故意性歪曲和打压。其中,国家整体利益是其故意性逆接受的首要因素。首先,随着中国整体实力的增强,美国的国际影响力在逐渐减弱,在霸权主义思维下,美国政客一时无法接受多极化发展的态势,认为自身的霸权利益受到潜在威胁,故将中国定义为"战略竞争对手"。同时,因文化软实力决定着一个国家在国际中的存在感,所以中国文化海外活动无疑成为西方故意抨击打压的重点。其次,美国两党对执政权的激烈争夺由来已久,随着美国国内社会状况的恶化,为了转移国内民众的愤怒,中国无疑成为执政党政客自身无能的最佳"背锅侠"。最后,"二战"后,美国建立了以"民主自由"为核心的制度体系,基于文化优越论的存在,美国一直想把更多的国家囊括到这个制度体系中,以便以此为噱头对国际事务实施掌控。但是从美国角度来看,中国似乎离自己设置的圈套越来越远,所以违反"安全、民主自由"总是美国对中国文化"走出去"活动抨击遏制的理由。然而,正是美国的持续打压,中国文化"走出去"活动才会在挫折中不断实现优化。正如十年前奈说过:"如果美国把中国当作敌人,则中国就会成为美国的敌人。"

(三)传播者角度——传播方式的"水土不服"

虽然受众是逆接受的主体,但是仅从受众端探寻问题并不全面,在对外

文化传播中，逆接受的产生与传输端的传播方式也有一定的关系。胡晓明认为面对我国文化在海外传播的逆境，应先将"叫座"放在首位，只有这样文化"走出去"活动才能逐渐"走进去"，扎下根。① 然而，目前我国的文化"走出去"活动只是单纯注重"叫好"，而忽视了"叫座"，激起国外的逆反心理。逆反心理理论即当客观环境与主体需要不相符时，人们心里产生的抵触情绪。

具体来看，首先，在"叫好"的理念下，我国设置文化"走出去"活动的内容和方式仍旧是站在"我想"的角度以宣传国家的良好形象为主的，这种忽视"他者"的传播思路必定与海外受众偏好相悖，从而激起海外受众态度和行为上的逆反。其次，我国文化"走出去"活动多以政府为主导，在美国民众的认知中，政府主导必定代表着政党的意识形态输出，所以会对这种文化输出形式感到反感甚至不安。在美国，"代表政党利益意图危害国家安全"是美国政客和政府打击中国海外文化活动一成不变的说辞。在此惯性下，中国具有国际竞争力的私营文化企业在海外的正常经营活动也被安上与政府关联的"罪名"，进而成为美国恶意制裁的受害者。

五、应对文化"走出去"逆接受的关键

（一）以双元化话语体系应对无意曲解

目前国际社会的话语体系被西方所谓"民主自由"霸占，西方认为在"民主自由"话语体系之外的叙事都是所谓"专制"。受此前构性知识的驱使，我国的文化"走出去"活动都是处于其话语体系之外的自说自话。所以，针对前构性知识的问题，中国迫切需要建立一套被国际承认的话语体系——人类命运共同体体系，只有这个话语体系得到国际社会的认可，中国文化"走出去"活动的逆接受才能逐渐好转。这个体系并没有与现有的"民主自由"体系相抗衡，而是与现有的话语体系平行共存。同时，我们应该向国际社会

---

① 胡晓明.如何讲述中国故事？"中国文化走出去"的若干理论与实践问题［J］.华东师范大学学报：哲学社会科学版，2013（5）：11.

传达两种话语体系间应摒弃抨击、相互接纳的思想。

具体来看，建立人类命运共同体话语体系是具有合理性的。首先，它已经被写入联合国决议，所以是符合现有国际发展需要。其次，从现有话语体系的建构可以看出，世界秩序与话语体系是一脉相承的，美国凭借其制度的时代优势获得建构世界秩序的能力，进而在世界秩序的指导下，"民主自由"话语体系才得以站稳。而我国的实践证明，我国的道路、制度和模式也可以是成功的。全球化的加深一定程度上造成了全球问题的升级，仅以"民主自由"来解决国际事务已经显得力不从心，而中国提出的人类命运共同体理念可以对其补充优化。所以，从逻辑上讲，人类命运共同体话语体系一旦得以建立，中国的文化"走出去"活动的逆接受会因处于国际话语体系之内而得到好转。所以，未来世界应该是被双元话语体系共同支撑的，这也是与人类命运共同体理念一脉相承的。

（二）以"合作+抗争"化解故意打压

虽然中国已经表明各个国家都有根据自身文化实际选择道路的权利，中国不会进行模式输出，但是，美国精英和政府对中国文化"走出去"活动疯狂抨击打压的背后是"美国利益优先"的霸权思维在作怪。面对美国对我国文化"走出去"活动的故意扭曲，中国不但要通过推动全球重大议题合作来展示中国智慧，而且要进行一定程度的对抗。

在合作方面，我国需要以人类命运共同体为指导理念，从人类共同利益出发，从国际共同关心的问题入手设置文化交流议题，宣传国际合作的重要性，让国际社会了解中国在维护世界安定方面与其他各国具有共同的目标。同时，积极参与和推动反恐、毒品、全球变暖以及网络安全等全球重大问题的合作，在贡献中国方案的过程中展现中国的智慧、文化优势，以实际行动转变国际社会对我国的态度，特别是扭转美国国内部分人员的对华态度，使他们在相互对比中发现中国优势。在对抗方面，中国应该以更加自信的姿态参与国际舆论场的博弈，对于西方对中国海外文化活动的无理抨击和打压要予以强硬的辩驳和回击，从而争取一定的国际舆论导向。因为对外表达的立场越不清晰,越会引起国外受众的好奇,进而会促使国外受众从其他方面得到扭曲化的信息,对中国产生更加不利的影响。

(三)以受众为核心优化传播方式

针对文化"走出去"活动"水土不服"造成的逆接受,我国需要从微观层面进行调节。首先,在传播内容上,我们需要在对国外受众进行调研的基础上,找到不同地区受众对中国关心、感兴趣的问题,然后根据特定受众需要找到双方文化间的最大公约数,实现精细化传播,从微观层面消减外国受众对中国文化"水土不服"的对抗。如美国的《功夫熊猫》电影中的人物、语言以及叙事都带有浓厚的中国特色,这就是对中国市场精准把握的例证。其次,针对我国政府主导文化"走出去"被国际社会所诟病这一问题,需要将舆论口下沉,使社会不同的团体合力参与进来,多方位、立体化地"传递中国声音,讲述中国故事",跨国企业、商务交流、学术交流、人际交流都应该成为对外文化传播的窗口。其中,企业经营的是产品与服务,在国际交换中具有双向对等性,而企业产品在国际上获得欢迎的同时,也是对中国文化价值观以及中国魅力的无形展现。总之,只有将"叫座"放在首位,中国文化"走出去"才会逐渐产生长远效应,即使美国对其进行政治制裁,也损坏不了其内在吸引力。

第四节 中国文化"走出去"效果评估体系的构建*

在国际竞争的大背景下,建设一套科学、客观、可量化、可操作的中国文化"走出去"效果评估体系已经成为一项迫切的任务。国外学者和评估机构对中国文化"走出去"效果的评价存在较为明显的主观性,而国内对这方面的研究也才刚刚开始。中国文化"走出去"效果评估的内容应当包括:国

---

* 文章原载于《南开学报(哲学社会科学版)》2018年第3期,收入本书时,略有删改。

家主导的大型文化交流项目、文化对外投资和文化贸易、中国媒体的海外传播、中国传统文化和当代价值观的海外传播效果等。中国文化"走出去"效果评估体系的建立，应当遵循自主原则、创新原则和文化自信原则，从认知、态度与行为三方面传播效果入手，构建整体评估框架，以中国文化国际市场竞争力、国际社会影响力和国际价值引导力构建评估指标体系。

随着我国综合国力和国际地位的大幅提升，中国日益走近世界舞台中央。中国需要更多地了解世界，世界也需要更多地了解中国，中国文化"走出去"面临新的历史机遇。改革开放以来，特别是党的十八大以来，中国文化"走出去"步伐越来越快，呈现了多主体、多层次、多渠道、多形式的良好态势。为了更好地促进中国优秀文化"走出去"，中共中央、国务院2014年颁布的《关于进一步加强和改进中华文化走出去工作的指导意见》要求"以价值导向、艺术水准、受众反馈、社会影响、经营业绩等为主要指标，建立相应的文化走出去评估体系""为科学指导文化走出去工作提供决策参考"。文化"走出去"效果评估工作越来越受到政府和学术界的重视，正在成为一个热点话题。

建立文化"走出去"的效果评估体系，既是党和政府对文化"走出去"工作的要求，也是这项伟大事业的内在需要，具有重要的应用价值和社会意义。应在国际文化竞争的大背景下，建设一套科学、客观、可量化、可操作的中国文化"走出去"效果评估体系，检验中国文化"走出去"的方法、渠道和效果与党中央提出的目标的匹配度和契合度，从而明确国际社会对中国文化的需求度和中国文化"走出去"的潜在空间，为改进和加强中国文化"走出去"工作提供针对性更强的政策建议，科学地评估中国文化在综合国力竞争、国际文化竞争中的作用和地位，有效地提升中国文化的国际竞争力和国际影响力，为实现中国梦和"中华民族伟大复兴"创造有利于我国的国际文化环境。本节试图对中国文化"走出去"效果评估工作的一些基础性、原则性和框架性的问题做一个系统性的探讨，并提出一些初步构想，希望在这个问题上起到抛砖引玉的作用。

一、相关文献综述

(一) 国外相关研究

西方国家不论是对中国文化"走出去"的成绩还是对其未来发展,基本上都持负面的评价。沈大伟(David Shambaugh)指出:"中国的软实力及其文化在全球的吸引力仍然非常有限""我们虽然见证了越来越多中国在国外的文化活动,但其对全球文化潮流的影响很小。"[1] 约瑟夫·奈认为,中国在软实力上的投资和努力实际上鲜有回报。[2] 扎卡里·柯克霍恩(Zachary Kirkhorn)甚至更进一步预测,中国的"魅力攻势"是注定要失败的。[3] 孙婉宁(Wanning Sun)认为中国文化"走出去"是一个"不可能完成的任务"[4]。对我国孔子学院的效果,国外也存在着许多非议,甚至排斥心理。

皮尤研究中心(Pew)、盖洛普(Gallup)、英国广播公司"世界服务"、芝加哥全球事务委员会等国际调研评价机构公布的调研报告都涉及中国文化的国际影响力因素。盖洛普民意调查在美国本土及全球140多个国家和地区收集数据,用量化打分表和抽样调查方法测量和分析民众及选民的意见、态度和行为。在中国,盖洛普抽选一定数目的人群进行调研,在北京、上海、广州等地采用电话进行访问,而在其他中小城市和农村则采用入户面访的形式。这些国际民调公司关于中国的议题比较宏观,主要考察国际公众对中国和美国态度的差异。

---

[1] DAVID S.China goes global: the partial power [M]. New York: Oxford University Press, 2013: 17.

[2] NYE J S. China's soft power deficit [J]. The wall street journal, 2012 (8): 151-160.

[3] KECK Z. Destined to fail: China's soft power push [N/OL].2013-01-07 [2017-12-21].The Diplomat.http://thediplomat.com/2013/01/destined-to-fail-chinas-soft-power-offensive/1/.

[4] SUN W. Mission impossible? soft power, communication capacity, and the globalization of Chinese media. [J]. International journal of communication, 2010 (4): 54-72.

(二) 国内相关研究

一是我国对外传播效果评估体系的建设研究。2007年中央电视台在美国进行了一次有5万个样本户的调查问卷，以了解国际受众的收视意愿。柯惠新等人探讨了我国媒介对外传播效果评估体系的框架，包括对外传播的过程、对外传播效果的评估标准、评估的指标体系、评估的操作体系等。[①] 罗雪从受众认知、态度与行为三维度传播效果入手，构建了整合传统媒体与新媒体的评估框架，并以此为基础，设计了由传播广度、深度、准确度和互动度四类量化指标构成的评估体系。[②] 总体来说，目前我国国际传播效果研究已经从受众规模、构成等基础性量化统计向受众态度、行为等质化分析延伸，但尚未形成系统性的评估体系。

二是对孔子学院中国文化国际传播的效果评估。虽然国内外对孔子学院的传播效果都存在一些认知偏差，但随着孔子学院在全球数量的增加，我国学术界也开始密切跟踪孔子学院的对外文化传播效果。吴瑛以问卷调查的形式通过对美国等5个国家16所孔子学院的调查发现：中国文化在不同文化圈层、国与国之间的传播也存在较大差异。[③] 曲如晓和曾燕萍、谢孟军尝试利用计量经济学的相关评估模型实证检验孔子学院成立对中国核心文化产品出口的影响。[④]

三是分行业对中国文化产业"走出去"的效果评估。黄会林等从2011年度就开始以调查问卷的形式对中国电影文化的国际影响力进行调研，并发布年度《中国电影文化的国际传播研究调研分析报告》，根据调研数据，对外国观众对中国电影的接触情况及偏好、外国观众对中国电影中文化符号和文化价值的认知等方面进行分析。[⑤] 何明星依据全国总书目和全球图书馆馆藏数据

---

① 柯惠新，陈旭辉，李海春，等.我国对外传播效果评估的指标体系及实施方法[J].对外传播，2009(12): 2.
② 罗雪.浅论我国媒体的国际传播效果评估体系构建[J].当代电视，2016(10): 3.
③ 吴瑛.对孔子学院中国文化传播战略的反思[J].学术论坛，2009(7): 5.
④ 曲如晓，曾燕萍.孔子学院对中国文化产品出口的影响[J].经济与管理研究，2016,37(9):8.
⑤ 黄会林，封季尧，萧薇，等.2012年度中国电影文化的国际传播研究调研分析报告（上）[J].现代传播（中国传媒大学学报），2013.

库，对1949年至2013年中国文化图书在世界以各种语言翻译出版的情况进行了统计分析。①

四是对中国文化产业竞争力和中国文化国际影响力的整体评估。祁述裕的《中国文化产业国际竞争力报告》首次对我国文化产业竞争力问题进行了系统研究，以生产要素、需求状况、相关辅助产业、文化企业战略、政府行为五大要素为基本内容，建立了全面反映一个国家文化产业竞争力的综合评价指标体系。②北京大学受文化部外联局委托，进行了"新时期中国文化国际影响力评估"，关世杰以此课题为例，探讨了对中国国际影响力评估的指标体系。③李怀亮、方英对我国文化"走出去"工程实施十年来的政策绩效进行了评估，提出应该建立完善的"走出去"政策评估体系。④方英、李怀亮、孙丽岩等基于文化产品和服务进出口数据，对中国文化贸易结构、国际市场占有率、贸易竞争力指数、显示性比较优势指数的分析表明，尽管中国是文化产品出口第一大国，但文化贸易结构不合理，文化产业总体国际竞争力较弱且发展不平衡。⑤

（三）国内外已有研究的不足及可以进一步探讨、发展的空间

上述研究为中国文化"走出去"效果评估体系建设打下了良好的基础，但从总体上看，还存在以下几方面问题：第一，西方国家学术界对中国文化"走出去"的目标和效果认知都存在严重偏差，甚至是成见，国际民调机构对中国问题的议程设置也是从自己的需要出发的，存在主观性因素，同时过于宏观，缺乏对中国文化"走出去"的针对性；第二，缺乏深入的基础研究和学理性探讨，指标体系的设定不够科学、严谨，存在一定的随意性；第三，

---

① 何明星.中国文化翻译出版与国际传播调研报告：1949—2014［M］.北京：新华出版社，2016.
② 祁述裕.中国文化产业国际竞争力报告，［M］.北京：社会科学文献出版社，2004.
③ 关世杰.中华文化国际影响力评估体系初探［J］.对外传播，2015（1）：4.
④ 李怀亮，方英.实施文化"走出去"工程政策体系研究［M］.北京：经济科学出版社，2013.
⑤ 方英，李怀亮，孙丽岩.中国文化贸易结构和贸易竞争力分析［J］.商业研究，2012（1）：6.

对国外成熟的评估系统缺乏深入研究、比较和借鉴,更难以超越之;第四,评估框架与研究范式没有很好地结合,缺乏共性研究、差异性研究和外围研究的支撑,没有体现研究的逻辑路线;第五,数据来源单一,多数研究和评估仅依据某一种数据库提供的资料进行,有些根据国外机构的调研数据进行分析,没有突破西方的话语体系。因此,如何进行评估体系的顶层设计,包括评估目标、评估框架构建、评估范式、评估指标体系以及评估的实施等都还有待进一步的探索。

二、评估中国文化"走出去"效果应遵循的原则

(一)应当突破西方主导的文化评价规则

西方主导的文化评价体系极不利于中国文化及社会主义核心价值观的国际传播,西方文化霸权格局下的国际社会广泛认可基于西方价值观念的话语规则。一些西方国家的意见领袖和学者,出于意识形态的考虑,对中国文化"走出去"持怀疑态度,甚至给予负面评价。西方国家早在20世纪30年代就开始建立评估机构,从20世纪50年代开始,美国的盖洛普(Gallup)、皮尤(Pew)研究中心、哈里斯(Harris)、英国广播公司"世界服务"以及法国的伊弗普(IFOP)等民调机构开始发布涉及中国的数据。1975年,芝加哥全球事务委员会发布了第一份国际民调报告。此后,越来越多的民调机构在不同国家调查公众对重大国际事务的态度。西方著名民意调查国际机构采用量化计分表和问卷调查方式得出来的结论,表面上看比较客观,但其测评指标体系和问卷设计都有较强的主观性。在经济全球化遇到阻力的国际环境中,这样的话语规则和评价体系会导致国际社会严重低估中国文化以及社会主义核心价值观对于当今世界的意义。中国文化及社会主义核心价值观在这样的评价体系中会被边缘化,极不利于形成有利于中华民族伟大复兴的国际舆论环境。

在经济全球化和全球政治多元化的大背景下,政治、经济、文化的国际竞争日益激烈。中国作为负责任的大国,应当有自己的调查发言权。从这个意义上说,建立一套评估体系,不仅能对中国文化"走出去"的效果进行评

估,同时能衡量世界各国的文化影响力,从而发挥中国在国际文化领域的话语权。

(二)应当是一次学术创新

西方国家的民意调查机构不仅在议程设置上具有主观性,而且其主要方法手段如量化计分表、电话采访和入户访问等,也比较单一、陈旧。国内关于中国文化国际影响力、中国媒体国际传播效果、分行业对图书和电影等"走出去"的评估实践和学术探讨,为评估中国文化"走出去"积累了宝贵的经验,但仍然没有解决下面这些基本问题:中国文化历史悠久,评估对象如何选择?对不同的文化内容、文化项目和文化行业,需要使用不同的评价方式和评价指标,对这些不同的指标该如何整合?仅凭单一数据来源的评估办法已经成为历史,面对我们已经发现的上百种来源的公开数据和将来获取的第一手数据,该如何整合分析这些数据?要克服这些难题,必须实现学术方法的创新和理论创新。

(三)应当有助于澄清国际国内对中国文化"走出去"的一些认知偏差,树立文化自信

中国领导人顺应世界多极化、经济全球化、文化多样化、社会信息化的大潮流,提出开放包容的新理念和以合作共赢打造人类命运共同体的伟大思想。促进不同文明交流互鉴,打造开放、包容、共享的国际文化环境,需要中国文化的积极参与。国内外对中国对外宣传、孔子学院存在一些疑虑、批评甚至错误认识,因此我们急需建立一套科学的中国文化"走出去"评估体系,来验证中国文化国际传播的积极效果,树立文化自信。

三、中国文化"走出去"效果测评的范围

(一)中国媒体国际传播的效果评估

我国重要传统媒体和新媒体的国际传播,是中国文化"走出去"工程的

重要组成部分。

我国非常重视中央电视台、新华社、《人民日报》《中国日报》等重要传统媒体在文化"走出去"过程中的作用。这些传统媒体是既往中国文化对外传播的成熟的重要载体，在有效地提升中国文化软实力和在世界舆论格局中争夺话语权方面一直发挥着重要作用，其传播形式、传播渠道、传播覆盖、传播理念、传播话语等都有着鲜明特色，在中国文化"走出去"战略格局中占有较大的传播份额，在文本效果测评及受众反馈直播等方面对其传播效果进行精准评估，将帮助我们直观了解中国文化海外传播的基础状态，将其同半岛电视台、RT 等非西方国际媒体相比进行研究，可以了解我国媒体在国际市场竞争力、社会影响力和价值导向力方面的效果如何。

互联网群体传播时代，媒介成为社会交往的重要组成部分，成为稀缺资源——注意力的载体。关于中国重要社交媒体的中国文化海外传播效果评估应当包括以下三方面内容：一是中国重要传统媒体在微博、微信等社交媒体上的中国文化传播；二是中国其他重要机构在微博、微信等社交媒体上的中国文化传播；三是重要领袖意见在微博、微信等社交媒体上的中国文化传播。

（二）国家大型文化交流与传播项目的效果评估

这些项目包括孔子学院、海外中国文化中心、文化外援项目、中外文化年、奥运会、世博会等大型活动，我们要研究其数量的增加和规格的不断提升是否能够让我国文化更加有效地传播海外、被更多更广的受众所接受；如何评价其在海外的传播效果；什么样的活动和项目能够在全球经济大潮和我国文化有效传播中起到举足轻重的作用，并带来足够的影响。应当梳理已实施的我国大型文化交流与传播项目的发展状况，确定其在中国文化"走出去"战略中的路线图和发展"瓶颈"。研究这些项目目标受众群体的特点，确立评估项目在海外实施效果的实时数据采集和分析方法，构建分析的数学模型。对其中较成功的有国家财政支持的项目和活动进行经验总结及发展优势效果评估，以向更多国家进一步展示强大、和谐及蒸蒸日上的中国国家形象，确定中国传统文化和中国形象向海外传播的策略。

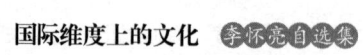

对各省市举办的文博会、旅博会、艺术品拍卖、高峰论坛等在国内开展的大型文化交流活动与项目的开展情况和效果进行深入调研,研究和评估这种"立足本地,走向世界;请进来,带出去"的成本低、效果好的大型文化交流活动与项目对于推动中国文化"走出去"的实际效果,并构建更为合理的运营系统及合作机制,以达到把国外文化企业、机构和受众"请进来",以较低的运营成本将中国文化"送出去"的目的。

(三)中国文化资本、产品和服务"走出去"的效果评估

当代国际文化市场上西方国家仍然是主要角色,大型跨国传媒集团在文化贸易和交流领域中都起主导作用,新兴技术引起了文化和传媒市场的巨大变革。学者应在此背景下研究中国文化企业走向海外市场的模式,以及海外投资的方式、区位分布、经营状况,中国文化产品和服务"走出去"的现状、特点、主要格局分布、在海外市场的国际市场竞争力,评估中国文化资本"走出去"的海外市场效应及影响力,实证研究影响中国文化资本、产品和服务"走出去"的因素,评估其效率及潜力,为进一步提升中国文化"走出去"的效果提出有针对性的措施和建议。

结合"一带一路"倡议的区域布局,从全球文化贸易视角出发,海外文化市场大致被分为成熟文化市场、新兴文化市场、潜力文化市场以及华人文化市场,学者可运用国际市场占有率、贸易竞争力指数、显示性比较优势指数、赫芬达尔系数等指标,分区域研究中国文化产品和服务在目标市场的竞争力状况,并提出有效拓展海外文化市场的贸易路径。

国内学者在对中国文化资本、产品和服务"走出去"效果的评估和研究中,可以将随机前沿方法引入到传统的引力模型中,构建随机前沿投资引力模型,研究中国对于目标市场国的文化投资潜力、效率及影响因素;构建随机前沿贸易引力模型,研究中国对于目标市场国的文化产品出口潜力、效率及影响因素。根据实证分析结果,探讨阻碍中国文化资本、产品和服务"走出去"的因素,并根据中国文化企业在海外市场的投资潜力、文化产品和服务出口潜力,有针对性地提出进一步扩大中国文化企业、产品和

服务走向海外市场的措施。

（四）中国文化海外用户消费行为模式研究

中国文化资本、产品和服务"走出去"必须面对和适应海外目标市场和国外消费者。文化消费模式包括文化消费者的购买决策过程和行为。经济因素（收入水平、分配及结构、消费观念及习惯）、产业因素（文化产业发展、文化资本、文化产品的种类、价格及供给水平）、文化因素（消费者价值观、文化素养/教育水平、宗教信仰等）都是影响一个地区文化产品消费行为的因素。从消费者认知（消费信息来源、品牌识别度、市场占有率、收听率/点击率等）、态度（文化认同、消费偏好、用户黏性等）和行为（品牌忠诚度、购买行为等）三个维度，深入分析各地区消费者对不同文化产品和服务的消费特点，进而构建文化产品消费行为模型，就可以掌握海外消费者的消费偏好、消费习惯和消费行为模式。所谓知己知彼，百战不殆，中国文化企业只有掌握了海外文化用户的消费习惯，才能有的放矢，创作出既符合海外消费者消费偏好，又反映中国优秀文化的产品，从而开创经济效益和社会效益双赢的局面。

中国文化产品"走出去"必然需要跨文化交流和营销，需要面临文化冲突的挑战。对中国文化海外用户消费行为模式的研究，可以围绕收入水平、分配及结构，消费观念及习惯，文化产品种类、价格及供给水平，文化素养及对外来文化的认同/文化开放程度，知识产权保护程度等方面展开，探讨这些因素对不同文化冲突的影响力，让中国企业能够充分地了解跨文化输出文化产品和服务面临的复杂环境，更好地选择与其文化产品和服务相适合的目标市场。

在对世界各国移动互联、社交媒体普及条件下文化消费新变化进行研究的基础上，应结合各国消费者消费中国文化产品和服务现有模式的问题，从文化消费行为的主体、状态、客体、趋势四个方面提出移动互联网条件下中国文化产品和服务消费应该转变的新特征、新形态、新方向。

（五）对"走出去"支持政策进行绩效评估

为了更好地促进中国优秀文化"走出去"，我国出台了多项支持政策，因此，我们应该进行"中国文化'走出去'政策绩效评估"专题研究，探讨中国文化"走出去"政策绩效评估的影响因素、类型。在此基础上构建中国文化"走出去"政策绩效评估体系，并对目前已有的政策绩效进行实证评估应用，进而发现现有政策取得的成绩和存在的问题，最终提出完善的建议。

四、中国文化"走出去"效果评估的目标、框架和指标体系

（一）评估目标

中国文化"走出去"虽然已经取得显著成绩，但我们也必须看到，其整体现状既与我国经济实力和国际地位不相适应，也与我国深厚的文化底蕴和丰富的文化资源不相适应，特别是与综合国力竞争日趋激烈的严峻形势不相适应。《关于深化文化体制改革、推动社会主义文化大发展大繁荣若干重大问题的决定》和《关于进一步加强和改进中华文化走出去工作的指导意见》明确中国文化"走出去"的目标是"增强中华文化的亲和力、感染力、吸引力、竞争力，向世界阐释推介更多具有中国特色、体现中国精神、蕴藏中国智慧的优秀文化，提高国家文化软实力"。我们应当以此为指导，大力推进具有中国特色、中国气派、中国作风的优秀文化"走出去"，促进世界文明的互鉴，为实现"两个一百年"奋斗目标和中华民族伟大复兴的中国梦创造有利的国际文化环境，扎实推进中国文化"走出去"的伟大事业，并在此总目标下从中国文化国际市场竞争力、国际社会影响力和国际价值引导力三方面对中国文化"走出去"效果进行评估。

中国文化"走出去"总体目标从管理学的角度是战略目标、长期愿景。要想达到这个长期目标，我们必须落实、细化构建相应的中期和短期目标。在此基础上，应结合管理学战略管理理论、跨文化传播理论、文化消费理论、消费者行为理论以及国内外有关的实证研究，确立"过程目标"概念，并分析"过程目标"选择的标准，从而构建中国文化"走出去"的效果评估目标。

（二）评估框架

笔者认为，构建中国文化"走出去"效果评估体系，应当从认知、态度与行为三阶段传播效果入手，构建整体评估框架，为指标体系的设计奠定基础。认知是影响力的初步阶段，态度是影响力的中级阶段，行为是影响力的高级阶段。传播学所说的"到达率"和经济学所讲的"市场占有率"可以反映认知阶段的效果和影响力，用户黏性、消费偏好和互动性等可以反映用户态度，品牌忠诚度则可以反映用户行为的变化。而且，从认知、态度与行为三阶段传播效果出发，中国文化"走出去"效果评估体系可以涵盖《关于进一步加强和改进中华文化走出去工作的指导意见》所要求的评估应包含的价值导向、艺术水准、受众反馈、社会影响、经营业绩等主要方面。

对认知、态度和行为三种阶段传播效果的研究，可以从中国文化的国际市场竞争力、国际社会影响力和国际价值引导力三个层面展开（见图1）。在国际市场竞争力层面，可以对中国文化产品、服务在国际市场上的占有率、国家大型文化活动、中国媒体的国际发展及中国资本对国际文化市场的投资效果进行评估，侧重于覆盖率、到达率和市场占有率等指标。在国际社会影响力方面，我们需要侧重对中国文化内容在国际市场上的占有度和受欢迎度进行测评，通过需求偏好、用户黏性等指标来测评国际社会对中国文化的态度。在国际价值引导力层面，显在层面可以从标准和议程设置等方面进行观测，比如具有风向标性质的国际重大奖项评比标准和重要国际论坛的议程设置；潜在层面就需要对中国文化产品国际消费者的行为方式改变进行测度。文化传播效果的测度，最终要看文化内容接受者在价值观、对中国文化的认同度及其行为方式（包括交往行为、消费行为、生活习惯等）方面的变化。这一测评属于长期效果测评，需要一定的时间才能得出结果。我们应该设计出一套完整的方法对中国文化"走出去"的长期效果进行评估。在完成了以上研究之后，对中国文化"走出去"支持政策绩效进行评估，提出如何加强和改进对中国文化"走出去"工作进行指导的政策建议。

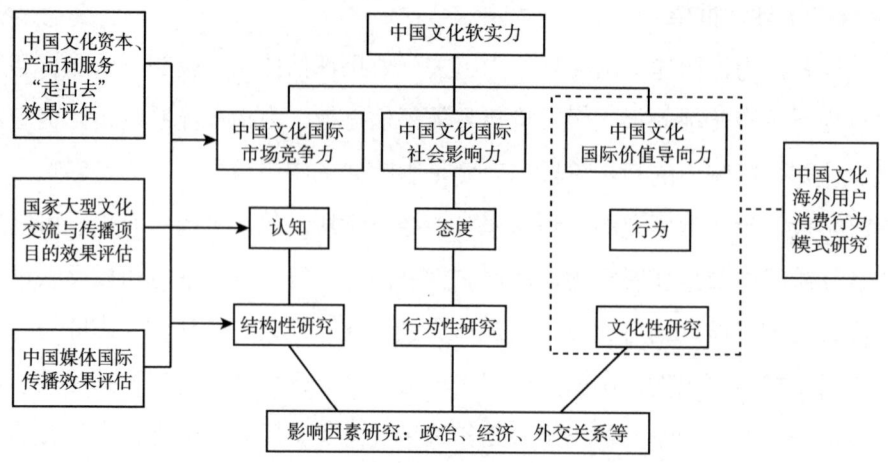

图 1 中国文化"走出去"效果评估体系建设示意图

（三）指标体系设计

结合总体目标和过程目标要求，我国应当以中国文化软实力提升为总体目标，在中国文化的国际市场竞争力、中国文化的国际影响力和中国文化的国际价值引导力三个维度上，从政治、经济、外交、文化等多方面构建中国文化"走出去"效果评估指标体系，并多视角对指标权重的影响因素进行分析，避免指标设定的随意性，保证评估体系的科学性。

中国文化"走出去"的形式和渠道多种多样，每一种文化形式"走出去"都有各自特点，不可能构建一套适用于所有文化形式"走出去"的效果评估体系。因此，在设定评估指标体系时应当以文化交流、文化传播、文化消费、消费者行为的相关理论为支撑，充分挖掘、利用国内外各种数据，对各种统计、调查、模型和指数分析方法进行研究，按不同文化"走出去"形式的具体情况构建适合其特点的最佳效果评估子系统，各子系统有机结合构成效果评估总的指标体系。具体来说，研究中国文化"走出去"的五种子效果评估体系包括：（1）国家主导的大型文化交流项目和文化活动"走出去"的效果评估子系统；（2）文化对外投资和文化贸易的效果评估子系统；（3）中国传统媒体和新媒体的海外传播效果评估子系统；（4）中国传统文化价值和社会主义核心价值观"走出去"的效果评估子系统;(5)中国传统文化和饮食文化海外传播的效果评估子系统。

指标体系的具体设定可参考以下因素。(1)中国文化国际市场竞争力,包括广度、市场占比、用户规模、参观旅游人次、覆盖率、受众构成、访问量、订阅数、点击率等,越多越好、越强越好。(2)中国文化国际社会影响力,包括了需求偏好、用户黏性、接触频度、持续时长、深度收看率、深度访问率等。这两个指标体系的可量化度是比较强的,但还属于认知和态度的浅层效果层面。(3)中国文化价值导向力(行为),该因素能在更深层次上引起用户行为的改变。全球价值导向力是中国文化"走出去"效果评估的最高维度,衡量的是中国文化传播意图对国际受众行为的强化程度。所谓强化,指的是接收者对与本身既有观点相符的内容进行选择,并付出持续注意力所造成的结果。

第三章　国际文化贸易研究

第一节　论国际文化贸易的现状、问题及对策*

全球文化问题已经在许多维度上，如文化人类学、文化社会学、文化政治学等维度，得到了广泛而深入的探讨。赛义德的《东方学》、汤林森的《文化帝国主义》、亨廷顿的《文明的冲突与世界秩序的重建》等已成为讨论全球文化问题时被广泛引用的著作。然而，在文化经济化、经济文化化、经济文化高度一体化的今天，从经济学维度上对全球文化问题进行观照已经变得越来越重要。文化经济学在西方已经成为一门学科。然而，对文化产品和服务的国际贸易的研究，西方国家也刚刚开始起步。[1] 我们发现，从国际贸易的角度来对全球文化问题进行探讨，也许能说明更多的问题。随着中国加入世界贸易组织，中国的文化产业已经被纳入国际市场的版图。文化贸易的课题已经历史性地摆在中国学者的面前。

一、国际文化产品及服务贸易的趋势

根据联合国教科文组织提供的资料[2]，在过去的几年中，文化商品的国际

---

* 文章原载于《首都师范大学学报（社会科学版）》2003 年第 2 期，收入本书时，略有删改。
[1] HEILBRUN J. The economics of art and culture [M]. Cambridge: Cambridge University Press, 2001.
[2] CANO G A, GARZÓN A, POUSSIN G. Culture, trade and globalization: questions and answers [M]. Paris: UNESCO, 2000.

贸易额呈几何级数增长。1980—1998年，印刷品、文学作品、音乐、视觉艺术、摄影、广播、电视、游戏及体育用品的年贸易额，从953.4亿美元激增至3879.27亿美元。但是，这些贸易的绝大部分是在很少一部分国家之间进行的。1990年，日本、美国、德国和英国是世界上最大的出口国，其出口额占当年全部出口额的55.4%；进口也高度集中于美国、德国、英国和法国，其进口额占总进口额的47%。在20世纪90年代，文化商品的进出口高度集中于少数几个国家的现象减弱了，但并没有根本性的改变。然而，这一角逐中加入了新的角色，到1998年，中国成为第三大出口国，新的"五大国"占据文化出口的53%和文化进口的57%。①

虽然我们缺少全球文化贸易的准确统计资料，但从1991年开始，文化产品的贸易总量就大大增加了。的确，上述关于文化商品的流动的数字没有充分反映20世纪90年代多媒体、视听艺术、软件和其他基于版权的产业的迅速发展情况。1998年，音乐制品（包括LP、MC、CD等）的全球贸易额是386.71亿美元，与1990年的270亿美元相比，反映了相关产业的增长及当今全球文化贸易的规模。1996年，文化产品（电影、音乐、电视节目、图书、杂志及计算机软件）成为美国最大的出口项目，首次超过了其他传统产业（汽车、农业、航空和国防）。根据国际版权联盟1998年的报告，1977—1996年，美国的版权业增长率是同期美国经济年增长率的三倍，1996年取得了出口601.8亿美元的成绩。英国也紧随这种趋势，1997年，其创造性产业的出口达到了125亿美元。

和其他商业服务的增长速度要远远大于传统的商品出口的增长速度一样，文化服务的全球贸易增长也十分迅猛。即使在统计数字的可靠性、可比性及分类标准等方面存在着一定问题，但所有数据都能明显地说明这一点。美国1994年影视服务的过境出口额达到161.2亿美元（包括合作贸易），而同期的进口额仅为1.36亿美元。有必要指出的是，我们在落实和解释文化服务的贸

---

① UNESCO. Study on international flows of cultural goods [M]. Paris: UNESCO Publishing, 2000.

易数据时,最大的困难是,跨国企业内部贸易的数字都是没有被统计在内的。不论是海内外合作机构之间还是外国所有的合作机构之间的贸易数字都是无法被统计的。

20 世纪 90 年代以来,文化产品的国际贸易领域纷争不断。法国、加拿大等国家就文化问题与美国展开了针锋相对的斗争(下文详细讨论),而第三世界国家反对美国"文化帝国主义"的呼声反倒没有法国等发达国家高。这就给文化政治学的学者们留下一个难题:第三世界国家受美国的文化侵略最严重,他们却默默无语;相反,反对美国文化霸权最激烈的倒是法国等发达国家。① 难道是法国、加拿大代表了第三世界国家的利益?的确,文化政治学很难回答这一问题。然而,如果我们从国际贸易的角度来探讨,就可以作出合理的解释。

文化产品的进口和出口高度集中于少数几个国家的现象,属于典型的产业内贸易。关于文化产业的定义,据统计有上百种之多。我这里采取一种非常实用的办法,即根据 1971 年联合国颁布的《全部经济活动的国际标准产业分类索引》(SITC)的标准来进行对文化产业的划分。根据这一标准,录音制品的分类号为 8983,图书及其他印刷品的分类号为 8921,艺术作品的分类号为 8960。我们这里重点讨论前两类。产业内贸易是指一个国家在出口的同时进口某种同类产品。这里的"同类产品"是指按国际贸易标准分类至少前 3 位数相同的产品。他们既出现在一国的进口项目中,又出现在一国的出口项目中。产业内相互投资是与发达国家产业内贸易相伴存在的现象,对产业内贸易的发展有相互促进的作用,到目前为止产业内贸易仍然主要在发达国家之间进行,并在工业化国家的制成品贸易中处于主导地位。②

文化产品及服务的进出口贸易主要集中于少数几个发达国家还与这些国家的需求偏好相似有关。偏好相似理论有两个基本观点:(1)产品出口国的可能性决定于它的国内需求;(2)两个国家的需求结构越相似,这两个国家之间

---

① 汤林森.文化帝国主义[M].冯建三,译.上海:上海人民出版社,1999.
② 陈家勤.当代国际贸易新理论[M].北京:经济科学出版社,2000:27.

的贸易量越大。根据第一个观点，只有在国内已经存在大规模需求的产品才能成为具有相对优势的产品。在长期地致力于满足国内需求的过程中，企业规模日益扩大，成本降低，产品就会具备国际竞争力。根据第二个观点，如果两个国家的偏好越相似，需求结构就越相似，即两个国家的需求结构中重叠部分就越大，那么，这两个国家之间的贸易量也就越大。如果两个国家需求结构完全一样，一个国家的可供进出口的物品也就是另一个国家的可供进出口的物品。

根据偏好相似理论，我们就不难理解国际文化贸易的进出口为什么会高度集中于有着共同文化背景的欧美各国之间以及北美的美国和加拿大之间。贸易量越大，越是容易发生贸易纠纷和贸易争端。只有与美国之间文化贸易量最大的法国和加拿大，才会最先也最激烈地反对美国的文化霸权。

二、规模经济：美国在国际文化贸易中的优势地位

所谓"规模经济"，是指随着产量的增加，产品的平均成本不断降低，形成"规模报酬递增"（increasing returns to scale）。规模经济又分为内部规模经济和外部规模经济两种类型。

内部规模经济是由于特定厂商所需特种生产要素的不可分割性和厂商内部的专门化而产生的。随着产量的不断增加，企业的长期平均成本就开始下降，这一阶段就是"规模报酬递增"，即"规模经济"。对于一家企业，只有在产量达到相当大的规模时，像大型机械设备和生产线这样的不可分割的设备才能达到充分负荷，组织管理、车间操作、专门销售、大规模的研究和发展工作等专业分工的潜在优势才能被充分利用起来，取得经济效益，大幅度降低成本，获取利润。

在存在内部规模经济的行业中，规模大的厂商比规模小的厂商更能降低成本，也就更有优势，竞争的结果就会形成不完全竞争的市场结构，即垄断竞争。美国的电影产业就已经形成寡头垄断控制下的竞争。明星制部分造成了生产费用和市场营销费用居高不下的现象，这就为新企业进入电影行业制

造壁垒，最终导致这一产业的高度集中。据估计，1965—1988年，美国排名前四位的电影生产商在北美票房市场中所占的份额一直在48%—69%上下波动。独立制片公司把它们生产的电影交给大公司去做市场营销和发行。因为，要想发行成功必须有大的资金投入和广泛的发行渠道，这些对小公司来说是非常困难的，而大公司则具有这两方面的实力。此外，影剧院的集中度也相当大，有大约40%的影剧院掌握在排名前六位的大连锁影剧院公司手中。①

所谓"外部规模经济"，来源于行业内部而不是单个厂商内部。厂商在行业规模大的环境中比在行业规模小的环境中更富有效力。也就是说，即使在厂商规模不变的情况下，行业规模越大，厂商的生产成本也越低。外部规模经济常常因厂商的"聚集效应"而产生。所谓"聚集效应"是指集中在一起的厂商比单个孤立的厂商更有效率。主要原因是：（1）厂商集中在一起能促进专业化供应商的形成。许多行业的产品生产和服务的提供都需要专门化的配套服务，孤立的厂商不可能形成对配套服务大规模的需求，也就不可能刺激专业化供应商的产生。（2）厂商集中有利于劳动力市场共享。（3）厂商集中有利于知识外溢。②

美国电影产业是非常典型的外部规模经济，它不仅是国家范围内的，而且是地域性的。地方性的灵活的专门人才的劳动力市场和可供短期租赁的设备市场为这一行业实现外部规模经济提供了可能。对于电影的拍摄制作来说，各种参与者和制片人的劳动合同都是临时的。例如，一个替身演员也许只在一部片子中拍摄一个镜头，拍摄这个镜头仅需要他花费一两天时间。这就意味着从事替身演员这个职业的人们必须从许多剧组获得片酬才能维持自己的生活。如果摄制组的经费是一定的，各个摄制组相距很远的话，就会造成成本的不经济。这个道理同样适用于电影生产中的其他环节。从演职员的角度

---

① MARVASTI A.Motion picture industry：economics of scale and trade［J］.International journal of the economics of business，2000，7（1）：99-114.

② 克鲁格曼，奥伯斯法尔德.国际经济学［M］.海闻，译.北京：中国人民大学出版社，1998：136.

来讲，某地的摄制组越多，他们的机会成本也就越低。从制片厂老板的角度来看，他们可以用最为灵活的方式随时从演员和技术人员库中招募到人才，是最为经济有效的。最为灵活的方式需要这些人能招之即来，随时到场。因为这种人才库中的人员不是仅与某一个特定的公司产生联系，而是可以被所有的生产商所雇佣的，这种特征就是典型的外部规模经济的特征。这就可以帮助我们理解好莱坞效应，也就是为什么美国电影产业会集中在一个地方。[①]

除了发生在企业层次上的内部规模经济，发生在行业层次上的外部规模经济，还有发生在产品层次上的产品规模经济。如果再考虑到拍摄制作一部电影的成本虽然非常高，但相对而言其复制成本却非常低这样一种典型的产品规模经济，我们就可以理解为什么美国的电影在价格上极具国际竞争力。美国有3万多家电影院；美国人每年人均看电影的次数也是非常多的，其市场和观众都已经被培育得非常成熟。也就是说，美国电影有着巨大的国内市场，这种比较优势为许多国家所羡慕。[②] 美国电影仅靠国内市场就完全可以收回成本并且盈利。它从国外市场上所获得的回报，除了发行成本外，几乎是纯利。

规模经济对国际贸易产生影响的原因也可以利用垄断竞争模型分析。例如，在电影、电视节目、音像制品、图书报纸等可复制的文化行业中，全球性垄断寡头已经形成。随着新的数字技术的发展及国家、地区和国际性的政策调整，在整个20世纪90年代，世界范围内的文化产业结构格局迅速重新调整，文化产业经历了一个"国际化—重新调整—主动集中"的过程，最终导致了几家超大型综合媒体公司的出现。时代华纳、新闻集团、迪斯尼集团、威卡姆集团、贝塔斯曼集团、美国电讯公司等已经被有些分析家比作和20世纪初出现的各大汽车集团一样的垄断寡头。1993年，全球最大的50家影视公司的总营业额是1180亿美元，仅仅4年后，最大的7家综合性媒体公司的总

[①] SCHULZE G.International trade in art [J].Journal of cultural economics，1999，23（1）：109-136.

[②] MARVASTI A.Motion picture industry：economics of scale and trade [J].International journal of the economics of business，2000，7（1）：99-114.

营业额就达到了这个数字。

从经济角度来看，正在形成的寡头垄断会造成文化生产、贸易领域的不平等竞争。2003 年，全世界上映的电影大约有 85% 是好莱坞制造的。1993 年，世界大型影视公司有 36% 在美国，36% 在欧盟，26% 在日本。1997 年，就有超过 50% 的大公司集中在美国。发展中国家在文化商品贸易中所占的份额更是越来越少。整个非洲大陆平均每年只生产 42 部自己的电影，其市场上 95% 的电影都是进口的。①

美国电影产业所生产的故事片的数量不是最多的，但只有美国电影能够进入世界上的所有市场。印度电影也相当成功，但它们很难走出自己所在的地区。在全世界所有主要电影市场，排在收入排行榜前列的绝大多数都是好莱坞大片，有时可能有一两部当地电影让好莱坞大片在排名顺序上稍有变化。在欧洲，1987 年美国电影占了整个世界电影市场的超过一半的份额。《泰坦尼克号》在全世界的毛收入为 18 亿美元。《世界末日》和《致命武器 4》从比利时到巴西都特别走红，"好莱坞帝国"也显示了逐年扩张的趋势。1980 年，好莱坞从海外获得的收入占其总收入的 30%，现在则占到了一半左右。与此同时，很少有能在美国"叫座"的外国新电影。外国电影在美国市场上所占的份额不到 3%，1995—1996 年，欧洲与美国的电影和电视节目贸易逆差从 48 亿美元增长到 56.5 亿美元，这一数字非常令人吃惊，却是可信的。

1999 年，中国的电视观众占了世界电视观众的 1/4，占亚洲市场的 44%。中国的中央电视台和为数众多的省市电视台每年大约需要 500 万小时的电视节目。在所有的节目中，每年要播出 8000 多集电视剧，其中 1/4 需要进口。由于专业人才和资金的匮乏，中国自己的编播制作单位不能生产出足够的节目来满足电视台和观众的需求。中央电视台的节目有大约 30% 是从国外购买的。各省市级电视台只有能力制作所播出节目的 20%。这样，我国对外国节目的需求就是不可避免的。外国的纪录片、科学技术文献片、动画片和儿童

---

① CANO G A, GARZÓN A, POUSSIN G.Culture, trade and globalization: questions and answers[M].Paris: UNESCO, 2000.

节目、商业和经济节目、表演艺术及故事片,都会成为中国电视台引进的对象。由于美国的影视节目在其国内已基本收回成本,其在国际市场上的价格就可以具有非常强的竞争力。中国电视台出于经济方面的考虑,就有可能把美国的影视节目作为首选对象。

三、文化折扣:中美文化贸易悬殊的历史原因

鸦片战争之后,先进的中国人就开始向西方寻找真理。100多年来,我们从西方学到了马克思主义,学到了先进的科学技术,学到了优秀的文化。今后,我们仍然要坚定不移地沿着"先进文化的前进方向"、以一种博大的胸襟和开放的姿态,吸收一切优秀的人类文化成果,积极推进社会主义物质文明和精神文明建设。但是,我们也不能不特别注意到中国100多年来向西方学习的过程客观上帮助西方特别是美国培育了其在中国的文化产品市场。曾经出现过的"全盘西化论"以及民族文化虚无主义,以两种极端的方式助长了中国人广泛的"崇洋媚外"心理,甚至造成了中国人对西方一切文化产品的自觉认同。这都大大地减少了西方文化产品出口到中国市场时的"文化折扣";而中国的文化产品在西方却遭受到"文化折扣"的重创,使中国文化产品在国际贸易中处于劣势地位。这种文化贸易冲突中的力量悬殊不会得到迅速改变,中国文化产业只有经过坚韧不拔的长期努力,才有可能扭转目前的局面。

文化艺术产品的两个特点会影响到其贸易模式:(1)艺术是属于特定文化的;(2)艺术品的消费会产生很强的滞后作用。从本质上来讲,这两个特征是艺术消费非常容易使人上瘾(addictive)这一事实所带来的结果。诺贝尔经济学奖获得者乔治·斯蒂格勒(George Stigler)和加里·斯坦利·贝克尔(Gary Stanley Becker)于1977年在他们的论文《偏好是无可争辩的》(*Tastes are indisputable*)一文中指出,从音乐消费中产生的边际效用依赖于消费者已经消费的总量及其欣赏音乐的能力,而欣赏音乐的能力又是以往音乐消费的一个函数。在消费音乐的过程中,消费者的"消费资本"会增加。消费者

的受教育程度越高，已经建立起来的消费资本越多，消费者的"消费资本"（consumption capital）增长也就越容易。换句话说，消费资本的投入和消费是呈正相关的。音乐消费的边际效益会随着时间而增长。因此，相关的效用函数也就是包含了所消费的商品以及作为自变量的消费资本的函数。我们假定这个函数不变，那么，在价格及收入不变的情况下，消费资本的积累就可能导致消费者对音乐商品实际需求的变化[①]，也就是说，如果你对某类音乐制品上了"瘾"，欣赏能力越来越高，虽然你的收入和商品的价格没有发生变化，你的购买行为却可能增加。当然，不仅对于音乐制品是这样，对于其他文化艺术产品这一理论也适用。

1996年，贝克尔又进一步阐明了他有关消费资本的观点。他把主要从个人的消费积累和其他相关的个人经验中得来的个人消费资本和社会消费资本区别开来，认为社会资本体现了他人对个人效益的影响，即同龄人和其他有关人员的影响。个人只能通过选择社会生活环境（如不同的朋友圈子），来实现对个人效益十分有限的影响。文化资本是整个社会资本中的一部分，对于个人来说，这种资本是既定的。[②]这说明社会群体的偏好存在一种趋同性，同龄人之间的兴趣、爱好会互相影响。流行的艺术形式被广为接受，而那些不为人们熟悉的艺术形式随着时间的变化依然不为人们所熟悉。

把这一原理运用到文化艺术产品的国际贸易中来，我们就会清楚地看到来自国外的陌生的艺术，最起码在刚开始的时候，都会遇到"文化折扣"：此时，人们还没有像对待本国艺术那样建立起对外国艺术的个人消费资本，由于大家都不了解这种来自国外的艺术，社会的消费资本也有待被发展、培育。把语言、地理等因素考虑进来，各种文化之间越接近，相关消费资本上的差距就越小，因此文化贸易就越大。文化亲近是与地理距离、共同语言及以往文化贸易历史等因素相关的一个综合函数。不同国家之间对外国文化艺术品

---

① ETZIONI A.The study of tastes will set thee free［J］.Journal of socioeconomics，1998，27（4）：475-479.

② SCHULZE G.International trade in art［J］.Journal of cultural economics，1999，23（1）：109-136.

的消费资本的积累是极不平衡、不对称的。然而，对外国文化艺术的消费资本一旦被建立起来，外国文化艺术的疏异感和异域色彩就会越来越淡。最终，文化消费资本积累的效果得到强化，它们会变成民族文化的一部分。

对于外国的、开始时是陌生的艺术怎样积累起一种消费资本，西方学术界现在还没有一种较为严格的理论。中国的情况可以对此作一个生动的注释。一个多世纪以来，特别是五四新文化运动以来，中国开始大规模地引进西方文化，并用西方文化来对中国文化进行改造。在这场声势浩大的新文化运动中，对中国传统文化展开迅猛攻击、对西方文化表示热情欢迎的，恰恰是那些最有爱国激情的知识分子。鲁迅应一个杂志社之邀为青年开列必读书目时说"我以为要少——或者竟不——看中国书，多看外国书。"① 鲁迅的《拿来主义》喊出了对待外国文化最响亮的口号："拿来！"认为没有拿来的文艺不能成为新文艺。中国新文学运动的另一位巨子沈雁冰在五四运动中主持《小说月报》时认为最要紧的工作是对外国文学的切切实实的译介，他列举了西方从古典主义、浪漫主义到写实主义的几百部名著，并身体力行积极从事外国文学的翻译、介绍工作，以此来救治中国古典文学"主观的向壁虚造"等弊病。

就拿文艺学研究这个领域来说，20世纪西方出现了许多流派，有各式各样的"中心"："社会中心""作者中心""文本中心""读者中心"等。有各式各样的"学"：文艺社会学、文化人类学、现象学、阐释学、接受美学、符号学等。各式各样的"论"：主体论、价值论、体验论、象征论、意志论、直觉论、修辞论等。各种各样的"主义"：现实主义、浪漫主义、现代主义、印象主义、象征主义、表现主义、存在主义、弗洛伊德主义、形式主义、结构主义、解构主义、女权主义、西方马克思主义、新历史主义、后殖民主义、后现代主义等。还有各式各样的"批评模式"：社会学批评、文学批评、伦理学批评、美学批评、原型批评等。② 对于这些大大小小的各种流派学说，中国学

---

① 鲁迅. 鲁迅全集[M]. 北京：人民文学出版社，1973：181.
② 陆贵山. 宏观文艺学论纲[M]. 大连：辽宁大学出版社，2000：2.

术界都有非常多的介绍。可以说："西方出版物的汉译本铸就了今日中国的学术语境。"①面对这种情形，有的学者惊呼中国文论患上了"失语症"："根本的问题在于文论失语，在于我们根本就没有自己的一套意义生成与表述的方式和学术规则，没有我们自己的而非别人的文论研究方法。"②

当时，西方学术界有什么最新的学说，中国都会进行及时的介绍。但是，西方，特别是美国对中国的了解是怎么样的呢？

2000多年来，西方一直在不断地创造着"中国形象"。在启蒙运动之前，这一形象的主导价值是肯定性的。启蒙运动以后，西方的"中国形象"发生了很大变化，否定性形象占了主导地位。西方将许多可怕的异域景象安排在了中国。西方的"中国形象"从世俗天堂变成了停滞、封闭、堕落的东方"地狱"。这与近代以来中国的落伍与西方的崛起有关，但其中西方人的虚构也起了很大的作用。所谓"黄祸论"就是西方人对中国最为刻毒的谩骂。中国与美国在地理与心理上都十分遥远。1973年2月21日，美国《新闻周刊》评论："对美国人而言，世界上恐怕没有什么声音比中国人的声音听起来更加陌生了。两国人民处在世界的两极，远隔着巨大的历史、文化、心理的鸿沟。"尼克松访华回到美国，带来的消息就好像来自另外一个星球。中国的改革开放，使西方人有了了解中国的机会，但西方人对中国的了解仍然是想象多于实际。在美国人看来，正在崛起的中国是一个"未得到满足的、野心勃勃的大国，其目标是主宰亚洲"③。这就是20世纪末风靡于美国及其他西方国家的所谓"中国威胁论"。据2001年美国一项民意调查显示，美国公众对中国的态度是矛盾的——既为中国这个巨大的潜在市场所吸引，又在人权等一系列问题上对中国抱有极大的误解和反感。④这说明普通美国人对中国的了解是非常有限的。

---

① 刘纳.全球化背景与文学[J].文学评论，2000（5）：96-102.
② 曹顺庆."话语转换"的继续与重建中国文论话语[J].文艺争鸣，1998（3）：2-3.
③ 周宁.永远的乌托邦[M].武汉：湖北教育出版社，2000：181.
④ TIEN C, NATHAN J A.The polls-trends: American ambivalence toward China[J].Public opinion quarterly, 2001, 65（1）：124-38.

从上面的分析可以看出，中国和美国及其他西方国家之间在文化上对彼此的了解形成了两条背离的曲线。中国人对西方的了解越来越多，而美国及其他西方国家对中国的了解仍有极大的想象成分。因此，美国及其他西方国家的文化（产品）进入中国时所遭遇的"文化折扣"非常小，而中国的文化（产品）进入美国及其他西方国家时所遭遇的"文化折扣"却非常大。这就为美国对我国进行文化倾销和渗透在客观上提供了有利地位，而我们则相对处于劣势地位。

但是，有利和不利、优势和劣势不是永恒的、一成不变的。一个善于学习的民族，在吸纳了世界各民族的优秀文化之后，必然会站立到世界文化潮流的巅峰。

四、保护与反保护之争

从汉城到渥太华，从北京到巴黎，世界范围内反对美国文化霸权的斗争正在展开。法国文化部的官员们认为美国流行文化大潮正在把法国变成一片"沼泽"。因此，他们花了很大的气力制定出一套复杂的配额与补贴制度，以保护法国文化免受全部被"淹没"的灭顶之灾。法国文化精英们对美国所造成的威胁，特别是对法国电影威胁的担忧得到了法国文化部的一致支持。他们担心的是好莱坞是随着巴黎迪士尼乐园、快餐连锁店、牛仔服、摇滚乐等美国产品一起运进法国的一个特洛伊木马。戛纳电影节的发起人吉尔斯·雅各布（Gilles Jacob）说："美国的兴趣不仅在于出口它的电影，它感兴趣的是出口其生活方式。"1989年，法国政府说服欧共体颁布了一项政策，规定40%的电视节目必须是本国节目。法国政府向外国电影在法国的票房收入征税以资助法国电影生产，建立了一套复杂的制度，继而把这一制度扩展到电视节目。1993年，在关贸总协定的谈判过程中，法国要求把影视产品从自由贸易协议中排除掉。

法国的一个强有力的同盟军是加拿大。加拿大长期以来一直处于被它的近邻变成文化"沼泽地"的恐惧之中。在加拿大放映的电影有96%是外国

 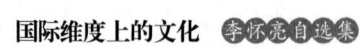

片,主要是美国片;加拿大电台播出的音乐有34%不是加拿大自己的;在加拿大出售的杂志有80%、图书有60%是外国——主要是美国的。"二战"后,一代又一代的加拿大青年人都是穿着牛仔裤,嚼着口香糖,喝着可口可乐,看着好莱坞电影长大的。其他国家的人已经看不出加拿大人与美国人还有什么两样。正因如此,加拿大人才对被美国化有一种深切的体会和沉重的危机感,有人担心在未来的25年内,加拿大是否还有能力作为一个独立国家存在。1998年6月,加拿大组织了一次反对美国文化支配的会议,19个国家出席了这次会议,包括英国、巴西和墨西哥等,美国被指名排除在外。根据自由贸易会威胁到民族文化的观点,这次渥太华会议所要讨论的是要把文化产品从降低贸易壁垒的条约中排除在外。这次渥太华会议是联合国教科文组织在斯德哥尔摩主办的会议的一个延续。斯德哥尔摩会议迫切要求把文化产品从另一个全球贸易协定《多边投资协议》(MAI)中排除在外。

对于美国的文化扩张在全球范围内遭到的抵制,美国的强硬派和温和派作出了不同的反应。强硬派认为加拿大人在面对美国文化的威胁时成了偏执狂:"不管文化保护主义者是出于畏惧还是出于嫉妒而抵抗美国的现代性,如果他们认为他们可以通过补贴和配额来指导人们的欣赏趣味的话,他们就错了。"① 他们认为,自由贸易是正义之师,任何企图阻挡美国文化洪水的堤坝必将被冲垮。温和派则看到了美国倡导的个人自由高于政府权力的观念会对别国政府造成威胁;达尔文资本主义会把这些社会的传统结构连根拔起。强硬的文化扩张政策必然造成严重的抵抗和紧张的冲突。如美国耶鲁学院主席、前克林顿政府国际贸易商务秘书杰夫瑞·E. 伽顿(Jeffrey E.Garten)1998年在纽约《商业周刊》上撰文指出:"美国的生活方式和观念在国外具有倡导自由和促进社会进步的作用,但对这些国家来说也是引起不稳定的因素。现在,世界正在酝酿着反对美国'文化帝国主义'的行动。保护民族文化很可能成

---

① Moreover: culture war [EB/OL].(1998-09-10)[2002-08-08].https://www.economist.com/moreover/1998/09/10/culture-wars.

为那些受到全球化重创并且正在经历着急剧变化的国家团结起来捍卫自己的旗帜。"① 美国一些有识之士已经看到这种斗争的尖锐性，认识到美国现行的文化扩张政策可能对其他国家造成伤害。他们建议美国政府照顾一下其他国家的情绪，在文化扩张方面采取一些较为缓和的措施，以减少出击所造成的"后坐力"，"甚至提高美国输出自己的价值观念和理想的持久力"②。

美国用来反对加拿大、法国、韩国的文化保护主义的理论基础是自由贸易理论。在自由贸易理论看来全球化的主题导致了产品和服务在世界范围内更加自由的流通，每个地方只要存在需求就可以得到满足。可供选择的产品和服务极为丰富，消费者喜爱全球化为他们所带来的这些选择，无论就质量来说还是就价格来说，可供他们选择的范围也极其广泛，特别是他们可以与其他国家的人们进行同样的选择。美国波士顿萨福克大学的一位国际商业与战略管理学教授于1998年在一篇文章中质问这些国家："政府在文化产业中所进行的这些干预管用吗？法律和壁垒能挡住迈克·杰克逊的摇滚或麦当娜那张性感的脸吗？……在现在这个互相联系的世界上，对其他文化的限制会起作用吗？"③

在美国人看来，不但实行关税壁垒和配额不会起作用，而且这些国家政府对自己国内的文化产业进行补贴或投资生产也不会起到促进其文化产业发展的作用，甚至反而会是有害的。与欧洲国家不同，加拿大采取政府补贴或投资生产的方式来促进其国内电影业的发展，而不是以进口壁垒来保护国内文化产业。然而根据美国学者最近的研究，"面对外国竞争，本国文化产业的生存并不需要政府的经济支持。对意大利和拉丁美洲的电视节目生产和贸易统计数据的研究发现，他们提出发展商业电视是增强当地节目制作者和电影生产者实力的关键。他们声明，外国竞争所削弱的仅仅是国家控制和拨款的

---

① GARTEN J E.Cultural imperialism'is no joke[N/OL].Business Week, 1998-11-30[2002-06-07]. https：//www.bloomberg.com/news/articles/1998-11-29/cultural-imperialism-is-no-joke.
② GARTEN J E.Cultural imperialism'is no joke[N/OL].Business Week, 1998-11-30[2002-06-07]. https：//www.bloomberg.com/news/articles/1998-11-29/cultural-imperialism-is-no-joke.
③ GOPINATH C.The business of exporting culture and resisting it[N].Business Line, 1998-11-02(1).

媒体"。他们还认为："对电影和电视节目贸易的限制，特别是数量上的限制，会使消费者的需求得不到满足，于是从正常渠道得不到满足的这部分需求，便常常由盗版来满足。"①

另一篇匿名文章的观点与威尔德曼和希维克的论调如出一辙，这篇文章说：

"配额就像四轮马车一样不适合于现代社会。任何人想要在黄金时段观看美国电视节目，只需要在为数众多的电视频道之间进行搜索即可，或者他可以干脆租一盘录像带或光盘。配额容易导致的一个有害结果是，鼓励一些本地公司为了得到政府的补贴，仅仅迎合政府的意志而进行影视节目的设计，制作、生产出许多'配额快餐'。""政府的拨款很容易流向那些最不需要它们的人手中。法国的国家电影中心把最大的补贴给了国内最成功的两家电影制片公司。在英国，有三家电影公司获得英国国家彩票的大笔资助，其中一家公司曾拍摄近年来英国最走红的两部电影《四个婚礼和一个葬礼》和《迷幻列车》。从好的方面说这意味着得到公益资金资助的电影应该拍好；从坏的方面说，这意味着有能力的生产商花在说服政府得到补贴上的时间和精力要比花在制作精品电影上的时间和精力要多。"②

贸易配额、关税壁垒以及政府补贴，这些被倾销国家的政府所能采取的办法，在美国学者看来统统不灵。那么，这些国家的政府和人民该怎么办呢？美国学者认为，由于采取了先进的宣传推广方式，发行量巨大，美国在推销其产品、服务和观念时通常占有极大的优势。如果一个国家感到它的文化具有与美国文化相同的力量，

---

① MARVASTI A.Motion picture industry：economics of scale and trade［J］.International journal of the economics of business，2000，7（1）：99-114.

② Moreover：culture war［EB/OL］.（1998-09-10）[2002-08-08].https：//www.economist.com/moreover/1998/09/10/culture-wars.

它就应该向美国学习,向国内外的人民普及它的文化,而不是试图把它保护起来。

面对好莱坞的冲击,"需要先把这头野兽喂饱了"。"法国制片人需要学习好莱坞讲故事的技巧,学习它的随机应变之道。他们应该与好莱坞制片公司结成联盟,利用它的技巧和市场威力。""不管文化保护主义者是出于畏惧还是出于嫉妒而抵抗美国的现代性,如果他们以为他们可以通过补贴和配额来指导人们的欣赏趣味的话,他们错了……法国文化部的那些官员们应该少一些恐惧,多一些思考。"①

还有一位学者毫不掩饰自己完全站在美国国家利益的立场上说话的态度。他认为法国人就为了这么一个无关全球贸易宏旨的影视节目配额,差点毁了关贸总协定,是十分非理性的。"这些文化和产业上的小插曲的重要性在于法国人攻击好莱坞的方式。他们似乎是更强调审美和心理方面的连贯性,从这些方面来获得力量,而不是从真正的产业、经济和文化方面来获得力量。……从审美和心理的连续性方面得出的政策结论会有什么效果,很明显,也是十分可疑的。"②

绝大部分的国家都设有专门管理文化事业的政府部门,而美国这样一个政府职能部门非常完善的文化产出大国,却单单没有所谓文化部。他们声明之所以不设文化管理部门,甚至不制定文化政策,就是为了保护言论自由和产业自由。这样不设文化部,不制定完整统一的文化政策,看上去好像是一种"无为而治",而事实上完全不是这样。

从目前的情况看,美国已经占据了全球文化的制高点,它本身就是全球文化游戏规则的操纵者。美国自身无须采取文化保护的策略。它即使不采取

---

① MARVASTI A.Motion picture industry: economics of scale and trade [J].International journal of the economics of business, 2000, 7(1): 99-114.

② GRANTHAM B.America the menace: France's feud with Hollywood [J].World policy journal, 1998, 15(2): 581.

任何一种文化政策,任凭文化产业随着市场规则来独自运转,也会在全球市场中独占鳌头。实质上,这是一种更深层、更有效的文化霸权战略。美国由于在文化产业上具有经济主导性,因此,他们反倒无须文化上的特权,而只须其他国家和地区不设置文化保护之类的障碍即可。美国根本不会顾及那些边缘化国家中早已十分突出的文化问题,他们感受不到那种民族文化受倾轧的危机。他们深知,自身不设文化监管部门也是一种表率,假若其他国家的政府也如法炮制,那美国将无疑是更大的受益者。由于美国文化产业已经取得霸权地位,如果国际文化市场是一个多方位开放的自由流通的空间,美国以其居高临下的地位,其文化产品必然会雪崩似的涌向其他国家,而它根本不必担心自己会受到其他国家文化的侵害。这种拆除一切文化限制的篱笆,追求绝对自由的市场诉求,会为美国文化产业大开方便之门,其实质就是要求文化绝对服从于市场的操纵。这样,这种"没有政策的政策""没有策略的策略"恰恰是一种实现"文化霸权"的最为有效的策略。美国这种表面看上去十分开放的文化策略其实隐匿了更深层的意识形态性。

五、尽快制定中国文化产业的全球发展战略

随着中国加入世界贸易组织,中国的文化产业将直接面对激烈的国际竞争。中国加入世界贸易组织以后,外国文化企业和文化产品将不可避免地大量进入中国。中国文化产业必须提高自己的国际竞争力,全力打造文化产业的中国品牌。中国文化产业应该加入国际竞争的事宜早就被提上了议事日程,但国际市场的无情和残酷在于,当我们面对这个市场的时候,它已经走过了自由竞争的阶段而形成了寡头垄断,市场准入的"门槛"已经很高,对手已经非常强大。对此,我们似乎还没有充分的认识。更为重要的是,国际市场的游戏规则是由最先进入的强者制定的。世界头号文化产业大国——美国满脸正义地主张文化产品的自由流通。美国的文化企业以国际市场的巨大利润为目标,以自由贸易理论为旗帜,以美国强大的经济实力为后盾,美国凭借着其政府的政治、外交为它们"保驾护航",要铲除一切文化贸易的壁垒,把

它们的文化产品销售到世界上任何一个角落。对于时代华纳—美国在线、威卡姆、迪士尼、新闻集团等超大型跨国综合媒介集团来说，游戏规则越"自由"，它们就越有回旋的余地。在这种情况下，中国应该找准自己的政策目标，制定文化方面的相应策略。中国加入世界贸易组织，不能只是被动地接受世界贸易组织的现有规则，而应该以自己的努力和影响参与制定世界贸易组织的制度和条款。在文化问题上，中国应该把保护世界的文化多样性作为一个基本立场，为建立一个开放、公正、透明、具有可参与性的多边贸易体系而努力。同时，尽快制定中国文化产业的全球发展战略。

（1）在跨国垄断已经形成的情况下，中国必须动员国内各部门与国际上一切力量来保护自己的文化价值，不能让自己的文化产业听凭国际市场的摆布，而应该积极参与国际贸易规则的重塑。

许多发展中国家包括中国的文化及其文化产业正面临着国际竞争的挑战。目前，多媒体综合性跨国文化企业的垄断已经形成，它们越来越多地控制着全球文化产品消费市场的份额，而发展中国家由于相关政策的滞后，如缺乏对原创作者的激励机制、投资不足、对自己国家处于发育期的文化产业缺乏信心、对管理人员的培训力度不够、不注重对自己产品的促销工作等，在文化贸易方面根本无法与这些跨国公司竞争。

中国的文化市场已经受到严重的挑战，越来越多的高附加值、低成本的外国文化产品出现在中国的文化市场上。中国的儿童动画片市场已基本上被美国和日本公司所支配。在中国儿童中最流行的卡通人物是美国的米老鼠和日本的机器猫。中国的文化产品在国际上却处于非常边缘的地位。这种情况在视听领域由来已久，在印刷及新的多媒体领域，也越来越引起人们的关注。中国的文化企业与跨国文化企业相比在企业规模、经济实力、成本、生产与发行的相关服务等方面的差别，知识、产品质量等方面的局限，以及法律环境和投资体制等方面的因素，严重制约了中国文化产品在国际上的竞争力。

在这样的国际环境当中，各发展中国家单独靠市场的自我调节已经不能保证文化产品的国际贸易能够得到公平的发展。在这种情况下，让发展中国家还在起步阶段的文化企业去和这些跨国公司"公平竞争"，只能是一句美丽

的谎言。在世界范围内，仅仅靠市场机制的自发调节已经不能保护文化选择的多样性，不能保护文化产品的公平竞争。

中国加入世界贸易组织，不能只是被动地接受世界贸易组织的现有规则，而应该以自己的努力和影响参与制定世界贸易组织的制度和条款。在文化问题上，中国应该把保护世界的文化多样性作为一个基本立场，为建立一个开放、公正、透明的，具有可参与性的多边贸易体系而努力。这样的贸易体系应该保证中国及其他发展中国家的文化产品有进入国际市场的公平的商业机会，保证选择的多样性，保证竞争。

联合国教科文组织第十三届大会曾提醒各国，文化商品和服务的自由流通不能任凭国际市场法则摆布。中国必须动员国内与国际上的一切力量来保护自己的文化产品、文化价值与文化身份。否则，我们的人文学科、我们的文化、我们的民族认同、我们的民族凝聚力乃至我们的意识形态，都会不可避免地遭受毁灭性的威胁。

（2）应该由有关部门牵头，成立一个有关文化产业的各个部门参加的国家文化产业发展领导小组，摸清我国现有文化产业的底数，找出我国发展文化产业的优势和不足，并结合有关国际贸易惯例，制定中国各文化行业的全球发展战略。

虽然世界贸易组织及其他一些现有的国际贸易协定考虑到了文化商品和服务的特殊性，但这些条约的影响是十分有限的。如果没有国际社会的共同努力与强有力的保障措施，终有一天文化产品会被当作与牙刷、肥皂等一样的普通商品来对待。再进一步说，即使有了公正的、透明的、可参与性强的贸易框架体系，中国的文化产业发展不起来，没有文化产品可以出口，再好的贸易协定也是一纸空文。所以，对于中国来说，一方面是要为建立一个能够保障世界文化多样性的公正透明的、可参与性强的多边贸易体系而奋斗，另一方面还要大力发展自己的文化产业，加强文化产业的基础设施方面的建设，完善与之相配套的法律法规体系，改善投资体制。只有这样才能使中国的文化具有生命力，在国际上占有一席之地。

一方面，中国要对自己"幼稚"的文化产业进行保护，但从历史的情况及经济学的观点来看，保护主义的作用是极其有限的。保护不是目的，发展才是硬道理。除了保护，我们应该以更为主动的态度，对我们的文化政策进行积极的调整。我们的文化政策需要灵活地适应全球化的趋势，并在国家性的、地区性的和亚地区性的不同层面上作出战略回应。

另一方面，从国家的层面上来说，我们应该树立全国"一盘棋"的观念，对我国文化产业的优势和劣势、现状和问题进行深刻的分析。这样才可以保证从确定具体的国家文化产业政策，到这些政策的贯彻落实、连续运转，各部门之间都能有效合作与顺畅贯通，需要不同部委、部门、系统的共同参与，如中宣部、教委、文化部、外贸部、广电总局、旅游局以及海关、邮政和电信等部门。可以考虑从这些部门抽调一些具有政治责任感的同志组成一个文化产业发展领导小组，联合办公，摸清现有文化产业的底数，并在此基础上对中国文化产业所运行的宏观经济环境和市场结构进行分析，包括对各行业的投资比例、作者、生产商、批发商和零售商、文化产品的进出口公司的情况进行具体的、有针对性的分析。经过这种分析，我们就可以搞清楚，文化产业的各个部门所面对的具体困难是什么，所具有的优势和弱势是什么，以便于制定具体措施，克服困难、扭转弱势，发挥文化产业各部门的潜在优势。

每一种文化产业都有自己的特殊性，不可能制定一个普遍适用于各种文化产业的"一揽子"解决方案。重要的是要为每一个文化行业制定具体明确的全球发展政策，如出版业、音像制品业、多媒体、工艺设计、文化旅游等。各行业的发展政策可以由人大通过，以法律的形式确定下来，也可以作为政府的连续有效的措施来实施。

由于各种文化产业的特点和规律不同，有些部门需要政府的直接介入和干预，而另外一些部门可能只需要政府给出一个明确的政策就可以做到事半功倍。因此，国家也可以从整个文化产业中选取具有优势的行业优先发展。应该优先发展那些低投入、高产出、高回报的文化产业，把有限的人力和财力资源集中在这些部门，关注重点，部分突破。

（3）多哈会议之后，世界贸易组织启动了新一轮的多边贸易谈判。在新一轮多边谈判中我们应该坚持"文化例外"原则、文化多样性原则，强调我们的文化主权与文化安全。

我国文化安全直接关系到我国的政治安全和意识形态安全。① 对此，我们应该有一个清醒的认识，做到旗帜鲜明、立场坚定。在世界贸易组织新一轮的多边谈判中，我们可以援引以下国际惯例，维护我们的国家利益。

①文化例外。在 1993 年关贸总协定乌拉圭回合的最后一轮谈判中，以法国为代表的一些国家表示，关贸总协定对于商品、服务及受版权保护的产品的原则的实施，特别是最惠国及国民待遇原则，侧重商业方面，会破坏这些国家的文化独特性及其独特地位。如果仅受商业利益的支配，许多地方的文化产业很快就会被跨国公司及具有垄断地位的资本所代替。作为一种"主张"，"文化例外"没有任何法律地位，也就是说，它没有被写进任何协议或条约。文化例外的主张是基于这样一种原则：文化产品不同于其他产品，因为它的价值超过了商业价值。文化商品和服务传达着观念、价值和生活方式，这些反映了一个国家的多重身份及其公民的创新的多样性。

几年之后，在斯德哥尔摩召开了关于文化发展的政府间会议。1999 年，联合国教科文组织又召集有关专家讨论"文化：一种独特的商业形式？"作为对上次会议的回应。这次研讨会的结论得到了普遍的共识："文化不仅仅是一个经济事件或一个经济学概念。"

一些欧盟成员国曾经在关税与贸易总协定的谈判过程中成功地运用"文化例外"的概念来拒绝文化服务的自由化。由于文化的敏感性及特殊性，欧盟拒绝开放视听服务（如电影、广播、电视）及其他相关文化服务市场。"文化例外"的主张在保留《关贸总协定》第二部分第四条的决议中也得到了反映。这一条有关电影放映配额，允许国产影片在总放映时间中有一个具体的最低比例。《关贸总协定》还把"保护具有艺术价值、历史价值和考古学价值的民族宝库"的措施作为例外保留下来（第 XX 条第 f 款）。其他文化产品，

---

① 胡惠林.国家文化安全：经济全球化背景下中国文化产业发展策论［J］.学术月刊,2000(2):10-18.

除了电影和家庭录像，都适用于《关贸总协定》的全部条款。他山之石，可以攻玉。在世界贸易组织新一轮的多边贸易谈判中，涉及文化宣传方面的服务内容，我们完全可以援引这方面的先例。

②文化多样性。1995年世界文化与发展委员会发表了题为"我们的创造的多样性"的报告，深入论述了文化在人类发展中的重要作用。报告认为，经济的发展是民族文化的一部分，脱离人或文化背景的发展是一种没有灵魂的发展。发展不仅包括得到商品和服务，而且包括过上充实的、满意的、有价值的和值得被珍惜的共同生活，使整个人类的生活多姿多彩。因此，文化作为发展的手段尽管很重要，但它最终不能降低到只作为经济发展的促进者这样一个次要地位。发展与经济是一个民族的文化的组成部分。1998年，联合国教科文组织又在斯德哥尔摩召开了"文化政策促进发展"的政府间会议。这次会议提出的一份《文化政策促进发展行动计划》指出，"发展可以最终以文化概念来定义，文化的繁荣是发展的最高目标"。"文化的创造性是人类进步的源泉。文化多样性是人类最宝贵的财富，对发展是至关重要的。"无疑，未来世界的竞争也将是文化或文化生产力的竞争，文化将成为21世纪最核心的话题之一。①

③文化主权。从20世纪初开始，许多国家对文化产品的贸易实行了限制。1948年的《贝鲁特协议》规定取消教育用视听材料在国际贸易中的进口关税、许可证和数量限制。1950年的《佛罗伦萨协议》注重知识产品如图书、期刊和报纸等的自由流通。然而，这些国际协议没有包含娱乐性文化产品或文化特征。事实上，《关贸总协定》（GATT）和《经合组织无形标准》（DECE code of Invisibles）都批准了电影放映保留配额，以保持各国的文化身份。各国为保护其国内文化产业的发展，经常把文化主权问题作为主要理由提出来。从实质上讲，文化主权（cultural sovereignty）并不是关于艺术产品本身的消费问题，而是关于消费者对文化产品的选择问题。政府会运用价值判断来促

---

① 金元浦.中国当代文化发展研究报告：跨世纪的文化变革[M].北京：首都师范大学出版社，2002.

进、刺激国内文化产品的消费,因为这些文化产品代表着本国的价值观和文化。文化主权是支持贸易壁垒的核心观点,经济和政治问题也常常被提出来支持贸易限制。

(4)面对复杂的国际局势,在文化问题上,我们必须坚持国家利益高于一切的原则。各文化企业及地方政府的局部利益必须服从于整个民族和国家的最高利益。

一些西方国家把中国看作一个潜在的巨大的文化消费市场,已经制订了进入中国文化市场的战略计划。西方一些国家已经注意到中国幅员辽阔、人口众多,各地的经济文化发展极不平衡,地域和地域之间的差别非常大,在一个地方适用的情况在另外一个地方就可能完全不同。他们的策略是不把中国作为一个总体上统一的市场,而把中国看作许多有着独立特征和不同机会的市场的组合。在经济领域,中国各地的地方保护主义已是屡见不鲜。在文化领域,一些地方政府为了发展经济所采取的一些各自为政、急功近利的做法也需要引起我们的注意。比如,有的省市政府的政府工作报告中就已经出现一些不太妥当的提法。再有,为了获取文物的经济价值,一些地方政府已开始"创造性"地"将原本由政府实施保护与管理的文物单位转移到旅游企业开发经营,掀起了一股旅游企业对文物单位的兼并热"。这种做法既严重地违反了《中华人民共和国文物保护法》,也严重破坏了我国的优秀文化遗产,妨害民族精神的发扬,并且会损害我国人文大国的形象。

除了一些地方政府外,国内一些文化传媒机构,出于自身商业利益的考虑,有时也会做出一些有损全局的事情。比如对奥斯卡金像奖颁奖晚会的直播,电视台出于利益驱动是有积极性的。一家电视台如果通过购买直播权成为中国唯一有权对晚会进行现场直播的电视台,就可以吸引大批广告、赞助。但这样做对于国家的利益,至少对于整个中国电影产业的国际竞争来说,是十分不利的。因为,第一,国内企业付给电视台的广告费以直播权购买费用的形式转移到了美国电影科学院,实际上也就是资助了美国电影业;第二,对奥斯卡颁奖晚会的直播,给好莱坞电影产业进行了大规模的宣传,起到了培育美国电影在中国的消费市场、引导中国观众的消费偏好的作用。因此,曾有电视台积极申请直播奥斯卡奖颁奖晚会的事宜。奥斯卡奖和奥运会、世界杯等体育赛事是完全不同的。奥斯卡奖是美国好莱坞的集体广告，是美国电影产业的市场营销策略，要在中国有影响的电视台播出，应该给中国的电视台付费才行。我们不要把事情搞颠倒了，就像美国作家马克·吐温在《汤姆·索亚历险记》中所写的其他小孩要给汤姆·索亚糖果才能替他刷墙那样。

上面这两种情况说明，必要的国家干预是应该的。国家应该从国际政治、经济、文化竞争的总体格局出发，站在国家利益高于一切的制高点，结合国家文化发展的长期规划，对地方政府以及本国文化企业的文化活动进行宏观的调控，尽量减少不同地域文化发展的不平衡性，增强我国的综合国力和民族凝聚力，培育和弘扬民族精神。

（5）文化产品的国际性质证明，国家对文化产业的鼓励措施虽然对其发展来说是必要的，但对其进一步巩固还远远不够。现在，文化产业的发展需要跨越国界，打入国际市场。

探索文化产品的竞争之路，发现新的观众十分重要，提高其在国际市场上的发行能力尤为关键。只有把国内战略和周边地区战略结合起来，发展规模经济，培育发行渠道，才能最终达到走向全球的目的。因此，我国必须尽快制定鼓励和促进文化商品出口的有关政策。

具体说，可以采取以下一些具体措施。

①在国际范围内广泛订立或实施有关关税、知识产权、外国投资的具体协议。如1987年2月，中国和加拿大签署了"中加电影电视剧合作生产协议"。按照这一协议，双方合作生产的影视剧两国均视其为国产片。两国的电影管理部门保证了双方能够利用对方在发行、资金及法律方面的优势。现行的多边贸易条约允许发展中国家建立特殊的贸易区，中国作为发展中国家，可以从这类协议中得到更多的好处。

②要考虑每一行业的具体需要，不仅应利用国有、集体经济的优势，还应借助社会力量来发展文化产业，包括大型企业集团、私营公司及非营利性组织。

③在进行深入细致的调查研究、战略分析的基础上，充分利用合作投资。

包括创建成员国共同投资的混合制基金项目。

④确立支持和鼓励出口、培育新市场的共同机制,如在享有优惠的国家和地区设立常驻代表机构或代理商。

⑤为合作生产和合作发行项目订立共同政策、战略和激励机制。并创造性地探索进入发达国家成熟市场的新战略和新渠道。

当然,这些策略能否成功与目标市场的市场结构、观众是否类似、语言和文化的接近程度、贸易参与国之间是否已经建立起文化商品流动的传统等因素有着十分重要的关系。但我认为最重要的问题还在于我们有没有认识到这一问题的迫切性,有没有积极主动的精神和高度的责任感。

第二节　中美文化贸易的新特点及中国"入世"后的对策[*]

随着中国加入世界贸易组织,中国的文化产业市场正在发生着重要的变化。加入世界贸易组织以后,外国文化企业和文化产品不可避免地大量进入中国。在文化经济化、经济文化化、经济文化高度一体化的今天,美国主要是通过文化产品和文化服务来输出其价值观和生活方式,其意识形态带有浓重的商业意味。早在1932年,英国的斯蒂芬·泰伦兹(Stephen Tellez)爵士就指责美国人"把世界上每一家电影院都变成了一座美国领事馆"[①]。电影、电视节目、音像制品及各种文化艺术服务项目已经成为美国意识形态"软权力"的主要载体,外国人在消费这些商品的时候,也就是在接受美国"主旋律"的宣传,美国则获得了经济和宣传的"双赢"。因此,从文化经济学的角度来对美国文化产业的运作机制,特别是其文化产品贸易的特点进行分析,对中国将是十分有益的。

---

[*] 文章原载于《燕山大学学报(哲学社会科学版)》2002年第4期,收入本书时,略有删改。
[①] 托德,梅峰.1990年代英国电影工业[J].当代电影,2001(2):63-67.

一、美国文化产品的全球化策略

文化企业"冲锋陷阵"、政府"保驾护航"是美国进行对外宣传和对外文化扩张的基本模式,但也不排除美国中央情报局在宣传上直接插手。美国文化的全球性扩张,在大多数情况下属于非政府部门的文化产业企业为巨额利润所驱动而进行的经营性活动,但在实际操作中受到政府的支持,尤其在对外宣传方面已与美国外交不可解脱地联系在一起。美国中央情报局的元老艾伦·杜勒斯(Allen Dulles)说过:"如果我们教会苏联的年轻人唱我们的歌曲并随之舞蹈,那么我们迟早将教会他们按照我们所需要他们采取的方法思考问题。"美国政府常常通过自身的行为促进美国文化的扩张。如美国在同意中国享受最惠国待遇时把不要干涉"美国之音"作为一个前提条件。美国国会在"1995年中国政策法"中将开办"自由亚洲电台"列为重点条款之一。在中美知识产权谈判中,美国谈判代表奉政府之命,强硬地要求中国开放国内文化市场,接纳美国各类影音制品。

美国和其他西方国家对我国进行文化渗透的一个重要策略是在中国国内寻找其代理人。代理人的形式有两种,一种是政治、意识形态上的直接收买,另一种是商业上的雇佣、合作关系。商业上的雇佣与合作关系属于正常的经济现象,但对于前一种形式,我们决不可麻痹大意。1999年,美国出版了一本名为"文化冷战:中央情报局和文化艺术界"的书,披露了美国中央情报局秘密资助许多国际性大型文化艺术活动的内幕。根据该书所透露的资料,美国中央情报局资助这些活动的目的是试图影响人们的政治观点,培养人们对美国的亲近感情。它收买了一些国家的编辑、作家和学者,让它所收买的报刊的编辑截住批评美国的文章,让它所收买的作家和学者来替美国进行宣传。当然,这一切都是在十分隐蔽的情况下进行的。中国现在有没有这种情况,笔者不得而知,但这本书所披露的情况不能不引起我们的注意。[1]

---

[1] BAUMOL J W.Book review [J].Journal of cultural economics,2001(25):73-75.

文化产业已经成为美国国际战略格局中重要的"软权力"。现在，美国的"软权力"已经渗透世界各个角落，它的进一步发展可能会影响和制约其他国家的国际行为甚至世界秩序。1990年，美国前负责国家安全事务的助理国防部部长、现哈佛大学肯尼迪政府学院院长约瑟夫·奈出版了《美国定能领导世界吗》一书。在这本书中，他第一次明确提出了"软权力"概念。所谓"软权力"，是相对于"硬权力"（hard power）而言的。所谓"硬权力"是指一个国家凭借经济实力、军事力量，通过对其他国家进行经济制裁和武装军事干涉，去胁迫他国干他们不想干的事情。"软权力"是指文化、生活方式、价值观和国民凝聚力等。软权力是一个国家的文化与意识形态诉求（appeal）。它是一种通过吸引力、感召力和同化力而不是强力获得理想结果的能力。软权力在很大程度上依赖信息的说服力。价值观念是重要的软权力资源。如果一个国家可以使它的行为标准和制度在其他人眼里具有吸引力，那么它就无须扩展那些传统的经济和军事资源。在今天这个全球信息时代，"软权力"变得越来越重要。①

美国"软权力"的核心内容是其"民主、人权、自由、法制"观念和美国的生活方式。美国自由欧洲电台和自由电台委员会副主席本·瓦滕伯格（Ben Wattenberg）宣称："今天只有美国的民主文化才有基础，只有美国人才拥有使命意识。……我们在历史上是最强有力的文化帝国主义。"②20世纪60年代以来从美国输出的文化具有一种强烈的反集权主义倾向。美国的流行歌曲和影视节目都流露着个人自由高于社会责任、个人权力高于政府统治的倾向，会对其他国家政府的威信造成直接的损害。美国大众文化扩张造成的影响非常广泛，美国通过电视和电影院中的广告节目、连环漫画、杂志等载体，对墨西哥底层一般人民的思想影响，比墨西哥政府的教育制度更为持久。③ 美国的生活方式对世界各地的青年都有一定的诱惑力。总之，美国媒体所产生的影响要远远大于人们可以从屏幕上看到的一切。

软权力的表现形式也要比硬权力的温和得多，它是无形的，甚至是低俗

---

① 刘德斌.软权力：美国霸权的挑战与启示［J］.吉林大学社会科学学报，2001（3）：61-68.
② WATTENBERG B J. Ameria's purpose［J］.The national interest，1990（21）：51-54.
③ 时事出版社.美国人看美国［M］.北京：时事出版社，1992.

的，但其影响力要比硬权力来得深厚和久远。美国在生活和娱乐方面对世界其他国家和地区的影响和渗透可以说是无所不在的。可口可乐和麦当劳快餐风靡全世界，许多国家和地区都面临着被"可口可乐化"和"麦当劳化"的危险。现在，美国的软权力已经与世界许多国家平民百姓的日常生活连在一起，它的进一步发展可能会影响和制约这些国家的国际行为甚至世界秩序。

美国人把世界贸易组织当成输出美国价值的一种最有效的工具。这个"新的工具"使美国能够深深地介入别国的内部事务，强迫它们改变相关的法律和措施。然而，美国要把文化产品的自由贸易写进世界贸易组织的企图遭到了坚决的抵制。从克林顿政府开始，美国政府逐渐摒弃通过联合国的传统的方法，转而利用新成立的世界贸易组织来实现"输出美国的价值观念"。《纽约时报》的政治分析家戴维·桑格（David Sanger）曾撰文庆贺世界贸易组织就远程电信业达成协议，认为它将给华盛顿提供一个"实施外交政策的新的工具"。协议"允许世界贸易组织介入70个签署国的内部事务"。众所周知，国际性机构只能是按照强国——特别是美国——的命令行事。在现实世界中，这个"新的工具"使美国能够深深地介入别国的内部事务，强迫它们改变相关的法律和措施。美国议会的一位法律顾问曾公开声明美国自始至终的原则就是，对于任何本质上属于美国内政的事情，美国不接受强制性的仲裁，是否属于美国内政的标准，也应由美国自己决定。

总之，美国一直试图通过国际性机构，"根据自己的形象"来设计世界。"美国对自由贸易的狂热"意味着美国政府可以随意地违背贸易协定。当联合国的大多数成员国能靠得住并附和华盛顿方面的观点时，它就是一个适用的论坛，但当大多数成员国在重要的国际问题上都反对美国时，它就是一个不适用的论坛了。世界贸易组织对美国来说也只不过是这样一个论坛。美国单方面提高进口钢材关税与农产品补贴的举措①，再一次证明美国只根据自己的利益来办事，根本不会顾忌各种各样对它不利的规则。多年来，美国一直在

---

① 李肇东.警惕贸易保护主义抬头［N/OL］.光明日报，2002-05-28［2002-06-01］.https：//www.gmw.cn/01gmrb/2002-05/28/03-2D142C722A8710CB48256BC70006EB97.htm.

寻求利用世界贸易组织来进行对外自由文化扩张和对外宣传。

美国试图把文化产品等同于所有一般性商品，主张文化产品应该自由流通、自由贸易。在乌拉圭回合的谈判中，美国政府出面要把《关贸总协定》的范围扩大到服务领域，包括电影电视节目之类的娱乐服务。对于美国来说，这意味着什么非常明确：自由贸易绝不会容许配额的存在。但在谈判中，法国提出了"文化例外"原则，对美国的企图进行了坚决的抵制。此后，美国政府又试图在《多边投资协议》中写进文化条款，由于联合国的反对，没有达成其目的。

美国曾经成功地利用世界贸易组织，将其作为打破加拿大文化保护壁垒的手段。在加拿大的期刊市场上，美国杂志占到了80%的份额。加拿大为了保护其期刊市场，出台了一系列保护措施。美国认为加拿大方面所采取的措施违反了世界贸易组织的有关条款，遂向世界贸易组织提出仲裁。结果美国胜诉。这件事情给我们的启示是，空喊打倒"文化帝国主义"口号是于事无补的，我们应该学会新的游戏规则，学会理性地保存自我、战胜对手。

美国不制定文化政策恰恰是一种实现"文化霸权"的最为有效的策略，隐藏着更深层的意识形态性。绝大部分的国家都设有专门管理文化事业的政府部门，而美国这样一个政府职能部门非常完善的文化产出大国，单单没有文化部。他们声明之所以不设文化管理部门，甚至不制定文化政策，就是为了保护言论自由和产业自由。这样，不设文化部、不制定完整统一的文化政策，看上去好像是一种"无为而治"，而事实上完全不是这样。

从目前的情况看，美国占据了全球文化的制高点，它本身就是全球文化游戏规则的操纵者。美国自身无须采取文化保护的策略。它即使没有任何一种文化政策，任凭文化产业随着市场规则来独自运转，也会在全球市场中独占鳌头。实质上，这是一种更深层、更有效的文化霸权战略。美国由于在文化产业上具有经济主导性，因此，反倒无须文化上的特权，而只需要其他国家和地区不设置文化保护之类的障碍即可。美国根本不会顾及那些边缘化国家中早已十分突出的文化问题，美国人感受不到那种民族文化受倾轧的危机。他们深知，自身不设文化监管部门也是一种表率，假若其他国家的政府也如法炮制，那美国将无疑是更大的受益者。由美国自身文化霸权所决定，在同样多方位开放的文化市场之间，美国的巨大"压强"必定使其文化向其他国家渗透和转移，而根本不必担心自身受欺的问题。这种驱除了文化限制的自由市场诉求，会为美国文化产业大开"方便之门"，其实质就是要求文化服从于市场。这种"没有政策的政策""没有策略的策略"恰恰是一种实现"文化霸权"的最为有效的策略。美国这种表面上看去十分开放的文化策略其实隐匿了更深层的意识形态性。

二、中国在文化出口方面应该采取的对策

规模经济使美国的文化产品具有很强的国际竞争力。我国需要大量的进口电视节目，电视台出于经济方面的考虑，就有可能把美国的影视节目作为首选对象。

美国的文化产品由于巨大的发行量和经济潜力，其投资回报在国内已基本实现，因此，在国际市场上其产品自然便具有非常强的竞争力。1999年，中国的电视观众占了世界电视观众的1/4，占亚洲市场的44%。以年度来计算，中国的中央电视台和为数众多的省市电视台每年大约需要500万小时的电视节目。在所有的节目当中，每年要播出8000多集电视剧，其中1/4需要进口。由于专业人才和资金的匮乏，编播制作单位不能生产足够的节目来满足电视台和观众的需求。中央电视台的节目曾有大约30%是从国外购买的。各省市级电视台曾只有能力制作所播出节目的20%。这样，我国对外国节目的需求就是不可避免的。外国的纪录片、科学技术文献片、动画片和儿童节目、商业和经济节目、表演艺术及故事片，都会成为中国电视台引进的对象。由于美国的影视节目在其国内已基本收回成本，其在国际市场上的价格就可以具有非常强的竞争力。中国电视台出于经济方面的考虑，就有可能把美国的影视节目作为首选对象。

多哈会议之后，世界贸易组织启动了新一轮的多边贸易谈判。在新一轮多边谈判中，我们应该坚持"文化例外"原则、文化多样性原则，强调我们

的文化主权与文化安全。

我国文化安全直接关系到我国的政治安全和意识形态安全。对此,我们应该有一个清醒的认识,做到旗帜鲜明、立场坚定。在世界贸易组织新一轮的多边谈判中,我们可以援引以下国际惯例,维护我们的国家利益。

(1)文化主权。从20世纪初开始,许多国家对文化产品的贸易实行了限制。1948年的《贝鲁特协议》规定取消教育用视听材料在国际贸易中的进口关税、许可证和数量限制。1950年的《佛罗伦萨协议》注重知识产品如图书、期刊和报纸等的自由流通。然而,这些国际协议没有包含娱乐性文化产品或文化特征方面的内容。事实上,《关贸总协定》和《经合组织无形标准》都批准了电影放映保留配额,以保持各国的文化身份。各国为保护其国内文化产业的发展,经常把文化主权问题作为主要问题提出来。从实质上讲,文化主权(cultural sovereignty)并不是关于艺术产品本身的消费问题,而是关于消费者对文化产品的选择问题。政府会运用价值判断来促进、刺激国内文化产品的消费,因为这些文化产品代表着本国的价值观和文化。文化主权是支持贸易壁垒的核心观点,经济和政治问题也常常被提出来支持贸易限制。

(2)文化例外。在1993年关贸总协定乌拉圭回合的最后一轮谈判中,以法国为代表的一些国家表示,关贸总协定对于商品、服务及受版权保护的产品的原则的实施,特别是最惠国及国民待遇原则,侧重于商业方面,会破坏这些国家的文化独特性及其独特地位。如果仅受商业利益的支配,许多地方的文化产业很快就会被跨国公司及具有垄断地位的资本所代替。作为一种"主张","文化例外"没有任何法律地位,也就是说,它没有被写进任何协议或条约。文化例外的主张是基于这样一种原则:文化不同于其他产品,因为它的价值超过了商业价值。文化商品和服务传达着观念、价值和生活方式,这些反映了一个国家的多重身份及其公民的创新的多样性。

几年之后,在斯德哥尔摩召开了关于文化发展的政府间会议。1999年,联合国教科文组织又召集有关专家讨论"文化:一种独特的商业形式?"作为对上次会议的回应。这次研讨会的结论得到了普遍的共识:"文化不仅仅是一个经济事件或一个经济学概念。"

一些欧盟成员国家曾经在关税与贸易总协定的谈判过程中成功地运用"文化例外"的概念来拒绝文化服务的自由化。由于文化的敏感性及特殊性，欧盟拒绝开放视听服务（如电影、广播、电视）及其他相关文化服务市场。"文化例外"的主张在保留《关贸总协定》第二部分第四条的决议中也得到了反映。这一条有关电影放映配额，允许国产影片在总放映时间中有一个具体的最低比例。《关贸总协定》还把"保护具有艺术价值、历史价值和考古学价值的民族宝库"的措施作为例外保留下来（第ⅩⅩ条第f款）。所有其他文化产品，除了电影和家庭录像，都适用于《关贸总协定》的全部条款。他山之石，可以攻玉。在世界贸易组织新一轮的多边贸易谈判中，涉及文化宣传方面的服务内容，我们完全可以援引这方面的先例。

（3）文化多样性。联合国教科文组织策划了"世界文化发展十年"（1988—1997）活动，并于1992年成立了以联合国前秘书长哈维尔·佩雷斯·德奎利亚尔（Javier Perez de Cuellar）为主席的世界文化与发展委员会。1995年，世界文化与发展委员会经过数年的调查、积累、撰写和修改，发表了题为"我们的创造的多样性"的报告，深入论述了文化在人类发展中的重要作用。报告认为，经济的发展是一个民族的文化的一部分，脱离人或文化背景的发展是一种没有灵魂的发展。发展不仅包括得到商品和服务，而且包括过上充实的、满意的、有价值的和值得被珍惜的共同生活，使整个人类的生活多姿多彩。因此，文化作为发展的手段尽管很重要，但它最终不能降低到只作为经济发展的促进者，处于一个次要地位。发展与经济是一个民族的文化的组成部分。发展是一个对个人和集体产生强大的思想和精神影响的现象。所以，对发展和现代化的各种问题的认识，说到底都集中在文化价值和社会科学两个方面。文化是一种行为方式的传播。1998年，联合国教科文组织又在斯德哥尔摩召开了"文化政策促进发展"政府间会议。这次会议提出了一份《文化政策促进发展行动计划》。这份计划指出："发展可以最终以文化概念来定义，文化的繁荣是发展的最高目标。""文化的创造性是人类进步的源泉。文化多样性是人类最宝贵的财富，对发展是至关重要的。"因此，"文化政策是发展政策的基本组成部分"，"未来世纪的文化政策必须面向和更加适应新的飞速发展的需要。"无疑，未来世界的竞争也将是文化或文化生产力的竞争，文化将成为21世纪最核心的话题之一。

面对复杂的国际局势，在文化问题上，我们必须坚持国家利益高于一切的原则。各文化企业及地方政府的局部利益必须服从于整个民族和国家的最高利益。一些西方国家把中国看作一个潜在的、巨大的文化消费市场，制订了进入中国文化市场的战略计划。西方一些国家已经注意到中国幅员辽阔、人口众多，各地的经济文化发展极不平衡，地域和地域之间的差别非常大，在一个地方适用的计划在另外一个地方就可能完全不行。他们的策略是不把中国作为一个总体上统一的市场，而把中国看作许多有着独立特征和不同机会的市场的组合。在经济领域，中国各地的地方保护主义已是屡见不鲜。在文化领域，一些地方政府为了发展经济所采取的一些各自为政、急功近利的做法也需要引起我们的注意。比如，有的省市政府的政府工作报告中就出现了要把文化"产业化"的提法。再有，为了获取文物的经济价值，一些地方政府开始"创造性"地"将原本由政府实施保护与管理的文物单位转移到旅游企业开发经营，掀起了一股旅游企业对文物单位的兼并热"①。这种做法既严重违反了《中华人民共和国文物保护法》，也会严重破坏我国的优秀文化遗产，妨害民族精神的发扬，并且会损害我国人文大国的形象。

一些地方政府之外，国内一些文化传媒机构，出于自身商业利益的考虑，有时也会做出一些有损全局的事情。比如，对奥斯卡金像奖颁奖晚会的直播，电视台出于利益驱动是有积极性的。一家电视台如果通过购买直播权成为中国唯一有权对晚会进行现场直播的电视台，就可以吸引大批广告、赞助。但这样做对于国家的利益，至少对于整个中国电影产业的国际竞争来说，是十分不利的。因为，第一，国内企业付给电视台的广告费以直播权购买费用的形式转移到了美国电影科学院，实际上也就是资助了美国电影业；第二，对奥斯卡颁奖晚会的直播，给好莱坞电影产业进行了大规模的宣传，起到了培

---

① 陆建松.文物单位不宜市场化经营［N/OL］.光明日报，2002-05-25［2002-06-01］.https: //www.gmw.cn/01gmrb/2002-05/25/12-CE07449C5C4ED11D48256BC3005F0D4C.htm.

育美国电影在中国的消费市场、引导中国观众的消费偏好的作用。奥斯卡奖和奥运会、世界杯等体育赛事是完全不同的。奥斯卡奖是美国好莱坞的集体广告、是美国电影产业的市场营销策略，要在中国有影响力的电视台播出，应该给中国的电视台付费才行。我们不要把事情搞颠倒了，就像美国作家马克·吐温在《汤姆·索亚历险记》中所写的其他小孩要给汤姆·索亚糖果才能替他刷墙那样。

上面所说的这两种情况说明，必要的国家干预是应该的。国家应该从国际政治、经济、文化竞争的总体格局出发，站在国家利益高于一切的制高点，结合国家文化发展的长期规划，对地方政府以及本国文化企业的文化活动进行宏观的调控，尽量减少不同地域文化发展的不平衡性，增强我国的综合国力和民族凝聚力，培育和弘扬民族精神。

在跨国垄断已经形成的情况下，中国必须动员国内各部门与国际上一切力量来保护自己的文化价值，不能让自己的文化产业听凭国际市场的摆布。

许多发展中国家包括中国的文化及其文化产业正面临着国际竞争的挑战。目前，多媒体综合性跨国文化企业的垄断已经形成，它们越来越多地控制着全球文化产品消费市场的份额。而发展中国家由于相关政策的滞后，如缺乏对原创作者的激励机制、投资不足、对自己国家处于发育期的文化产业缺乏信心、对管理人员的培训力度不够、不注重对自己产品的促销工作，在文化贸易方面根本无法与这些跨国公司竞争。

中国的文化市场已经受到严重的挑战，越来越多的高附加值、低成本的外国文化产品出现在中国的文化市场上。中国的儿童动画片市场已基本上被美国和日本公司所支配。在中国儿童中最流行的卡通人物是美国的米老鼠和日本的机器猫。而中国的文化产品在国际上却处于非常边缘的地位。这种情况在视听领域由来已久，在印刷机等新的多媒体领域，也越来越引起人们的关注。中国的文化企业与跨国文化企业相比在企业规模、经济实力、成本、生产与发行的相关服务等方面的差别，以及知识、产品质量等方面的局限，以及法律环境和投资体制等方面的因素，严重制约了中国文化产品在国际上的竞争力。

在这样的国际环境当中,各发展中国家单独靠市场的自我调节已经不能保证文化产品的国际贸易能够得到公平的发展。在这种情况下,让发展中国家的还在起步阶段的文化企业去和这些跨国公司"公平竞争",只能是一句美丽的谎言。在世界范围内,仅仅靠市场机制的自发调节已经不能保护文化选择的多样性,不能保护文化产品的公平竞争。

中国加入世界贸易组织,不能只是被动地接受世界贸易组织的现有规则,而应该以自己的努力和影响参与制定世界贸易组织的制度和条款。在文化问题上,中国应该把保护世界的文化多样性作为一个基本立场,为建立一个开放、公正、透明的,具有可参与性的多边贸易体系而努力。这样的贸易体系应该保证中国及其他发展中国家的文化产品有进入国际市场的公平的商业机会,保证选择的多样性,保证竞争。

联合国教科文组织第十三届大会曾提醒各国,文化商品和服务的自由流通不能任凭国际市场法则摆布。中国必须动员国内与国际上的一切力量来保护自己的文化产品、文化价值与文化身份。否则,我们的人文学科、我们的文化、我们的民族认同、我们的民族凝聚力乃至我们的意识形态,都会不可避免地遭受毁灭性的威胁。

第三节　国际文化贸易的影响因素研究[*]

长期以来,国际学术界对国际文化贸易的研究,集中在探讨美国娱乐产品在国际上占支配地位的原因是什么这个问题上。代表性的学者有考林·霍斯金斯(Colin Hoskins)、罗尔夫·麦若斯(Rolf Mirus)、大卫·沃特曼(David Waterman)、史蒂文·威尔德曼(Steven Wildman)、史蒂芬·西维克(Stephen Siwek)等。这些学者已经建立起一套经济学模型来解释为什么美国的发行商会在国际电视节目市场的竞争中取胜。米歇尔·杜培恩(Michel

---

[*] 文章原载于《国际贸易》2016年第12期,收入本书时,略有删改。

Dupagne)和沃特曼合著的《西欧进口电视剧的决定因素》假设一个国家的国内生产总值（GDP）越高，或者这个国家的广播电视基础设施规模越大，这个国家从美国进口电视节目的比例就越低；相反，如果一个国家国内生产总值越小，或者其广播电视基础设施规模越小，这个国家从美国进口电视节目的比例就越大。1994 年，沃特曼等人对 9 个东亚国家的进口节目进行了统计调查，并进行了比较系统的分析，研究的结果再次证明了这一理论：一个国家的 GDP 或者该国的广播电视基础设施越大，国产节目的比例也就越大，对进口美国节目的依赖度也就越低，特别是连续剧。美国佛罗里达大学新闻与传播学院的西尔维亚·陈-奥姆斯特德（Sylvia M. Chan-Olmsted）则专门研究了影响美国文化产品出口的东道国因素。她参与合著的《影响美国视频传媒产品出口的东道国因素研究》调查了在不同国家中，影响美国视频传媒商品（包括电影、电视节目）出口情况的主要因素。研究发现，经济环境、地理距离、技术条件以及市场规模影响了一个国家购买美国录制的图片和视频的意向。此外，那些经济环境较好、知识产权保护更有力、政治权力更完善、市场更大、文化差异更大、语言相似度更高的国家，似乎从美国进口了更多广播类的内容产品。美国北德克萨斯大学的艾尔巴兰教授等著的《全球传媒经济》一书，主要从市场结构、市场行为和市场绩效出发来考察世界各国文化传媒产业。

在国际文化市场上，一个国家的文化产品为什么能够畅销，甚至在国际市场上占据支配地位？根据以上这些学者的研究，以下几方面的影响因素对我国文化产品出口决策具有重要的参考价值。

一、国内市场规模

从历史的角度来看，电影、电视节目等视频产品的确大量地从美国流向其他国家。在 21 世纪初，几乎全世界有 1/3 的人口观看美国节目。美国电影拿走了欧洲、日本以及其他很多国家的大部分票房收入。美国电影和电视节目之所以能够在国际贸易中一直占据比较优势，是因为其高质量和相对较低

的价格。如此优势显然得益于美国巨大的国内市场规模。规模经济显著地降低了产品的单位成本。高概念、大制作的美国电影，平均成本在6000万美元之上。不论是制作特效的技术人才，精致考究的布景，还是一流的演员、作家和导演，都提高了其电影的品质和对观众的吸引力。美国结合了人口众多和人均收入高这两大优势，这通常被视为美国电影和电视节目能主导国际市场的原因。

由于视频媒介产品具有公共商品的特性，即它的制作成本与消费它的人数没有相关性，美国传媒公司就可以以相对较低的价格出口高品质的视频产品。美国的富有和其国内市场的规模，让制片人单从国内市场就能收回成本甚至盈利，这使得他们能以进口方愿意支付的任何价格出口这些视频产品。20世纪80年代中期，欧洲电视台私有化之后，大量的美国节目涌入欧洲的私人电视台。当时在英国电视网上一个小时美剧的价格，也就是这部剧的最高出口价，大约只有美国电视网需要支付的1/8。

中国具有巨大规模的国内市场，为文化产业发展提供了良好的基础。21世纪以来，我国文化产业高速发展。2014年文化产业已占到国内生产总值的3.76%。① 这就为中国文化产业在国际市场上的竞争提供了有力的支撑。我们要统筹国际国内两个市场、两种资源，抓住有利时机，鼓励更多的中国文化产品"走出去"，扩大中国文化的国际市场份额。

二、文化差异和文化距离

文化差异是指不同国家在价值观、信仰、思维方式、习俗习惯等文化内涵方面的不同。20世纪90年代以来，不少文献探讨了文化差异性对贸易的影响，通常使用共同语言、共同边界、宗教信仰、殖民关系、区域经济合作关系等因素来衡量文化差异性，如有学者使用语言近似度、有学者使用过去

---

① 2014年文化及相关产业增加值同比增长12.1%［EB/OL］.（2015-12-04）[2016-01-08］. https://www.mct.gov.cn/whzx/bnsj/whcys/201512/t20151222_760220.htm.

的殖民关系来衡量等。但是，单维度的指标不能科学反映文化的多维度特征，部分学者使用文化距离来反映不同国家间的文化差异，如曲如晓、韩丽丽用文化距离变量来衡量两个国家间因居民偏好、习俗、价值观、信仰和道德观念等的不同而形成的心理距离，分析了文化距离对文化商品的贸易流量的影响；有的学者则认为文化距离对两国间商品流动有负面的影响。

最早对国家文化差异进行测度的是霍夫斯泰德，他通过对遍布全球60个国家和地区的IBM分支机构的员工进行问卷调查，用四个维度区分国家之间关于价值和道德方面的差异，这涉及社会生活的方方面面，包括政治制度、宗教信仰、性别角色、家庭价值观、社会团体、民事参与、道德关注、价值观等，并代表了世界上不同国家和地区的文化特征。2010年，霍夫斯泰德的最新研究中将文化从权力距离（PDI）、风险规避（UAI）、个人与集体主义（IDV）、男性与女性主义（MAS）、长期取向（LTO）、放纵与克制（IVR）六个维度衡量。

权力距离是指社会群体内的人际平等或不平等程度，亦即"一个国家内机构和组织中权力较弱的成员期望和接受权力分配不平均的程度"。风险规避是指对于确定性的偏好程度，亦即"一种文化的成员感到不确定和未知的情况的威胁的程度"。个人与集体主义即个体或集体取向的程度，范围从"个体间的联系很松散的社会"到"人从出生开始就被纳入强大的一体化的凝聚力的社会"。男性与女性主义即男性与女性的相对影响力程度，范围从"社会性别角色有明显不同的社会"到"社会性别角色有所重叠的社会"。长期取向是指某一文化中的成员对延迟其物质、情感、社会需求的满足所能接受的程度。长期取向价值更重视借鉴和毅力，短期取向价值更重视尊重传统、完成社会责任和保全"面子"。放纵与克制：放纵意味着一个社会允许享受生活和寻找乐趣等人的基本的、自然的内在需求得到相对自由的满足；克制则意味着一个社会压抑需求的满足，用严格的社会准则来控制需求。

有学者提出基于各国文化维度离差构造的测度国家间文化差异程度的指标——文化距离（culture distance）：

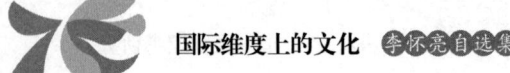

$$culdis_{ij} = \left[\sum_{k=1}^{6} (I_{jk} - I_{jk})^2 / V_k \right] / 6$$

其中，I_{ik}表示i国在第k个文化维度上的得分，I_{jk}表示j国在第k个文化维度上的得分，V_k表示所有样本国家第k个文化维度上的方差。

运用上式计算可得中国等样本国家间的文化距离如表2所示。

表2 中国等样本国家的文化维度得分以及文化距离得分

国家（地区）	PDI	IDV	MAS	UAI	LTO	IVR	文化距离
中国	80	20	66	30	87	24	0.00
美国	40	91	62	46	26	68	3.71
英国	35	89	66	35	51	69	3.05
日本	54	46	95	92	88	42	1.94
韩国	60	18	39	85	100	29	1.35
德国	35	67	66	65	83	40	1.71
法国	68	71	43	86	63	48	2.13
俄罗斯	93	39	36	95	81	20	1.70
加拿大	39	80	52	48	36	68	3.17
新加坡	74	20	48	8	72	46	0.54
澳大利亚	36	90	61	51	21	71	4.16
瑞典	31	71	5	29	53	78	4.64
荷兰	38	80	14	53	67	68	3.71
罗马尼亚	90	30	42	90	52	20	1.66
印度	77	48	56	40	51	26	0.65
南非	49	65	63	49	34	63	2.37
巴西	69	38	49	76	44	59	1.85
新西兰	22	79	58	49	33	75	4.09

资料来源：https://geerthofstede.com/newzealand.html

全球领导力和组织行为有效性（Global Leadership and Organizational Behavior Effectiveness，GLOBE）项目借鉴了霍夫斯泰德的思想，调查了全球951家机构的17,300名中层经理，用9个指标来考察一个国家的文化维度，并根据这 9 个指标，同时参考地理因素和气候条件，划分了 10 个文化圈（见表 3）。

表 3　全球文化圈的划分

文化圈	包含的国家
盎格鲁文化	英国、澳大利亚、加拿大、新西兰、美国
阿拉伯文化	卡塔尔、摩洛哥、埃及、科威特、利比亚
儒家文化圈	新加坡、韩国、中国、日本
东欧	匈牙利、波兰、希腊、斯洛文尼亚、阿尔巴尼亚、俄罗斯、格鲁吉亚、哈萨克斯坦
德语系	奥地利、瑞士德语区、德国、荷兰
拉丁美洲	哥斯达黎加、委内瑞拉、厄瓜多尔、墨西哥、萨尔瓦多、哥伦比亚、危地马拉、玻利维亚、巴西、阿根廷
拉丁欧洲	意大利、葡萄牙、西班牙、法国、瑞士（法语区和意大利语区）、以色列
北欧	芬兰、瑞典、丹麦
东南亚	印度、印度尼西亚、马来西亚、泰国、伊朗、菲律宾
非洲	纳米比亚、赞比亚、津巴布韦、南非、尼日利亚

9 种全球文化能力包括：①绩效取向，指的是一个组织或社会为了绩效提高而鼓励和奖励团队成员的程度；②自信取向，指一个组织或社会的个体在社会人际关系中自信、挑衅和好强的程度；③未来取向，指一个组织或社会的个体未来导向的行为例如规划、投资未来和延迟满足的程度；④人本取向，指一个组织或社会的个体为了公平、无私、友好、慷慨、体贴和善待他人而鼓励和奖励个人的程度；⑤机构集体主义，反映了组织和社会制度实践鼓励和奖励集体分配资源和集体行为的程度；⑥群体内集体行为，反映了个体在他们的组织或家庭中表达自豪、忠诚和凝聚力的程度；⑦性别平等主义，是一个组织或社会减少性别角色差异和性别歧视的程度；⑧权利差距，被定义为一个组织或社会的成员期待和同意的权利被不平等分配的程度；⑨不确定性规避，被定义为一个组织或社会的成员努力避免因社会规范、习俗和官僚作风造成的不确定性，以减轻未来事件的不可预见性的程度。

三、技术条件

文化产业的发展离不开技术的进步。科技发展是传媒变革的直接推动力。《中国文化产业年度发展报告（2013）》指出，文化与科技的融合已经成为提升文化贸易竞争力的重要突破口，以互联网技术和数字技术为主的高新技术促成的产业融合，给文化产业发展带来了新的机遇。一个国家的电信基础设施、卫星和有线电视等广播电视传输覆盖、互联网和移动互联网的发展状况，与该国文化产业的出口能力和进口需求都有着一定的联系。尼尔森市场研究公司（nielsen research）指出，电脑、手机以及互联网在人们生活中的渗透，与直接关系到视频产品需求的视频点播（VOD）的增长呈正相关。发达的通信技术和成熟的通信条件，不仅能够促成更多内容消费，还能激发人们消费多样化的内容产品，无论该内容产品是本土的还是外来的。早在2002年，有学者就提出技术及相关的基础条件影响着传媒发展的规模、市场竞争的程度。沃特曼于1998年提出，电视节目等视频产品进口国的电视网络越发达，对出口国提供的机会就越多。一个国家的电视频道越多，这个国家对电视节目的需求量就越大。如果外来节目的成本比自己制作节目的成本还要低的话，这个国家电视节目进口的需求就比较大。从本质上来说，更加成熟的通信和传媒条件会带来更多视频展览机构以及各种各样触手可及的传媒产品的信息，使得该国对国产片和进口片的需求量增加。

因此，世界各国也纷纷加大了对信息传播基础设施的投入。2008年，美国四大移动通信运营商进一步扩充其3G网络，并将眼光投向4G；2009年，美国政府通过总额为7870亿美元的经济刺激计划，其中72亿美元用于改善网络宽带，特别是偏远山区的基础设施[①]；2010年10月25日，英国政府公布了《国家基础设施规划》，总投资额超过2000亿英镑，计划在2015年建成全

---

① 美国经济刺激法案：投入72亿美元发展宽带建设［EB/OL］.（2010-01-08）［2016-03-08］. http：//www.ccpitecc.com/article.asp?id=500.

欧洲最好的高速宽带网①；欧盟 2008 年发布《宽带建设情况研究报告》，提出宽带网络建设新目标，敦促各成员国重视宽带网络建设；2009 年 4 月，澳大利亚总理宣布将投入约 310 亿美元建设国家超高速宽带网络，90% 的经费用于光纤网络，辅以无线与卫星技术，提供全澳大利亚皆可使用、人人负担得起的宽带服务。②

统计资料显示，2013 年，全球平板电脑和手机出货量达到 23.2 亿部。其中，手机出货量超过 18 亿部，平板电脑出货量达到 1.84 亿部，同比增长分别为 3.7% 和 42.7%。③ 在移动终端越来越占据主流位置的今天，我国乃至全世界对于媒体的接触和使用都发生了重大变化。从我国情况来看，根据 CNNIC 发布的《中国互联网络发展状况统计报告》，截至 2013 年 6 月底，我国网民数量达 5.91 亿，其中手机网民数量达 4.64 亿，较 2012 年年底增加 4379 万人，网民中使用手机上网的人群占比提升至 78.5%。④

当今数字化浪潮席卷全球，信息领域的数字技术向人类生活各个领域全面推进。在数字制式全面替代传统模拟制式的转变过程中，文化产品和服务的国际贸易不仅改变了传统国际文化贸易的方式，而且开辟了新的贸易途径。在数字化时代，文化产品的表现形式日渐多样化，微电影、网络游戏、手机电视等各种新型文化产品样态不断出现。消费者也有了更多渠道接触这些文化产品和服务，如手机、iPad、iPod 等。随着文化产品样态和消费者接触渠道的增多，真正意义上的"注意力经济"时代已经到来。广大受众在手机、iPad、iPod 等文化产品消费平台中面临更多选择。在海量信息面前，受众选择越来越倾向于品牌，品牌聚合功能在数字化时代更加明显。比如，苹果手

---

① 英国公布 2000 亿英镑国家基础设施规划［EB/OL］.（2010-10-29）［2016-03-06］.http：//eu.mofcom.gov.cn/aarticle/jmxw/201010/20101007216637.html.
② 刘霞.澳拟用 310 亿美元打造高速宽带网络［N/OL］.科技日报,2009-04-09［2016-01-18］.https：//tech.sina.com.cn/i/2009-04-09/17112988030.shtml.
③ Gartner：2013 年全球 PC 出货量将减 10.6%，"超级移动终端"会激增［EB/OL］.（2013-06-28）［2016-02-09］.http：//finance.people.com.cn/n/2013/0628/c348883-22003582.html.
④ CNNIC.第 32 次中国互联网络发展状况统计报告［R/OL］.（2013-07-17）［2016-02-09］.https：//www.cnnic.net.cn/n4/2022/0401/c88-1039.html.

机的 App Store 中拥有大量相关软件和游戏，即使在苹果公司网络平台与一般网络平台不能兼容的情况下，苹果公司也因为其巨大的品牌聚合功能而吸引大量消费者。在一定程度上可以说，App Store 已经成为一个类似于家乐福、沃尔玛的巨型"虚拟文化产品超市"。

四、经济发展水平

经济发展水平影响一个国家消费文化传媒产品的能力。研究显示，一个国家经济增长与传媒渗透程度紧密相关。由于大众传媒是由消费者和广告商埋单的，因此，必然会受到国家整体经济的影响，任何一个经济层面的变动都会引发与之平行的大众传媒消费的变化。20 世纪 90 年代末美国学者沃特曼等人的研究也表明，相对富裕的国家更有手段生产更多本土产品，因此对进口的视频传媒内容依赖较少，所以发达国家的文化产品和服务出口更容易出现顺差。而且，政府的贸易政策、货币政策赋予的自由度，经济干预以及其他市场活动、经济权利，都顺理成章地影响着该国对外国传媒产品的需求程度。

全球文化产业和文化贸易的实践充分印证了这些学者的研究。2004 年，经济发达的北美和欧洲的文化产品出口额占全球的 69%，占据主导地位。2013 年，北美和欧洲的文化产品出口额占比有所下降，占 49%，达 1044 亿美元。北美和欧洲的文化产品出口额占比下降，主要是因为其将原有的份额让给了经济上崛起的南亚和东亚。由于经济的强势增长，南亚和东亚在全球文化产品出口中的地位有所上升，其出口额从 2004 年的 281 亿美元（26%）上升到 2013 年 968 亿美元（45.4%）。经济相对缺乏活力的其他国家和地区在世界文化产品出口中的占比较小。2013 年，第三大文化产品出口区域是中亚和东欧，其出口额只占世界出口额的 2.7%（57 亿美元），而在 2004 年只占 1.6%（17 亿美元）。阿拉伯国家、太平洋地区国家、非洲撒哈拉以南地区等地的文化产品出口极少，占总比例不足 1%。2013 年，加勒比地区只占总比例的 0.02%（3.990 亿美元），太平洋地区国家只占总比例的 0.45%（9.615 亿美元）。

从国家层面来看，高收入国家的文化出口和文化进口都占据了非常高的比例。2013 年，高收入国家和中上等收入水平国家所有产品出口的份额分别为 68% 和 25%，其中文化产品出口的份额分别为 58% 和 35%。中下等收入国家所有产品出口份额为 6.1%，文化产品出口份额为 6.9%。低收入水平国家所有产品出口份额为 0.3%，文化产品出口份额为 0.05%，几乎可以忽略不计。文化产业生产的产品和提供的服务，主要满足人民的精神文化需求，是一种较高层次的消费，是社会消费结构中重要的组成部分。根据马斯诺的需求层次理论，随着人们收入水平的增加，人们的基本物质消费需求得到满足后，精神、娱乐方面的需求会上升为主要需求。按照世界各国的普遍经验，人均 GDP 超过 3000 美元后，文化产品和服务的消费会快速增长。人均 GDP 接近或超过 5000 美元后，文化消费将出现井喷式增长。从 2004 年到 2013 年，高收入国家的文化产品进口占据主导地位，文化产品进口额从 2004 年的 992 亿美元增加到 2013 年的 1433 亿美元。2013 年，高收入国家文化产品进口份额占比为 85%。这说明中高收入国家对文化产品的消费能力十分强劲，我国文化产品和服务的主要目标市场应该为这些国家。

五、政策

国际文化贸易研究领域对政策的研究基本上集中在三个方面：自由宽松的管制更有利于文化产品内容的多样化生产；对外国文化产品的配额问题；文化产品的知识产权保护问题。

政府政策能够提升媒体渠道，于是影响到这个国家对内容商品的需求。一个国家的法规和政治环境与它的媒体发展息息相关。世界银行的报告指出，通信产业在信息流动更自由的民主社会呈现快速发展的趋势。有学者认为，民主自由的环境、对财产权的保护、政府较低程度的曲解，是一个国家想要促进信息和交流技术提高的最基本的条件。一个更成熟的政治环境能够带来民众对更加多样化内容的需求，或者催生更高比例的国产内容，或者两者兼而有之。有学者通过对韩国电影生产的研究指出，朴正熙和金斗焕军事政府当权期间（1961—1987），韩国的传媒产品受到严格管控。受限的政治自由加上严格的电影审查妨碍了韩国电影生产。1998年亚洲金融危机之后，韩国确立了文化立国的政策，取消了电影审查。韩国的文化生产力得到解放，文化出口增强，形成了强劲的"韩流"。各个国家和地区中外国（主要是美国）文化产品的配额问题，也引起了国际学者们的讨论。两次世界大战期间，欧洲各国忙于战乱，美国的广播电影电视产业抓住机遇得到了迅速发展，特别是美国电影风靡全球。法国为了捍卫本土电影，率先对美国电影实行配额制。第二次世界大战之后，法国为了取得美国的重建贷款，迫于美国的压力，取消了配额。20世纪80年代中期之后，欧洲各国开始了媒体的私有化历程。大量的私营电视台出现，欧洲各国对电视节目产生了极大的需求。这对美国电视节目出口来说是天赐良机。由于美国电视节目在国内市场已能收回成本，在国际市场上可以低价倾销，所以很快占领了欧洲市场。欧洲国家的电视频道被美国节目所充斥。于是，以法国为旗帜的一些欧洲国家，为了保护国内的传媒产业以及民族文化身份，防止它们由于外国视频产品以低价大量涌入而受到侵害，对外国进口的视频产品实行配额制管理。欧盟的影音政策"电视无国界指令"（television without frontiers directive），要求所有欧盟广播电视网中播出的节目至少50%要在欧洲制作，从而创造一个欧洲影音空间。亚洲国家也有出于保护动机的配额制政策。韩国的《有线电视法》把外来节目限制在30%以内。不过，一般来说，配额制还不足以阻止其他国家进口美国节目。杜培恩和沃特曼的实验研究发现，配额制的存在与各国进口美国产品的比例之间并没有关系。

目前，在数字化条件下，配额的作用越来越有限。过去，世界各国都通过设置显性或隐性贸易壁垒的方式，阻挡其他国家文化产品对本国的过度入侵，如产品配额制度、关税、产业补贴、内容限制等。在互联网时代，受众有了更多的文化产品接受渠道，文化产品的消费方式也有所改变。因此，为阻挡他国文化产品而设置的贸易壁垒，其功能在很大程度上被削弱，甚至成为摆设。比如，韩国虽然实行电影配额制度，规定每年必须有73天以上的时间放映国产电影，但对绝大多数通过互联网消费电影产品的受众而言，他们可以通过电影网站、专业视频软件等消费大量美国电影，即使在规定的73天时间内，仍有大量受众可以通过网络观看美国电影。从这一意义上说，73天的电影配额已经形同虚设。对我国的电影贸易而言，也是如此。

文化产品的知识产权保护，是文化贸易研究中的一个突出问题。国际知识产权联盟2001年把电影（包括电视上播的电影、供影院而非电视放映的电影以及家庭录像）、广播、电视和有线广播产业归类为核心版权产业。美国电影协会透露，仅仅是在印度，由于电影政策不完善，美国各大公司损失了大约6600万美元票房收入。许多学者认为，版权保护得力的国家一般剽窃率较低，有利于美国公司把电影出口到这些国家。

中美之间的文化贸易摩擦，除了市场准入之外，最主要的问题就是版权保护。美国电影家协会宣称中国境内的盗版每年会导致美国电影企业产生20亿美元以上的经济损失。时任美国商务部部长古铁雷斯和美国贸易代表施瓦布在不同场合均表示，中国应进一步对美开放文化市场。由于通过谈判没有得到满足，2007年美国政府向世界贸易组织提起两项针对中国的诉讼。2008年，世界贸易组织成立仲裁小组开始调查。之后，世界贸易组织仲裁机构作出对美国有利的裁决。美国一直认为中国反盗版方面的法律过于宽松，并且对国内盗版行为打击不力。在2007年、2008年和2009年年度的《特殊301报告》中，美国贸易代表办公室继续将中国列在知识产权保护"重点观察"国家名单内；并进一步升级，将中国列入"306条款监督国家"。"306条款监督国家"可被视为美国实施贸易报复的"最后通牒"。别国一旦被列为该等级，美国即可不经过调查和谈判自行发动包括贸易制裁在内的贸易报复措施。

美国有一套比较完备的知识产权法律体系。比如对制作人在制作节目过程中可能发生的一系列版权问题，美国的法律都有较为详细的规定：如节目制作过程中需要的拍摄许可、制片保险、音乐版权等问题，以及可能涉及的隐私权、诽谤等问题。媒体经营管理者一不小心就会掉入法律纠纷的陷阱。我国文化企业在与美国进行文化贸易的过程中，应当熟悉这些规定，尽量避免或减少贸易摩擦发生。

第四节　新政策环境下我国对外文化贸易发展路径*

在国家的大力支持下，中国文化产业的发展势头十分迅猛，对外文化贸易逆差逐渐缩小，文化产业的国际影响力和竞争力明显提高。据联合国教科文组织统计，我国数年以前就已成为文化产品和服务第三大出口国。2010年文化创意商品出口三强分别是中国、美国和德国，中国文化创意商品出口额是美国的近3倍。商务部公布的数据显示，2013年我国文化产品和服务出口总额就达356.9亿美元，说明中国已经成为世界文化贸易格局中的重要力量。中国文化"走出去"的发展与进步，既与中国文化产业整体实力的增长密不可分，也得益于有关政策的大力推动。本节拟对照我国文化贸易政策的发展过程，分析国务院《关于加快发展对外文化贸易的意见》对我国文化贸易发展的意义，并进一步指出在新的政策环境下，我国对外文化贸易的发展路径。

一、中国文化"走出去"支持政策发展脉络梳理

（一）涉外文化事项的规制阶段（2000年以前）

改革开放以来，国家一直十分关注中国文化"走出去"的问题，但在2000年以前，我国文化"走出去"大多是以"交流"的方式主动"送出去"，对以"产品"形式进行的对外文化贸易重视不足。即使有关部门的政策法规中涉及对外演出、展览、版权、合拍片等问题，其内容也基本是以"规制"为主，较少涉及政策支持与鼓励措施。

---

* 文章原载于《国际贸易》2014年第10期，收入本书时，略有删改。

(二)对外文化贸易政策的起步阶段(2000—2005)

我国的文化产业起步较晚,即使是在 2000 年国家明确提出大力发展文化产业之后的几年里,我们的主要政策着力点仍然集中于文化产业概念梳理、统计等方面,对文化"走出去"问题的关注度和支持度都明显不足。

到 2004 年、2005 年,中国对外文化贸易逆差问题开始受到各界相关人士的重视,专门针对对外文化贸易的政策也开始出台。《关于加强文化产品进口管理的办法》(中宣发〔2005〕15 号)是针对文化产品进出口问题的较早的政策法规之一。该办法从总量规模、结构以及行业分布等多个方面,对进口文化产品和服务进行了明确和细化,对文化主管部门的监管职能进行了界定,明确了网络游戏、音像制品、营业演出、境外影片等文化产品的进口管理办法,并提出实行文化产品进口经营许可证制度和年检制度。

(三)对外文化贸易政策的快速推进阶段(2006—2013)

2006—2013 年,是中国对外文化贸易政策的快速推进阶段,在大量相关政策开始出台的同时,政策的针对性、适用性、现实性也都明显提高。仅在 2006 年,国务院便连续颁布了包括《国家"十一五"时期文化发展规划纲要》在内的一系列政策法规,而在这些法规中,对外文化贸易所占的篇幅变大、表述的具体性大有提高。2009 年 7 月,国务院常务会议审议通过了我国第一部文化产业专项规划——《文化产业振兴规划》,该规划将"文化产品和服务出口进一步扩大"作为五个主要目标之一,显示了国家对文化产品和服务出口的重视。党的十七届六中全会通过的《中共中央关于深化文化体制改革推动社会主义文化大发展大繁荣若干重大问题的决定》及党的十八大报告提出把我国文化产业建设为国民经济支柱性产业,进一步增强我国文化产业的国际竞争力,不断提高我国文化贸易的整体实力;十八届三中全会又通过了《中共中央关于全面深化改革若干重大问题的决定》,再次强调了我国文化产品、产业及国际文化贸易发展的总体目标,要求进一步提高我国文化开放水平,重点扶持和培育外向型文化企业,支持文化企业到境外开拓市场。

在这一阶段,中国文化"走出去"政策的主要特点可以被总结为"三化",即政策推进密集化、支持措施具体化和支持部门联合化。

(四)形成全面系统的对外文化贸易政策支持体系(2014年3月以后)

在经历了上述三个阶段之后,国务院于 2014 年 3 月专门印发《关于加快发展对外文化贸易的意见》(以下简称《意见》),对我国对外文化贸易发展的总体要求、政策措施及组织领导等方面进行了特别阐述,是对我国对外文化贸易的重大利好,标志着我国已经形成全面系统的对外文化贸易政策支持体系,形成了我国对外文化贸易新的政策环境。

二、我国对外文化贸易新的政策环境

《意见》特别提出了要加快发展我国传统文化产业和新兴文化产业,加大在文化领域的对外投资,不断扩大我国文化产品和服务的出口,培育出一批具有国际竞争力和影响力的外向型中国文化企业,形成一批具有核心竞争力的文化产品,打造一批具有国际影响力的文化品牌,搭建若干具有较强辐射力的国际文化交易平台,提高对外文化贸易额在对外贸易总额中的比重,扩大国际市场中我国文化产品和服务的份额,扭转我国核心文化产品和服务贸易逆差状况,争取在宏观上显著提升我国文化整体实力和竞争力,在 2020 年完成我国对外文化贸易的发展计划。

《意见》强调了坚持"统筹发展、政策引导、企业主体、市场运作"四个基本原则。坚持统筹发展,将促进我国经济结构调整、产业结构优化升级和扩大内需、改善民生与发展文化产业和推动对外文化贸易相结合,不断拉动消费和投资增长,努力促进服务业发展;坚持政策引导,将国务院的意见精神转变为政府职能,不断总结这些年我国文化产业发展和对外文化贸易的经验和教训,减少对文化产业和对外文化贸易的行政干预,依法对文化产业和贸易进行监管,按照对外文化贸易发展规律推动对外文化贸易;坚持企业主体,鼓励和支持各类文化企业开展和从事国家法律法规允许经营的对外文化贸易业务,特别强调国有、民营、外资等各种所有制文化企业从事对外文贸易业务时享有同等待遇，不断加大政府对外向型文化企业的培育和扶持力度；坚持市场运作，利用市场作用激励相关企业积极创新文化内容，完善文化"走出去"模式，不断优化文化资源配置，激发社会活力，努力打造我国文化出口竞争新优势。

在现行政策的基础上，《意见》从四个方面全面系统地用15个分类提出了我国对外文化贸易发展的政策措施。

一是明确支持重点，鼓励各种所有制文化企业从事国家法律法规允许经营的对外文化贸易业务。要求进一步完善《文化产品和服务出口指导目录》，定期发布《国家文化出口重点企业目录》和《国家文化出口重点项目目录》，加大对入选企业和项目的扶持力度；鼓励和引导文化企业加大内容创新力度，创作开发体现中华优秀文化、展示当代中国形象、面向国际市场的文化产品和服务；支持文化企业拓展文化出口平台和渠道，鼓励各类企业创新合作方式、建设国际营销网络、积极参加境内外重要国际性文化展会、借助电子商务等新型交易模式拓展国际业务；支持文化和科技融合发展，鼓励企业开展技术创新，增加对文化出口产品和服务的研发投入，开发具有自主知识产权的关键技术和核心技术并积极利用国际先进技术，提升消化、吸收和再创新能力。

二是加大财税支持。在财政政策上，《意见》提出要充分发挥财政资金的杠杆作用，综合运用多种政策手段，对文化服务产业国际贸易的各个环节给予支持，中央和地方有关文化发展的财政专项资金和基金要用于加大对文化出口的支持；在税收政策上，明确了国家重点鼓励的文化产品和服务出口全部实现增值税零税率或免税，这是税收政策方面的较大突破。同时，《意见》明确提出文化企业也可享受服务外包企业相关税收优惠政策。

三是强化金融服务。《意见》鼓励金融机构按照风险可控、商业可持续的原则从信贷、融资、债券、证券化产品、保险、担保、境外投资、外汇管理等诸多方面实现突破，为文化企业从事产品和服务出口、海外并购投资等业务拓展新的融资渠道，提供优质金融服务。

四是完善服务保障。《意见》将文化出口重点企业与海关企业分类管理相

衔接，优先提供通关便利，对时效性较强的文化产品实行集中申报，为文化产品出口提供24小时预约通关服务；对暂时性出国（境）货物减少行政审批事项，简化文化出口手续，提高通关速度；对国有文化企业出境相关业务人员不设出国（境）指标，简化因公出国（境）审批手续，出国一次审批、全年有效。此外，《意见》要求加强开展文化知识产权价值的研究和评估，为面向境外市场生产销售外文出版物的民营文化企业配置了专项出版权。支持文化企业开展涉外知识产权维权，加强知识产权保护，为文化企业开拓海外市场提供信息和公共服务；加强对外文化贸易复合型人才培养，建立健全对外中介组织，发挥其在出口促进、行业自律、国际交流等方面的作用，营造良好的对外发展环境。

《意见》特别强调各地各部门加强组织领导，尽快制定具体实施方案，完善和细化相关政策措施，确保政策落地，取得实效。明确要求商务、宣传文化、外交、财税、金融、海关、统计等部门整合资源，统筹协调，建立健全对外文化贸易工作联系机制，推进各项政策措施的制定与落实，加强和完善对外文化贸易及文化领域对外投资统计，统一发布对外文化贸易和对外投资统计数据，结合《文化及相关产业分类（2012）》修订和完善文化产品和服务进出口统计目录。

三、加快发展对外文化贸易的设想和措施

（一）积极探索中国特色文化内容走向世界的创新战略

据《中国经营报》调查，国外观众对中国文化产品的需求首选"中国悠久的历史和传统文化"，对中国传统文化的兴趣高于现代题材，两者的比例分别为66%和34%。这样的数据表明，在我国文化产品与服务的国际贸易中，有鲜明中国特色的文化内容对于提升我国文化出口国际竞争力具有重要意义。然而，在现今越来越强调高速高效信息传播的时代背景下，中国传统文化内容含量再高也会因为国外受众对我国语言、历史等一系列客观因素的不熟悉而产生巨大的"文化折扣"，影响我国文化产品与服务在国际市场上的被接受

程度。这样的两难处境更是为我国从事国际文化贸易的企业、研究者及相关政府部门提出了极大挑战。中国文化产品要在体现我国优秀差异性文化的基础上更好地为国外受众所接受，需要国际文化贸易全产业链整个实践流程的共同努力。

我们要明确在中国文化"走出去"参与国际竞争的过程中必须采取融合性策略，即以中国视角、中国立场积极介入全球普遍问题和人类共通性论题。不仅要用具有中国特色文化色彩的方式讲述国外受众易于接受的诸如爱、梦想、希望等世界人民共有的情感与主题，让国外受众在享受我国产品和服务的同时潜移默化地熟悉并接受我国特有的文化；也要注意强化我国文化话语权，开拓文化公共表达空间，在文化产品与服务生产制作的过程中注重创意的运用，在与世界其他文化贸易大国合作的过程中积极学习成功经验，尽量减少世界上已经形成影响力的中国元素（如功夫、杂技等）对我国文化产品创新带来的局限，更好地传递中国声音。

中国文化"走出去"的根本目的是积极发出中国声音，提升中国文化软实力和中华文化国际影响力，为我国大国崛起创造更为良好的国际环境。因此，打造基于创意创造、生产制作、内容接收的完整实践流程，研究各个内容生产主体的创新理念、价值表达、类型特征、潮流趋势、方法技巧等内容，讲好中国故事，传播好中国声音，阐释好中国特色就显得尤为重要。国际文化贸易相关领域的研究者们更需要有所突破，通过国际性、艺术性、媒介性、现代性、民族性、主体性等多个视角的研究，构建起具有中国特色、卓有成效的传播内容创作及生产的战略格局。

（二）打造立体化的推动中国文化艺术产品"走出国门"的整合营销传播体系

早在 2005 年颁布的《关于进一步加强和改进文化产品和服务出口工作的意见》（中办发〔2005〕20 号）中，我国便将"运用多种方式，加强出口渠道和国际营销网络建设"明确列为今后对外文化贸易的主要战略任务。在中国对外文化贸易逆差不断缩小的情况下，构建稳定的海外营销渠道，确保中国文化产品"走出去"过程不受渠道制约,更是迫在眉睫,而打造立体化的推动中国文化艺术产品"走出国门"的整合营销传播体系则是在此背景下拓宽海外营销渠道、推动我国文化产品与服务海外市场拓展的有效举措。

在市场营销中整合营销是一种对各种营销工具和手段的系统化结合,根据环境进行即时性的动态修正,以使交换双方在交互中实现价值增值的营销理念与方法,它能把各个独立的营销综合成一个整体,以产生协同效应。在国际文化贸易中,中国文化艺术产品的整合营销实际上就是要借鉴国际市场经验,对产品的定位、翻译、市场策略、营销渠道、海外交易平台、海外交流活动、国际传播能力等方面均加以重视,每一环节都以产品"走出去"、增强我国文化影响力与软实力为目标,实行符合市场规律和消费者心理的营销措施。

具体来说,在产品定位上,由于文化产业是一个非常庞大而复杂的体系,不同的产品服务面向不同的顾客群体时,其营销战略和策略有着很大的不同,所以了解目标受众的消费习惯与偏好,进行科学的市场细分,根据文化消费者不同的需求特点、购买行为和购买习惯等,把一个统一的文化大市场划分为若干个文化小市场,以便针对文化小市场的不同特点进行文化产品的营销是文化产品营销时最先需要考虑的重要环节。

翻译环节,对于我国文化产品与服务的国际贸易来说既是重点也是难点。不同语言之间的转换本就不仅是语言文字的变化,更多的涉及翻译前后两种语言存在的不同环境与历史积淀,加之汉语属于汉藏语系,与世界使用范围最广的英语分属两大不同语系,亚洲与欧美在生活习惯、历史风俗等方面又有极大的差别,因此我国文化产品在国际贸易中的翻译难度也相对更大。做好文化产品的翻译工作是使我国文化产品与服务走出国门,被国外受众接受的第一步。

而在市场策略方面,"量体裁衣",实行市场营销战略和全方位的产品宣传,是国外抢占文化产品国际市场的成功做法。文化产品的生产者必须针对国外不同消费环境和消费对象,在文化产品和服务方面采用不同载体和表达方式并进行多渠道的全方位宣传。除少数情况外,文化产品和服务必须针对特定国外消费群体"量体裁衣"和"定制定做",并且尽量考虑现代形式,比如精美的外形和包装,实现双语甚至多语的配套。同时,需要靠宣传营造文化产品的市场需求,便于其尽快进入并占领市场,进而带来丰厚的收益。

海外交易平台的建设,同样是整合营销中的重要一环。目前,国内文化产品出口主要有前文提到的两种渠道,即通过国内国外的文化产业博览会和通过外国发行公司代理。这两个渠道有一定的效果,但都有其局限性。博览会在展览季之后开展得不频繁。依托国外的发行公司,好处是成本低、市场风险小,不足之处是丰厚的发行利润让其他国家拿走了,生产商实际上只赚了个吆喝。所以,大力增加文化产品发行网络和发行渠道,对于中国文化出口意义重大。

在国际传播能力建设方面,中国文化产品"走出去"不仅需要我国相关政策措施对于提升我国文化软实力的大力支持,还需要文化产品与服务出口企业加大海外合作力度,加快经验借鉴的步伐,让更多有中国特色的文化产品走出国门,使之被海外受众所熟知并接受。海外传播不仅要注重覆盖率,还要注重到达率。

(三)统筹国际国内两个市场,培育世界一流文化企业,加强对外文化贸易的品牌建设

品牌是一种识别标志、价值理念和精神象征,是品质优异的核心体现,是构成产品独特市场形象的无形资产,是一个产业进入国际市场的根本保证。在国际上,众多知名企业经过长期的积累和建设,以核心视觉要素即文化符号为基础的创意文化类衍生产品的开发及其应用机制已经相当完善,同时围绕着创意文化衍生产品的多维化开发,在各类宣传和推广中积极构建和谐统一、具备强烈识别效果的文化形象,全方位地塑造和强化品牌的文化内涵和视觉感染力。

在当今信息时代和"眼球经济"迅速崛起的文化产业宏观世界里,品牌的力量和作用更是不容小觑。美国迪士尼用想象力创造一流的内容故事,基于故事,结合高科技进行电影、主题公园设计建设,创造了一个世界著名文

化产业品牌。如今只要按下迪士尼品牌的一个按钮，这条庞大的文化全产业链就能从电影做到乐园、从商品做到舞台剧、从出版物做到教育等各个领域，为企业和世界创造不菲的美国文化和经济价值。

和迪士尼不同的是，荷兰人弗洛伦泰因·霍夫曼（Florentijn Hofman）带着他 2007 年由一场海运事故产生的灵感设计的大黄鸭，一站站地穿行在澳大利亚、美国、新西兰、德国、中国等多个国家，在每个国家都能引起轰动，使大黄鸭一不小心就成为知名品牌，2013 年 5 月 2 日至 6 月 9 日大黄鸭在香港维多利亚港与游客见面，期间除了举办各种活动外，成功推出大量包括食物、服装、饰品、玩具、电子产品等各种衍生产品，大黄鸭也从低附加值的廉价玩具变成艺术"贵族"，以优雅的姿态接受着无数人的"朝拜"。在北京展出的一个多月时间里，接待大黄鸭的北京园博园和颐和园两所公园，门票及其他收入分别过亿元。来自全国各地的游客争相涌入北京与大黄鸭合影留念，为衍生品售卖、餐饮、住宿、交通等周边产业带来了总收益超过 2 亿元的巨大经济效益。大黄鸭被赋予怀旧等人类共同的情感，开始了在当今眼球经济时代"全民合影"的狂欢，举办着一场场插着大黄鸭品牌标签的不断带来巨大经济效益的商业"盛宴"。

由此可见，对于文化产业来说，品牌出票房、出效益、出产品，品牌的创立、发展和占有率不仅体现在文化交易的数量增长，更是文化产业与贸易行业深度融合的绝佳契合点，它会刺激文化企业技术、信息、产品的外部延伸，助力文化产业的多元化发展，促进关联产业的深度融合，培育市场经济新增长点。

国际市场的普遍规律是 20% 的强势品牌占据着 80% 的市场。发展品牌就是建立和拓展一种新的特权。这一规律同样适用于文化贸易和文化产业。强大的好莱坞电影品牌使得各式美国大片主宰着全球电影市场；品牌效应让日本的动漫占据着全世界 60% 的动漫市场；韩国《八月照相馆》《大长今》《来自星星的你》等名牌影视剧的打造，金喜善、裴勇俊、张东健、金秀贤等韩国明星阵容的强力推出使得韩国文化产业取得了世人瞩目的成功，今天的"韩流"在中国乃至世界范围内势不可当。《韩国经济新闻》在"品牌经营"专题报道中指出："在想到某个国家和企业时，首先浮上人们脑海的是那个国家和企业的品牌。现在,品牌具有的意义已经超越单纯的商标和标志,它不但是明信片,也是一个国家竞争力的源泉。"从国际文化贸易成功经验看,企业是文化产品的制造者和推广者,是文化市场的开拓者,是文化市场的主体和跨国经营的承担者。没有品牌的企业就不可能在国际文化贸易中打开局面,更不可能形成国际文化的竞争力。统筹国际国内两个市场,创建和依靠国内一流企业让中国文化产业"走出去"并在国际文化贸易舞台上成为主角,改变中国目前在国际市场上尚无品牌性文化企业和产品的现状,打造出具有国际竞争力的品牌性文化企业和重大项目,是中国对外文化贸易的重点所在,是中国当前对外文化贸易的重要的战略任务之一。

(四)加大国际文化贸易人才培养力度,制定国际文化艺术人才培养和发展战略

文化创意产业的突出特点是资金密集、人才密集和智力密集。人才竞争是一切竞争之本,文化贸易人才是极为重要的稀缺资源。21世纪是人才为本的时代,人才的短缺必将成为我国国际文化贸易发展的"瓶颈"。加之国际文化市场的需求千变万化,熟悉国际文化市场特点的创作人才、营销人才和法律人才严重匮乏。谁能有效地开发和利用人才,谁就能站在产业发展的制高点,谁就能保持旺盛的生命力和活力。

在转型期的社会状态下,思维方式单一、能力和素养"单边",要做好文化创意产业是不可能的。在这样的态势下,复合型的"全能人才"既懂经营,又会管理;既坚持正确的政治方向,又熟悉国际规则和境外文化产业运作方式;既懂得专业业务知识,又了解市场情况,他们既是策划者,又是制作者,还可以是发行营销人员,这便是复合型人才适应国际文化贸易行业需要的可贵之处。复合型人才的培养需要从人才的素质教育、专业能力、国际视野、实践经验等多方面入手,在理论知识传授的同时,辅以实践,将理论知识落到实处,思维与实践共同培养。因此,我们应该研究我国文化贸易人才市场现状,根据我国文化艺术"走出国门"战略以及文化传媒市场的需求,制定国际文化艺术人才培养和发展战略。充分发挥高校在文化人才培养方面的优

势,加大国际文化贸易人才培养力度。鼓励和支持高校加强文化贸易学科和专业建设,建立文化贸易经营人才培训基地。商务、文化等相关部门要加强合作,通过联合举办各类培训辅导班,提高对外文化工作者的综合素质和业务水平,加快培育掌握外语技能、熟悉国际文化市场运作规律的文化贸易经营管理人才和专业技术人才。

第五节 数字化条件下国际文化贸易的新趋势[*]

随着数字化时代的来临,文化产品和服务的国际贸易平台逐渐发展壮大,文化产品的传播方式和贸易特点也出现了显著变化。本节分析了数字化条件下文化产品和服务国际贸易出现的新特点和新变化,总结了数字化时代国际文化贸易商业模式的变化、利润分配模式的变化以及与之相关的版权管理问题;进而结合个案分析,从政府角度、企业角度、文化产品和服务角度提出数字化条件下文化产品和服务的国际贸易应采取的策略与措施。

当今数字化浪潮席卷全球,信息领域的数字技术向人类生活各个领域全面推进,在数字制式全面替代传统模拟制式的转变过程中,文化产品和服务的国际贸易不仅改变了传统国际文化贸易的方式,而且开辟了新的贸易途径,本节就数字化条件下文化产品和服务的国际贸易出现的新特点和变化进行分析并提出相应对策。

一、数字化条件下文化产品与跨国贸易的特点

(一)文化生产和贸易主体的泛化

在数字化时代,文化创作主体不断泛化。除了传统的文化企业这一主体外,大量个体创意者、生产者在数字化网络空间中发挥着自己的创作才能,通过网

---

[*] 文章原载于《中国文化研究》2012年第3期,与佟雪娜合作,收入本书时,略有删改。

络技术连接可以完成传统国际文化贸易中单个公司不能承担的市场功能，而巨大的互联网平台使中小企业甚至个人有更多的机会参与国际文化贸易。

在个体生产者进行文化创作和生产的过程中，他们可利用的文化资源来自全人类的共同文化遗产。无论是中华文化还是外国文化，全球各地的生产者都可以拿来利用，并通过各种 B2C、C2C 电子商务平台进行个性化创意及贸易。电子商务平台与社交网站平台的连接，更加带动了电子商务平台产品的销售，使很多原来并没有市场化意识的纯粹个人化产品，在一定条件下可以转化为具有市场价值的文化产品和文化服务。

（二）文化产品表现形式多样化与品牌聚合功能同时加强

在数字化时代，文化产品的表现形式日渐多样化。微电影、网络游戏、手机电视等各种新型文化产品样态不断出现。消费者也有了更多渠道接触这些文化产品和服务，如通过手机、iPad、iPod 等。而随着文化产品样态和消费者接触渠道的增多，真正意义上的"注意力经济"时代已经到来。广大受众在手机、iPad、iPod 等文化产品消费平台中面临更多选择。在海量信息面前，受众选择越来越倾向于品牌，品牌聚合功能在数字化时代更加明显。比如，苹果手机的 App Store 中拥有大量相关软件和游戏，即使在苹果公司网络平台与一般网络平台不能兼容的情况下，苹果公司也因为其巨大的品牌聚合功能而吸引大量消费者。在一定程度上可以说，App Store 已经成为一个类似于家乐福、沃尔玛的巨型"虚拟文化产品超市"。

（三）渠道和物流成本降低，但对知识产权保护的要求增强

据美国《福布斯》的统计，数字化可以节省企业交易成本达 5%—10%。数字化降低了企业的采购成本，通过互联网可以减少人为因素和信息不畅通问题。数字化贸易给企业带来的最明显的经济效应是成本节约效应，主要体现在销售成本控制效应、交易成本控制效应、信息搜寻成本控制效应和库存成本控制效应。数字化时代，文化产品不再仅仅以"实物"的形式出现，大量数字化、虚拟化产品可以在互联网平台上实现瞬间传递，节省了渠道成本

和物流成本。数字化使"glocal"（global+local）的文化产品生产方式不仅仅在文化资源整合层面得以实现，而且在真正的文化产品创作生产方面完全可以通过互联网平台实现内容生产的全球化和产品生产的本地化。另外一些网络视频、图片、微电影等伴随数字化而生的文化产品和服务更是如此。

（四）各种形式的贸易壁垒功能减弱

上文已经提到，过去，世界各国都通过设置显性或隐性贸易壁垒的方式，阻挡其他国家文化产品对本国的过度入侵，如产品配额制度、关税、产业补贴、内容限制等。在互联网时代，受众有了更多的文化产品接受渠道，文化产品的消费方式也有所改变，因此，为阻挡他国文化产品而设置的贸易壁垒，其功能在很大程度上得到削弱，甚至成为摆设。

二、数字化条件下文化产品和服务的国际贸易新变化

在传统的国际贸易方式下，国际贸易流程需要19个环节，数字化的应用使国际贸易的环节缩短为7个，国际文化贸易更加电子化、信息化、自动化和规模化，极大地提高了国际文化贸易的效率。

从宏观来分析，在数字化环境中，由于互联网本身的特点，全球出现了统一的虚拟交易市场。文化商品和服务的信息在全球公开、实时地快速传递，一方面减少了买卖双方信息的不对称性，另一方面可以促使全球资源得到优化配置。

（一）数字化条件下国际文化贸易方式的改变

数字化时代的到来，使得服务于国际贸易的一些交易手段变得比以前更加快捷和便利。现代信息技术的出现，以其超强的微电子技术对世界文化产品和服务贸易影响尤为巨大，突出的表现便是国际贸易手段的电子化。

1. 交易工具——EDI[①]代替有纸贸易

数字化下的国际文化贸易实现了物流、信息流、商流、资金流的高度统一。国际文化产品和服务贸易使用 EDI 代替以前传统的有纸贸易，将贸易往来信息（如订单、提货单、海关申报单、进出口许可证等）按照商定的协议格式化和标准化，通过计算机网络在贸易伙伴的网络系统之间进行数据交换，并且可以自动处理。EDI 使文件的传送速度大大提高，并大幅降低文件处理的成本和出现差错的概率，同时使各国企业、事业单位之间进行贸易活动时减少了因各种格式不同的文件、合同以及商业单据所造成的麻烦。

2. 支付方式——电子货币代替纸质货币

传统文化产品和服务贸易使用支票、汇票等单据，具体支付方式是通过托收、开信用证等。数字化条件下的国际文化贸易则是使用电子支付系统，由电子货币代替纸质货币。企业之间可通过网上银行系统实行电子付款。这种新型的支付方式不再局限于以前单一的分支机构作为交易渠道，而是通过因特网和无线互联网进行网上转账、网上信用证结算，此种支付方式极其方便和迅速。并且银行可以进行定制服务，为不同的企业客户提供不同的服务套餐。如此，银行采用信息技术扩大服务渠道的成本将变得十分低廉，客户可以在任何时间任何地点很方便地用网络处理银行金融业务并开展其他服务。

3. 交付方式——非在线与在线的融合

数字化条件下文化产品和服务的国际贸易的交付方式可被分为两种。一种是非在线型，即不完全国际电子商务。这主要是指一些有形的文化产品，如美术品、文化器材等，其进行国际贸易的交付方式除文化产品实物的交付环节以外，其他环节（包括询价、合同签订、订货、保险、支付等）均可以在网上通过电子方式予以实现。另一种是在线型，即完全国际电子商务。这种主要指数字音乐产品、软件等文化产品及服务，他们原来依靠有形载体和

[①] EDI 是英文 Electronic Data Interchange（电子数据交换）的缩写。EDI 是将贸易、生产、运输、保险、金融和海关等事务文件，通过电子邮箱按各有关部门或公司企业之间的标准格式进行数据交换，并按国际统一的语法规则对报文进行处理，是一种利用计算机进行事务处理的新业务。

无形产品的直接贸易方式,在数字化条件下完全转变为通过电子网络方式进行支付、交割活动以及供货方的货物运送活动。这种全新的电子化交付方式使交易双方超越地理空间的障碍进行交易,充分挖掘了全球数字化文化产品和服务市场的潜力。[①]

(二)数字化条件下文化产品和服务的国际贸易效应

1. 贸易扩大效应

在数字化环境下,通过互联网进行贸易可以减少人为因素和信息不畅通问题,贸易双方都可以先从网上进行文化产品和服务的价格对比,利用计算机网络将信息进行处理和整合,找到理想价位的理想产品,还可以利用集体议价或网上拍卖竞价等方式购买到满意的文化商品。这种情况下就使得各国在进行文化产品和服务的贸易时降低进口文化商品的价格,对进口文化贸易的发展和增长起到了促进作用,从而形成贸易扩大效应。

2. 贸易替代效应

数字化环境下,跨国文化企业可以实现生产布局全球化,并可在全球范围内寻求自己的合作伙伴。如此,数字化的发展突破了传统市场必须以固定的地域存在为前提条件的格局,可形成以信息网络为纽带的"无国界"大市场。

3. 贸易条件效应

在数字化发展较快的国家,其劳动生产率的快速增长使文化产品的生产成本降低,同时这些国家的企业信息化程度相对数字化发展落后的国家要高很多,因此在进行文化产品和服务的国际贸易时,其原材料的询价、交易磋

---

① 邵秀丽.电子商务对国际贸易的影响研究[D/OL].济南:山东大学,2007 [2012-08-28].https://kns.cnki.net/kcms2/article/abstract?v=IILC1c–FiAF1YqxcbwBgjntYzORhuZ4Xm0yDKyyemwr4dIKu_idANCJ8ka7yomlgogXLhuxloVegdpDL3n4y_CiwZiH4dDg99_QBI86jIGlY5hJ8NJdBpwKp8go8sT3–_TwfEtlm1d1mm1bD6VEa9Q==&uniplatform=NZKPT&language=CHS.

商、采购以及售后服务等贸易活动完全可以通过互联网快速完成。① 同时，由于这些国家出口产品价格相对于其他国家同类产品价格低廉，因而提高了文化产品的竞争力，这既有利于文化产品的出口，也有利于扩大文化贸易出口量。因此，数字化不利于数字化发展较慢国家文化产品出口贸易的发展，其贸易条件越来越恶化。

（三）数字化条件下国际文化贸易营销模式的改变

数字化引起市场营销的巨变，促进国际文化贸易营销方式的创新，产生了新的市场营销形式——电子营销。在这种营销方式下，文化贸易产品与服务的市场调研、广告宣传、公关等每一个环节都可以单独或整合应用到数字化中去。与工业化大规模生产时代传统广告与人员推销的"强势营销"方式不同，在电子营销这种"软营销"方式下，主动方是客户而非企业，以客户为出发点，将导致以下营销方式。

一是网络互动式营销。从传统的 BBS 营销到博客营销，再发展到 SNS 营销，网络的互动性越来越强。客户从互联网上选择产品到下单的购物体验，再到企业与客户的沟通环节，都需要企业与企业之间、企业与客户之间进行充分的沟通与互动，数字化使客户能够亲身参与国际文化产品和服务的贸易，在参与互动的过程中，客户的主动性也得到了提高与加强。

二是网络定制式营销。文化产品和服务的使用者越来越希望得到他们真正需要的东西，希望其个性化需求能够得到充分的满足。数字化时代使这种定制化成为可能，一些大的跨国文化传播公司通过建立企业内部网络提供这一服务，使客户对技术操作的不满降到最低。同时，网络定制式营销使文化企业与客户建立了关联，通过倾听客户的意见和需求，文化企业的反应速度越来越快，能将产品质量、服务、营销有机结合，从而得到丰厚回报。

三是网络整合式营销。在数字化条件下，企业更加方便地将所有的文化

---

① 袁申国. 电子商务贸易的经济效应及对我国的启示 [J]. 南华大学学报（社科版），2004（3）：24-27.

产品或服务有关的信息来源加以管理,使客户或者潜在的客户接触到整合的信息,从而产生购买行为。这样企业和客户之间的关系变得愈加紧密,甚至形成一对一的营销关系,网络整合式营销及其决策过程是双向的。一方面可密切关注客户的需求,以客户为中心;另一方面有利于文化企业信息与消费者之间的长期关系,提高消费者对品牌忠诚度,从而提高文化企业的利润。

试从个案看数字条件下文化贸易带来的利润分成模式变化。

以 iTunes store 的利益分成模式为例,如果苹果为应用带来一个新订户,苹果获得 30% 分成;如果发行商为应用带来一个新/老订户,所得全部归发行商,苹果分文不取。这种商业模式下,截至 2011 年年底苹果已经向 App Store 开发者支付 40 亿美元。这种新型的商业模式及利润分配模式让文化产品和服务的全球贸易更直观、更迅捷、回报更高,也形成了一个"创意—产品—回报—新产品"的正反馈链条,这应该是我们未来一段时间内加以学习和应用的有利模式。根据最新的数据统计,东亚地区被认为是 App 下载的新兴热土,其中中国的 App 下载量增加了 298%,收益增长 187%,国内顶级应用程序开发公司一天的收入也超过 3 万美元。① 随着人民币可以被用于在 App Store 上进行支付,以及国民版权意识和收入水准的提高,我们有理由期待 App Store 及其基于销售平台之上的文化产品和服务贸易,将会极大地改变我们的文化贸易格局。

数字化时代的平台贸易方式与传统贸易方式相比,产生了商业模式和利益分配格局的改变,版权问题仍是关注的焦点,并且相应出现新的操作难题。当电子图书和数字音像在 iTunes store 等数字化平台出版之后,如何妥善防止盗版以保护版权所有人的利益,数字技术有没有动摇版权管理和版权贸易的根基,电子图书的购买者付费之后可以下载该本电子书还是只拥有在互联网上阅读该图书的权利等,都是需要我们重新思考和界定的问题。如亚马逊的阅读器 kindle 采用先下载后阅读的模式,电子书被存储在这些实体阅读器中。谷歌

---

① DOBURSIN E M, KRASNOW R A.Intellectual property culture:strategies to foster successful patent and trade secret practices in everyday business[M].New York:Oxford University Press, 2008.

电子书则采用云计算技术来存储电子书。这意味着这些电子书只存在于互联网上,而不是某一个特定设备中,用户可以在几乎所有的阅读终端上在线打开该图书,这需要数字化时代各相关企业对版权贸易涉及的新理念的探讨。

三、数字化条件下文化产品和服务的国际贸易应对策略

数字化的发展给各国政府如何管理国际文化贸易带来新的挑战。文化具有独特的渗透力。文化产品和文化服务传达着观念、价值和生活方式,是极具个性化的产品和服务。文化贸易是各国服务贸易政策关注的重点领域,各国在文化贸易的开放程度上都十分谨慎。为此,如何应对和发展数字化条件下文化产品和服务的国际贸易要求,应从三个角度进行考虑与解答。

(一)政府角度

1. 大力发展宽带网络基础建设

数字化时代的竞争就是带宽的竞争,宽带投资成为未来经济新动力。世界上许多国家都已瞄准宽带网络建设,将其作为信息社会发展的重要基础设施加大战略投入。2010年,美国联邦通信委员会(FCC)向国会提交国家宽带发展计划的提案,旨在将美国宽带网络速度在现有基础上提高25倍。该提案计划在未来10年内为宽带网络提供500M/秒的带宽,在未来5年内为移动设备提供300M/秒的带宽。2010年5月19日,欧盟委员会公布了为期5年的"数字化议程"计划,将在27个成员国部署超高速宽带,计划到2020年,欧盟在整个欧洲提供不低于30M/秒的网速,为至少50%的欧洲家庭提供超过100M/秒的网速。尽管韩国当时的宽带网络在平均传送速率和家庭宽带覆盖量方面均居世界首位,但韩国政府并不满足,其相关部门表示,韩国最快将于2013年建成在10秒钟内即可下载完一部DVD级电影的千兆位宽带网。① 对于中国而言,宽带产业不仅能够拉动GDP增长,还能有效促进我

---

① 世界主要国家与我国宽带产业的对比[EB/OL].(2011-03-16)[2011-05-16].http://www.dooland.com/magazine/article_115521.html.

国经济方式的转变、我国从工业大国或农业大国向信息强国的转变。因此，发展宽带网络基础建设是我国在数字化条件下解决国际文化贸易问题的首要工作。

2. 立足国家利益，构建和完善知识产权保护体系

自 20 世纪 90 年代以来，在经济力量和技术力量推动下的全球化浪潮中，知识产权保护已经走向国际化，形成了在世界知识产权组织协调下制定的一系列国际公约、条约、协议，以及在此基础上制定的实体法。可以说，国际知识产权保护正在向制定统一实体法的方向发展，特别是《与贸易有关的知识产权协定》（TRIPS）的签署，更是顺应了以美国为首的发达国家的主张，将知识产权保护纳入了关贸总协定的框架内，充分体现了发达国家以高水平、严格的知识产权保护作为贸易保护利器的战略思想。

我们应该在洞悉发达国家知识产权战略的基础上，根据本国国情，制定和实施国家宏观层面的知识产权战略，构建和完善知识产权保护的国际应对体系，总体原则是在遵守有关国际公约最低要求的前提下，为发展我国的知识产权业积极争取一个相对宽松的国际环境。①

（二）企业角度

1. 积极开发版权资源，增强版权产品的创造能力

数字化时代多种媒体、多种终端巨大的内容需求空间及其市场规模是以巨大的内容版权交易为基础的，这需要大力发展内容产业的知识产权，而要开发内容版权，最重要的一项工作是加强素材资源的挖掘、整理及其版权创造。在数字时代，素材不仅是构成内容原创作品的基本元素，其自身也正在成为版权作品，特别是现在功能强大、不断升级的应用软件不仅迅速提高了制作者的创作能力，而且可以通过数据库技术对它们进行聚合与存储，不但便捷，而且复制和传递的成本低，强化了素材的多重利用价值。素材的来源和运用是丰富多样的，过去我们比较注重对生活、服务、娱乐、科技、教育

---

① 李婉彬，王锦贵. 国内外版权产业研究进展［J］. 新世纪图书馆，2008（4）：3-7.

等时代性素材的开发,却忽视了对历史性和民族性素材资源的挖掘,对原创资源的开发和动力明显不足。要克服这种不足,必须充分发掘和利用民族文化的丰厚资源,在内容和形式上进行独特的、富有创意的开掘和提炼,如此才能打造具有民族特色的广播、影视、动漫等数字化原创作品。

其具体思路:一是进行历史题材、革命题材、少数民族题材、农村题材、民间题材等的广播影视创作,丰富影视作品市场;二是对传统文学、戏曲等艺术形式进行文化创新,加工,制作出符合现代受众审美需求的时代作品;三是对传统经典影视作品进行创意改编,赋予其新的艺术形式和艺术元素;四是推进传统影视作品的数字化改造,以适应数字化、网络化传播的发展要求,传统作品数字化的过程,不仅是数字作品的倍增过程,也是素材资源的倍增过程。将传统经典影视作品进行创意改编,同样是一种具有可行性和可持续性的版权创造模式。

2. 提高版权运营能力,创新版权经营模式

国际知识产权联盟将版权产业划分为如下四种:第一种是"核心"版权产业,指以创造享有版权的作品作为其主要产品的产业,包括影视产业、录音产业、音乐出版业、图书、报刊出版业、软件产业、剧院、广告、无线电、电缆和电视播放业;第二种是核心类的传输机构,如书店、电影院线、音像连锁店等;第三种是核心类的配套硬件,如电视机、计算机、手机等;第四种是相关产业,主要是与核心版权产品配合使用。[①] 西方发达国家在版权经营方面积累了丰富经验,我们应在充分研究国情、切实提高自身原创能力的基础上对这些经验予以借鉴和发展,创新版权经营模式。

这主要需要做好两个方面的工作。一是要围绕核心版权产品开发延伸版权。核心版权产品即拥有版权的内容作品。一部成功的核心版权产品可以带动开发一系列相关的延伸版权。延伸版权的重要方式是内容作品形象的版权注册及其经营,这种经营主要是指这些作品形象的授权经营或特许权经营。对内容作品形象进行版权注册便产生版权形象。如果说版权场景

---

① 张小争,佟鸿举.版权传媒产业的核心价值[J].传媒,2004(2):34-35.

是内容作品生产过程中派生出来的、可损耗的版权资源,那么版权形象就是内容作品本身派生出来的、不可损耗的版权资源。重视版权形象,最大化地开发其经营性潜能,是电视内容版权产业跃上"新台阶"的动力所在。迪士尼是重视版权形象、成功对其进行特许权经营的典范。延伸版权还可以采取主题公园的途径。二是要进行版权产品的多媒介营销。版权延伸是对版权的拓展,多媒介营销则是对版权营销渠道的拓展。数字网络化背景下传播媒介的融合趋势为内容版权产品的载体创新提供了越来越有利的平台。同时与国外的数字内容传输平台构建战略联盟,进行卓有成效地推广中国内容产品的合作。

(三)文化产品与服务角度

按照国家统计局印发的《文化及相关产业分类》有关文件,文化产品可被分为九大门类,我们根据它们与数字化关系的密切程度把它们分成三大类,第一类是本身就是在数字化条件下诞生的文化产品与服务,典型的门类就是网络文化服务;第二类是可直接转化成数字产品的文化产品与服务,主要包括新闻服务、出版发行和版权服务以及广播、电视、电影服务这三大类,可以将其归纳为传统传媒业;第三类则是难以直接转化成数字产品的文化产品和服务,包括文化艺术服务、文化休闲娱乐服务、其他文化服务、文化用品、设备及相关文化产品的生产和销售等。①

1.数字化条件下诞生的文化产品与服务(网络文化服务)的国际贸易对策

网络文化服务本身就是数字化时代的产物。互联网最了不起的地方,就在于它是一个真正无国界的媒介,可以说,网络文化服务与国际化有着天然的联系。在网络文化服务领域,我们可以看到很多成功开拓国际业务的例子。世界上最大的搜索引擎 Google 在 2011 年的营收达到了 379 亿美元,其办事处遍布全球六大洲、40 多个国家。世界上最大的社交网站 Facebook 截至

---

① 黄旭东.论中国文化产业发展与文化安全[J].求索,2009(6):75—77.

2011年12月31日拥有8.45亿月度活跃用户，具体分布为：北美地区（美国和加拿大）1.79亿，欧洲2.29亿，亚洲2.12亿，世界其他地区2.25亿，也就是说，其本土用户只有20%左右，80%的用户来自国外。雅虎作为一家全球性的互联网通信、商贸及媒体公司，其网络每月为全球超过1.8亿用户提供多元化的网上服务，在全球共有24个网站，其总部设在美国加州，在欧洲、亚太区、拉丁美洲、加拿大及美国均设有办事处。

我国网络服务企业在国际化方面做得比较好的一个典型例子是阿里巴巴。阿里巴巴旗下三大交易市场形成了一个拥有来自240多个国家和地区接近7630万名注册用户的网上社区。阿里巴巴在信息服务方面的成功，是建立在我国比较雄厚的外向型经济的基础之上的。

所以，我国网络文化服务的国际贸易措施应先选择在文化上与中国更接近的亚洲国家，比如东南亚国家进行尝试，当积累起一定经验时，可进一步考虑西方市场。另外，我国在进行国际贸易时，还应该积极寻找当地的合作伙伴，通过当地合作伙伴了解当地的文化、市场、用户以及其他方面的问题，从而克服文化敏感性带来的障碍。

2. 可直接转化成数字产品的文化产品与服务（传统传媒业）的国际贸易对策

这类产品转化为数字产品的文化产品与服务有如下特征。

（1）数字技术的发展给传媒产品的升级换代提供了技术支持。例如，数字出版可同时容纳多媒体内容的特点大大改善了出版物带给人们的阅读体验；高清数字电视在提升画面的视觉效果的同时给观众提供了按自己的兴趣、时间表选择电视节目的可能性；3D数字电影更是大大提高了电影画面的逼真程度，带给人身临其境的感觉。这些都显示了数字技术在提升传媒产品的竞争力方面的作用，为传媒产品走向国际提供了重要的物质基础。

（2）数字技术改变了传媒产品的传播方式与范围。一方面，数字技术改变了以前媒体传播特点呈地域性的状况，传播速度快、范围广，在世界的任何一个角落都可以瞬间获得文化产品和服务的信息。另一方面，数字传播方式也大大降低了传统传媒产品的生产、流通成本。例如，数字出版可避免传统出版物在印刷、存储、物流方面的大量费用；数字电影可大大节约在摄制过程中的高额胶片成本，数字拷贝的成本也远远低于胶片拷贝。可以说，数字技术为传媒产品提供了以更低的成本实现国际传播的可能性。

（3）数字化条件下版权保护面临更大的挑战。数字化条件下数字产品传播的便利性同时带来了盗版猖獗的难题。2011年，美国出版商协会（American Association of Publishers，AAP）发现，在过去两年内，有10家美国出版商被检测到他们有近30万份侵权文件出现在互联网上。这也就意味着，过去两年内，美国各大出版商推出的热销图书几乎全部出现了盗版。在欧洲，盗版使20万个音乐岗位蒸发，盗版已给唱片业带来一场大灾难。2006年以后，由于数字时代的来临，网络非法下载活动猖獗，中国唱片（CD）市场的收益已经趋近于"零"。如何克服版权保护的问题，是传统传媒企业谋求数字化转型和国际扩张时面临的重大挑战。

新闻服务、出版发行和版权服务以及广播、电视、电影服务等能直接转化成数字产品的文化产品与服务（传统传媒业），我们为促进其更好地进行国际贸易，首先，应给予重视的是提高数字技术以便给传媒产品的升级换代提供充分的技术支持，为传媒产品走向国际提供物质基础。其次，为我国的众多劳动力资源提供数字技术培训，以低成本的文化产品和服务进行国际贸易扩张。最后，对于可转化的文化产品和服务进行国际贸易时，注意网络管理，维护文化企业的网络信息安全。在与国外进行贸易时注意信息的可靠性和真实性，运用互联网防御系统过滤网上虚假信息对文化企业判断和决策造成的不利影响。

3. 难以直接转化成数字产品的文化产品和服务的国际贸易措施

对于文化艺术服务、文化休闲娱乐服务、其他文化服务、文化用品、设备及相关文化产品的生产和销售等门类来说，数字化时代的到来很难改变其"在场性"或"实物性"特征。但给它们带来了通过数字化营销提高营销活动绩效的机会。以艺术演出为例。虽然艺术演出可以被拍摄成视频片段在网上流传，但是观看视频片段的感觉是绝对无法和现场观看演出的感觉相提并论的。事实上，前者的流传反而有助于提升消费者对观看现场演出的兴趣，由此其成为一种可行的促销手段。换言之，这些企业可以以计算机信息技术为基础，通过网络实现企业营销活动的信息化、自动化与全球化。因此，对这些文化产品与服务门类来说，数字化时代带来的主要是机遇，而要想实现这部分文化产品与服务的国际化，这类企业需要思考如何利用网络的开放性和公众参与性，通过丰富多彩的内容和灵活多样的渠道，包括社交网络、微博等平台，吸引越来越多的国内外消费者购买上述文化产品和服务。

总之，文化产品和服务包括多个行业门类，不同的文化产品和服务之间也有着明显差别。正如我们的文化产业政策和对外文化贸易政策应实行"分类指导"一样，我们对数字化时代的文化产品和服务贸易也不能一概而论。同样面对"数字化浪潮"的冲击，不同文化产品和服务所处的境地完全不同。大量以创意和知识产权保护为基础的"无形"文化产品在数字化时代会遭受更大冲击，其消费模式、贸易模式也较过去有重大改变，我们必须适应数字化浪潮，改变过去单一的商业盈利模式，充分利用数字化时代的渠道优势，加强宣传、展示，通过微支付模式、咪表模式、用户核心模式等方式扩大文化产品和服务的国际贸易，使之在数字化时代下带动相关文化产品出口，确立我国在国际上的文化强国地位。

第六节 从市场占有率到价值引导力：中国对外文化贸易的新趋势[*]

当前，中国文化产品出口的高速增长已成为国际文化贸易领域的一道亮丽"风景线"，文化贸易、文化交流与文化传播良性互动，开创了中国文化"走出去"的新格局。但同时，文化服务出口数量少、质量低、增长慢，也是中国对外文化贸易中不可忽视的"短板"。对此，我们应扩大文化服务出口，从市场竞争力、社会影响力和价值引导力三个维度扎实推进中国文化"走出去"。

---

[*] 文章原载于《人民论坛》2018年第15期，收入本书时，略有删改。

近年来，中国对外文化贸易持续高速增长，中国文化产品在国际文化市场上的份额不断扩大，竞争力显著增强。随着"一带一路"倡议的展开和数字技术的飞速发展，对外文化贸易领域出现了许多新的亮点，也面临着许多新的机遇和挑战。面对新形势，中国对外文化贸易实现了"两个转变"：从注重文化产品出口向注重文化服务出口转变；从注重市场占有率向注重国际社会影响力和价值引导力转变。

一、中国文化产品出口的高速增长已成为国际文化贸易领域的一道亮丽"风景线"

根据2016年3月联合国教科文组织发布的《文化贸易全球化：文化消费的转变——2004—2013年文化产品与服务的国际流动》报告，2013年，中国文化产品出口总额已达到601亿美元，成为世界第一大文化产品出口国，高出排名第二的美国（279亿美元）一倍多。

近年来，中国对外文化贸易保持了良好的发展势头。根据商务部公布的数据，2017年，我国文化产业进出口总额达到1265亿美元，其中文化产品和文化服务总出口额为943.6亿美元，文化产品出口额为881.9亿美元，文化产品贸易顺差为792.6亿美元。①

国际版权组织衡量一个国家文化产业竞争力的指标总共有三个：文化产业在GDP中所占比重、文化产业就业人口数量和文化产业出口能力。我国文化产业总出口额达到近千亿美元，这是一个很大的成就，这个数字接近21世纪初全球文化产品出口额的总和，表明我国文化产品的国际市场占有率和国际市场竞争力得到了很大提升，也说明我国文化产业发展水平迈上了一个新台阶。

近十几年，欧美国家在国际文化市场结构中所占份额呈现逐渐缩小的态

---

① 商务部：去年中国文化产品和服务进出口同比增11.1%［EB/OL］.（2018-02-08）［2018-03-08］.http：//tradeinservices.mofcom.gov.cn/article/tongji/guonei/buweitj/swbtj/201802/54429.html.

势,增长速度也在放缓;金砖国家等新兴市场国家在国际文化市场中的比重逐步增加,增长速度较快;而中国文化产品在国际文化市场中的比重迅速扩大,增长速度是全球最快的。

文化贸易、文化交流与文化传播良性互动,开创了中国文化"走出去"的新格局。文化交往的过程,往往是不同文化相互冲突、相互适应、相互学习、相互促进的过程,文化交往能克服彼此固有的不足,吸取彼此的精华,共同促进人类社会的进步。作为文化交往的重要手段,文化贸易的作用越来越突出,但文化贸易不能孤立进行,必须与文化交流、文化传播形成良性互动。我国举办的大型文化活动,如中法文化年、中俄文化年、北京奥运会等,都对中国文化走向海外起到了重要促进作用,这些均可被视为中国文化"走出去"的基础性工程。到目前为止,中国已经在30多个国家设立了中国文化中心,中国环球电视网(CGTN)也在许多国家落地,对中国文化的国际传播发挥了重要作用。特别值得一提的是遍布全球的孔子学院,对中国文化的"走出去"起到了基础性支撑作用。中国对孔子学院在2006年共投入0.44亿美元,到2016年,这一数字上升至3.14亿美元,相较2006年增长了615.29%,平均年增长率为61.53%;孔子学院在全球的数量在2006年仅为122家,到2016年攀升至513家,2006—2016年数量增长了320.49%,平均年增长率为32.05%。同时,孔子学院的注册学生人数以及参加汉语考试的人数均有显著增长,有效带动了汉语和中国文化的国际传播,也有力推动了中国对外文化贸易的发展。

数字技术带动文化出口,游戏和数字内容产业成为中国文化出口的新亮点。科技创新推动文化产业转型升级和提质增效,催生了新的文化业态,改变了文化产业的商业模式和贸易方式,带来了文化贸易新的增长点。在中国,互联网技术和数字技术成果带来的商业进展,已从蓄势待发阶段进入群体迸发阶段。全业务流程的智能化、线上线下的融合,以及消费的场景化与个性化,使中国文化产业发生了质的飞跃。未来,大数据、物联网、区块链、人工智能等技术的运用,将为文化产业和文化贸易插上"翅膀"。

近年来,游戏产业和数字内容产业异军突起,成为中国文化"走出去"

阵营中的新亮点。2008—2017年，中国游戏产业的实际销售收入增长了约11倍，中国自主研发的网络游戏海外市场销售收入同期增长了118倍，在所有文化产业门类中是增长最快的。在数字内容出口方面，数字影视内容、网络文学和数字音乐增长较快。网络文学规模从2012年的26亿元迅速增长到2017年的130亿元。中国网络小说正在成为一种蓬勃兴起的文化现象，一种正在代表中国、影响世界的新文化标签。

在网络游戏和数字内容出口方面，腾讯公司是领军企业。在网络游戏领域，腾讯从2017年以来开始在海外布局，进行海外投资，精准地网罗了一批海外PC端游戏制作公司，包括制作《过山车大亨》的Frontier Developments、推出第一视角VR游戏《避棺者》（Coffin Dodgers-VR）和PC端竞技场战斗游戏《超级热血锦标赛》（Hyper Brawl Tournament）的Milky Tea、风靡当前的网络游戏《绝地求生》的制作公司蓝洞（Bluehole）和老牌游戏制作公司育碧公司。毫无疑问，腾讯公司将因此占领国际游戏产业的制高点。在数字内容方面，面对国内网络文学竞争的白热化，腾讯已将目光转向国外，开拓新的消费市场。国外网络文学读者沉迷中国仙侠、穿越文学，我国网络文学等新兴业态的创新全球领先，其内容质量、产量和服务模式已趋于成熟。坐拥阅文集团这一巨大的国内IP资源，腾讯将进一步严格筛选原创IP，将真正具备国际化思维的、有潜质的IP递送给具备国际化制作能力的团队，从全球领域去思考IP的衍生和变现。

二、"一带一路"共建国家成为中国对外文化贸易的新热点

随着中国对"一带一路"合作伙伴投资、贸易的增长，这些国家的人民渴望了解中国文化的热情持续增强。这种好奇心将带来"一带一路"共建国家对中国图书、电影、电视节目、演艺、动漫、网络游戏、创意设计等文化产品和服务的强劲需求，中国对"一带一路"共建国家的文化出口也将呈现爆发性增长态势。

为加强与"一带一路"共建国家和地区的文明互鉴与民心相通，切实推

动文化交流、文化传播、文化贸易创新发展，2016 年，文化部制定了《"一带一路"文化发展行动计划（2016—2020 年）》。据此，文化部积极与"一带一路"共建国家和地区签署政府间文件，深化人文合作委员会、文化联委会等合作机制，为"一带一路"文化发展提供有效保障。目前，中国面向"一带一路"国际文化市场的文化产业发展格局初步形成，文化企业规模不断扩大，文化贸易渠道持续拓展，服务体系建设初见成效。

"一带一路"合作伙伴作为中国文化贸易对象国的重要性显著上升。随着"一带一路"合作伙伴文化市场与中国文化市场的联系更加紧密，中国强大的文化消费需求将逐步外溢到"一带一路"共建国家。"一带一路"建设将成为经济全球化的新主角，对经济全球化产生重大影响。在这条和平之路、繁荣之路、开放之路、创新之路、文明之路上，文化贸易必将发挥其独特优势。

三、文化服务出口数量少、质量低、增长慢，是中国对外文化贸易中的"短板"

在中国文化产品出口多年以来持续高速增长的同时，中国文化服务出口却一直徘徊不前。根据 2016 年 3 月联合国教科文组织发布的《文化贸易全球化：文化消费的转变——2004—2013 年文化产品与服务的国际流动》报告，2004—2013 年全球文化产品贸易增长最快的国家是中国，中国文化产品出口已稳居世界第一。然而形成强烈反差的是，这期间全球文化服务出口排名前 10 的国家分别是：美国、英国、法国、加拿大、荷兰、瑞典、爱尔兰、比利时、韩国、意大利。中国文化服务出口排在 20 名之外。时至今日，中国文化服务出口的状况并没有得到较大改善。2017 年，我国文化服务进口为 232.2 亿美元，出口为 61.7 亿美元，不到文化产品总出口额的 1/10，逆差达 170.5 亿美元。

中国文化服务出口数量少、质量低、增长慢，反映了中国对外文化贸易结构不合理、发展不平衡的问题。在中国文化产品出口结构中，乐器、工艺品、珠宝首饰，特别是黄金饰品占了很大比例，由于金价上涨，客观上推高了中国文化产品的出口总额。在我国出口的文化产品中，以内容为核心的产品，电影、电视剧等视听产品和音乐类录音制品所占出口总额比例较小，这反映了我国文化产业在创意性、思想性、感染力、影响力和价值引导力等方面的不足。

四、从市场竞争力、社会影响力和价值引导力三个维度扎实推进中国文化"走出去"

面对文化贸易工作的新形势，我们应该对以往的工作进行认真总结和客观评估，积极调整战略，促进中国从注重产品贸易向注重文化服务贸易转变，从注重市场占有率向注重国际社会价值引导力转变。

首先，我国应把文化服务贸易纳入国家服务贸易整体战略，大力发展文化服务贸易。在新一轮经济全球化展开之际，服务贸易开始成为推动全球自由贸易进程的新动力。全球自由贸易进程越来越依赖服务贸易，服务领域的市场开放程度直接影响全球投资，以及与之相关联的双边、多边自由贸易进程，服务贸易对形成全球贸易投资新规则的影响越来越大。

自加入世界贸易组织以来，我国服务贸易发展速度较快，规模不断扩大，但我国的服务贸易结构一直以资源密集型和劳动密集型产业为主，其中运输、旅游及建筑这三大传统行业构成我国服务贸易的结构主体；而金融、保险、专利、电影电视、音乐、演出等知识、技术密集型行业则占服务贸易总额的比重较小，有待完善。

制约我国服务贸易发展的因素很多，比如我国服务业基础薄弱，发展相对滞后；人们对服务业的认识仍停留在餐饮、旅游、运输等部门，对现代服务业有认知偏差；缺乏技术和人才支持，尤其缺乏熟悉国际运输、国际金融、国际商法等业务的复合型人才，难以为我国服务业的发展提供足够的智力支撑，等等。更重要的是，我国服务贸易市场准入限制较高，整体开放不足。在通信、金融、航空、广告影视等行业，我国均设有较高的市场准入限制和国内管制，缺乏竞争，企业转型升级动力不足。此外，知识产权保护不足也使企业缺乏创新创业动力。

文化服务贸易在所有服务贸易项目中处于高端位置，是技术密集、知识密集、文化密集、创意密集和内容密集的行业。文化服务贸易更能体现文化内涵，带动中国优秀传统文化"走出去"，能够反映当代中国人民的精神风貌和生活方式，应当放在中国对外文化贸易的优先发展地位。

其次，中国对外文化贸易必须实现从关注市场占有率向关注国际社会价值引导力的转变。2016年召开的中央全面深化改革领导小组第二十九次会议指出，要"增强中华文化亲和力、感染力、吸引力、竞争力，向世界阐释推介更多具有中国特色、体现中国精神、蕴藏中国智慧的优秀文化，提高国家文化软实力"。我们应从中国文化国际市场竞争力、国际社会影响力和国际价值引导力三方面对中国对外文化贸易工作进行衡量。

一是中国文化国际市场竞争力，包括广度、市场占比、用户规模、参观旅游人次、覆盖率、受众构成、访问量等，是一个越多越好的概念。二是中国文化国际社会影响力，包括需求偏好、用户黏性、接触频度、深度访问率等。这两个指标体系的可量化度是比较强的，但对市场竞争力（认知）和社会影响力（态度）的量化效果还属于浅层效果。三是中国文化国际价值引导力（行为），这是中国文化"走出去"效果评估的最高维度，衡量的是中国文化传播意图对国际受众行为的强化程度。

最后，中国对外文化贸易工作虽然已经取得突出的成绩，但根据总目标的要求来判断，中国对外文化贸易的整体现状与我国的经济实力和国际地位、深厚的文化底蕴和丰富的文化资源、综合国力竞争日趋激烈的形势还有不相适应之处。我们应积极促进世界文明互鉴，从市场竞争力、社会影响力和价值引导力三个维度扎实推进中国文化"走出去"。

第七节　国际文化贸易格局下的中国文化出口策略[*]

2008年，中国经济对外贸依存度非常高，已经达到70%以上。在当时文化产品和服务的国际贸易已经成为全球经济的重要组成部分的背景下，中国文化产品的对外贸易比重太低，贸易结构不协调问题显得尤为突出，中国文化产品如何走出国门值得被关注。本节在分析国家文化贸易现状的基础上，从质量和品种、效益、渠道、人才、文化资源五个方面对中国文化产品出口提出了建议。

经过近30年改革开放和经济建设，中国经济取得了巨大成就。目前，中国经济总量居世界第6位，制造业总量居世界第4位，中国已经成为世界上的"制造大国"。全世界每人每年要穿1双中国制造的鞋、买2米中国产的布，穿的衣服中有3件来自中国。中国经济对外贸依存度已经达到70%以上。当然，过高的外贸依存度会带来许多问题，但和传统制造业相比，中国文化产品的对外贸易在整个行业中所占的比重太低了。以图书出版行业为例，2005年全国新华书店系统、出版社自办发行单位图书总销售额为1176.71亿元（其中大中专教材、业余教育教材及教参为101.81亿元；中小学课本及教参为462.46亿元）。图书出口1,148,110种次、517.68万册、2920.87万美元（约合2.257833亿元）。[①] 由此可看出，2005年中国内地图书出口额只占全国图书当年销售额的0.19%，除去教材及教参类图书也只占销售图书总额的0.37%。什么时候全世界每人每年能购买1本中国的图书、看2场中国的电影、看3场中国的演出呢？中国文化产业发展必须走国际化路线。

---

[*] 文章原载于《现代经济探讨》2008年第3期，收入本书时，略有删改。
[①] 按2007年3月27日人民币兑美元汇买/汇卖中间价来计算。

一、国际文化贸易的总体情况

本部分所述的文化产品主要包括商品和服务。文化商品主要指那些能够被消费并且传递思想、生活方式的物品，例如书籍、多媒体、软件、录音制品、电影、视听节目、艺术和服装设计等；而文化服务通常被认为是用来满足文化需求或者兴趣的服务，它不包括有物质属性的产品，但是促进后者的生产和发行。典型的文化服务包括与版权相关的服务、对一些活动的许可、视听产品的发行、对艺术品和文化活动的促进等，同时包括对文化信息的发布、对书籍和音像制品的保存等。

目前，文化产品和服务的国际贸易已经成为全球经济的一个重要组成部分。根据2005年联合国贸易开发事务局（United Nations Conference on Trade and Development）披露的资料，文化创意产业的全球市场总值已经达到1.3万亿美元，占据全球生产总值的7%以上。从2000年开始，文化创意产业的总值每年都以7%的速度增长，到2008年，全球的市场总值将达到1.7万亿美元。

在文化创意产业飞速发展的同时，国际文化贸易也扮演着越来越重要的角色。1994年，全球核心文化产品的贸易总额是393亿美元，2002年达到592亿美元。1994年至2008年，核心文化产品的贸易量每年都占全球贸易总量的1%以上。这仅仅是根据海关显示的资料做的统计，实际的贸易量要比这个比例大。

按照地区来说，欧洲核心文化产品的出口量为世界第一，2002年其出口量占全球出口总额的51.8%；排在第二的是亚洲，2002年其出口量占全球出口额的20.6%；北美排在第三位，2002年其出口量占全球出口额的16.9%。

按照国别来说，2002年核心文化产品和文化服务出口量最大的国家是美国，出口总额为143亿美元（其中产品76亿美元、服务67亿美元）；英国居第二位，出口总额为100亿美元（其中产品85亿美元、服务15亿美元）；中国列第三位，出口额为52亿美元（产品52亿美元，服务未统计）。

世界文化产品的进口大国则集中在高收入国家。这些国家占据了90%的市场份额。美国是世界上最大的文化产品进口国，2002年其进口额高达153亿美元；英国是第二大文化产品进口国，其进口额大约是美国的一半，为78亿美元；德国是世界第三大文化产品进口国，其进口额为41亿美元。

按产品类别来划分，2002年录音媒介为190亿美元，占核心文化产品贸易总量的31%，排在第一位；印刷媒介为182亿美元，占核心文化产品贸易总量的30%，排在第二位；视觉艺术为113亿美元，占核心文化产品贸易总量的19.1%；视听媒介为85亿美元，占核心文化产品贸易总量的14.3%，排在第四位。

二、数据和统计问题

需要说明的是，现在国际上没有一种分类方法将文化贸易单独列出来，几乎所有的分类方法都将文化贸易列为"其他"项或者"额外"项。因此有关文化贸易的统计就很难精确。

关于文化产品的贸易数据一般来源于海关的记录。在海关的统计中，对商品的分类主要取决于其物理性质，而不取决于其产业来源、内容的民族性或其文化价值。另外，国内的数据来源与国际标准，在解释上和应用上都存在着根本的分歧。比如，根据全美联合贸易数据库（United Nations Comtrade Database）所提供的数据，2002年中国的图书出口额为4.09亿美元，进口额为0.97亿美元。如果按照这个口径来计算，我国的图书出口额是进口额的4倍多，贸易是顺差。而实际上，我们的图书贸易历来都是逆差。根据我们国内的统计资料，2002年我国图书出口额为1363万美元，进口额为2622万美元。国外统计的中国图书出口数据，实际上包括了日本、美国等国家的图书公司在中国内地印刷又销往国外的图书。

上面所说的关于文化贸易的统计，主要来自联合国教科文组织的一份材料，其数据主要来源于海关记录和国际收支平衡系统，是非常粗略的、非常不全面的数字。

三、中国文化产品和服务"走出去"存在的问题和建议

(一)质量和品种

文化企业的特殊性质就在于它们是内容提供商。文化产品的质量高低取决于其内容。文化产品能否赢得市场,最根本的问题在于其所蕴含的文化价值、生活方式、思想观念、情感因素;在于文化产品是否具有思想感染力、情感的亲和力、精神的震撼力以及生活方式的凝聚力。文化产品只有被赋予这几种力量,才会得到国内外消费者的认可,他们才会心甘情愿地购买文化产品。我国的文化产品缺乏国际竞争力,最根本的原因在于内容。考察一下我国的几类文化产品就可以明白这一点。先说图书。我国出口的图书,内容基本上是中医、食谱、气功、武术等,知识含量较高的自然和科学技术类图书数量非常少。再说动漫。制作动画的仪器设备跟国际上相比我们并不落后,这些设备有钱就可以买到,技术要求我们也都能达到,最关键的是我们的动画制作艺术创意太弱。现在什么都可以用机器来做,唯有艺术创意必须由人脑来完成。最后说电影。2007年中国电影票房突破了26亿元,有几部电影还赢得了一些国际收入。我们的电影从技术、制作、画面等方面讲都不错,但最弱的是编剧。没有好的故事,阵容很强大,但灵魂很苍白。

文化产品"走出去",针对的是国际市场。并不是在国内市场上受欢迎的文化产品都能在国际市场上畅销。在国际市场上存在一个"文化折扣"问题。过去有一个歇后语叫"洋鬼子看戏——傻眼了"。洋鬼子看戏为什么会看傻眼呢?因为语言不通、艺术样式不熟悉、看不懂。这就叫"文化折扣"。国际实际上是一个很大的概念。亚洲、欧洲、北美洲、拉丁美洲和非洲的观众,其欣赏习惯和艺术品位肯定存在着很大差别。同是龙的传人,国内的消费者和在欧美生活多年的华人对传统文化的理解也有很大区别。从内容和品种上来讲,往国际市场上推什么,我们要有一个战略。举个简单的例子,日本的歌舞剧,属于日本的传统文化。在东京有一个歌舞剧表演的剧院,很多日本人从东京以外的地方赶到那里去看演出,基本上是场场爆满。日本人很

喜欢歌舞剧，但他们并没有因此就要把歌舞剧推向国际文化市场。相反，他们全力往外推销的是动漫，而且取得了极大的成功。我们现在对这个问题似乎还没有足够的重视。一说文化产品"走出去"，就什么都想往外推。可以肯定地说，不问国外市场的接受度如何，不加选择地"眉毛胡子一把抓"，结果绝对是事倍功半。即使是我们所热爱的传统文化，也必须有所甄别，你把《二十四孝图》翻译成英文，搞个英文版的图书，或者把其中的故事拍成电视剧，在国际市场上肯定赔钱。所以，在文化"走出去"之前，我们一定要有深入的调查研究，针对哪个地区的市场，以哪个品种作为主打产品，都要制订切实可行的计划。

（二）效益

文化贸易是一种经济活动，当然要注重经济效益，而且是要以最低的成本取得最大的经济效益。有几种情况不利于文化贸易效益的提高。（1）像搞公益性的对外文化交流活动那样来搞对外文化贸易，不计算经济成本。（2）拆整为零，减弱市场竞争力和盈利能力。如中国杂技没有形成自己的优势品牌，而是停留在给人家的剧团打工的层次上。（3）国内同行竞争、互相压价。这种情况在其他行业中发生过，在文化产品和服务的出口中也存在以前曾出现过的问题。④不熟悉国际市场的定价策略。比如中国的图书出口问题。2005年中国出口图书700万册，金额3000万美元；同年进口图书册数是出口图书册数的2倍，但金额却是出口图书的5倍。2004年中国出口图书460万册，金额2000万美元；同年进口图书330万册，但金额高达3800万美元。也就是说，这一年我们出口的图书虽多，但金额仅为进口图书的一半。图书进出口金额与进出口数量不成正比，尤其是与进出口总数出现严重背离，这说明我国的出口图书定价存在问题。

为了提高文化产品和服务出口的经济效益，建议商务部成立文化产品出口指导小组或专家委员会，甚至成立文化产品出口协会，为出口文化企业提供信息服务和咨询指导，促进出口文化企业进行行业自律。

（三）渠道

内容为王，渠道亦为王。国内的文化产品"走出去"，主要有两种渠道。一个渠道是通过国内国外的文化产业博览会，国内的如深圳文博会，国际的如法兰克福书展；还有一个渠道是通过外国发行公司代理。这两个渠道有一定的效果，但都有其局限性。博览会在展览季之后就不会频繁开展。依托国外的发行公司，好处是成本低、市场风险小，不足是丰厚的发行利润让人家拿走了，生产商实际上只赚了个吆喝。再有，你通过人家去发行，就总是远离市场，永远培养不起来对于市场的敏锐感觉。

所以，我们要在国外建立自己的发行渠道。可以由文化企业自己组建专业的海外发行公司，或收购外国人现有的发行公司。政府有关部门在市场调研、资金等方面予以支持，也可以依托其他行业有实力的跨国公司已经建立起来的国际销售网络，进行增值服务。鼓励有条件的企业加盟海外中介协会。还可以在海外投资建设"中国文化城"。"中国文化城"可采用政府开道、企业投资运作的模式。在"中国文化城"中开设音像、图书、汉语教材等专门区域，设表演厅、展示厅，供顾客欣赏观看。如建设运作合理，"中国文化城"定能成为中国文化开拓世界市场的根据地，"星星之火，可以燎原"。

还应该充分利用网络平台，开设各种语言版的"中国文化产品网上超市"，集产品展示、销售、服务为一体。目前国内很多公司都设有自己的网站，但这些网站存在规模小、功能差等各种不足，商务部等相关部门应对之进行整合，形成规模优势。

（四）人才

文化产业的突出特点是资金密集、人才密集和智力密集。人才是文化经营最为关键的因素之一。国外企业有大批这样的专门人才，他们对国际文化市场的研究非常深入、细致。大到一个地区的文化产品的竞争格局，小到一个具体产品应该怎样投放，都有专门的人进行具体的研究。而国内，文化经营方面的人才稀缺，既懂外语、懂影视文化产业制作、懂营销，又熟悉国际文化市场，并且与国际发行渠道有着密切联系的国际文化贸易人才更是凤毛麟角。没有专门的人才，没有翔实的数据资料，没有细致的实证研究，没有国际市场运作方面的经验，使得国内企业对国际市场的认识受到相当大的局限。在这样的情况下，我国要想在文化产品的出口方面有所突破，是十分困难的。

文化贸易人才匮乏已经成为中国文化产品出口的重要"瓶颈"之一。要加快中国文化出口的步伐，就必须在文化贸易人才培养上多下功夫。

以前，一些部委为了开展国际文化贸易举办过一些专门的短期培训班。仅靠这种非学历教育的短期培训班远远不能满足我国扩大对外文化贸易的需要。对外文化贸易的快速增长，急需我们培养出大批国际文化贸易方面的人才。2006年，教育部批准中国传媒大学试办"国际文化贸易"本科专业，同时在新闻传播、艺术等专业增设国际文化贸易、文化市场营销等课程，培养既懂文化艺术专业知识，又懂国际文化贸易的复合型人才。

为了使国际文化贸易教育与文化贸易之间紧密结合，有关部门如商务部、文化部、广电总局等相关部委和文化企业，还应该在有条件的高校设立"国际文化贸易人才培养基地"，为本科生、研究生开设文化艺术与国际贸易的复合型课程，对有关部门人员进行培训。可首先选取一到两所高等院校作为试点单位，总结经验教训，推广成功模式。

应在文化出口优秀企业内设立"国际文化贸易人才实习基地"，为优秀的应届高等学校毕业生提供更多的实习机会，为博士生、研究人员提供到企业挂职锻炼的机会，培养大批国际文化贸易的骨干和后备人才。

（五）技术

当今时代，高新科技已经成为社会生产力发展的"火车头"，它在文化产品生产领域包括从内容到形式、从生产方式到传播方式的广泛应用，必将极大地促进文化产品生产的发展和创新。文化与技术的融合将形成强大的经济竞争力。科技含量高是美国文化产业的一个撒手锏。尤其是在大众传播媒介领域，印刷复制、电子排版、网络传输、数字化、通信卫星等高新技术的广泛应用，使美国文化产业具备了向全世界扩展的"桥梁和利器"。技术对文化产品的作用表现在以下几个方面。

（1）为文化产品的升级提供技术支持。科技是不断进步的，而对于传统文化品牌的创意性开发来讲，科技进步的力量在于能够从内容和载体上不断创新传统文化的表现方式，使传统文化具有更生动、更形象的表现力和感染力，实现科技和文化的完美统一。

（2）延长产业链条，提高文化贸易的盈利水平。由于文化商品具有投入成本高、复制成本低的特性，在投入大量成本塑造出受到顾客欢迎的创意文化商品后，以此商品为核心，带动文化创意产业的多重应用，衍生创造出更多不同种类、形式的商品与服务，可以提高文化产业的多点盈利能力。纽约之所以被称为"世界数字之都"，正是因为它具备了以"硅巷"为代表的文化创意、软件开发和风险资金共栖的良好生态。

（3）逐步改变文化贸易产品的盈利模式。一方面，技术创新促进文化产业的高速发展，宽带技术、多媒体传播、数字化与互联网的兴起，对传统文化产业产生了重大的影响：传统文化产业原来凭借渠道的垄断优势获取高额利润的地位已经不复存在，内容产业成为文化产业新的竞争的焦点，消费者需要什么、消费什么，成为文化产业发展的关键。另一方面，技术创新导致产业之间的界限变得模糊，出现了产业融合的局面。产业融合最为突出的表现就是电信、出版和广播电视的产业链和业务边界出现了融合，产业环境的变化也就决定了原有的商业模式已经不再适应现在的环境。因此，文化品牌的开发应注重对科学技术的应用，用先进的技术手段再现传统文化的精华，积极发展数字电视、数字电影、网络游戏和动漫等高新文化产业；发展连锁经营、物流配送、电子商务等现代流通组织形式和经营业态，不断创新文化传播的方式，从而提升全球对中国文化的认同感。

（六）文化资源

在悠久的历史发展过程中，中华民族创造了辉煌灿烂的民族文化，为世界文明作出了巨大贡献。中华民族的优秀文化遗产，为中国文化产业的发展提供了丰富的文化资源。中国文化产业的发展，应当充分吸收传统文化的滋养。中国的文化产品应当成为传播民族文化、弘扬民族精神的有效载体，通过文化产品和服务贸易，来提升中国的国家文化形象，增强中华民族的亲和力。

与此同时，我们要开展国际文化贸易，面对国际文化市场，就应当放开眼界，充分利用人类共有的各种文化资源。

历史上，中华民族从来都是一个善于吸收其他民族优秀文化的、具有宽广文化胸怀的民族。在全球化的今天，很多优秀的文化传统已经超越国界，成为人类共有的遗产，我们如果不加以充分利用和市场化开发，就会被他国占尽先机。好莱坞通过对花木兰、宝莲灯等文化资源的开发，成功占领了中国电影市场；而耳熟能详乃至家喻户晓的《西游记》《三国演义》的故事甚至被美国人、日本人制作成动漫和游戏，赚得盆满钵满，不得不承认，这是中国人的悲哀。因此，在挖掘中国文化底蕴，打造民族文化品牌，加强知识产权保护的同时，充分利用世界各国的文化资源，对于增加我国文化产品和服务贸易的出口，提升我国文化的影响力具有重大而深远的意义。比如，以图书为例，我们可以鼓励中国出版社出版英文版《莎士比亚全集》《格林童话》等，封面采用中国传统丝绸进行包装，充分体现中国特色。再如以电影为例，我们可以通过将和平、统一、魔幻等国际化元素与中国功夫这一中国本土化元素的结合，借鉴和平、爱情、平等、奋斗等人类共有的元素，以此观照和处理传统文化资源，实现中西文化的沟通。《英雄》《神话》在国际文化市场不俗的票房成绩给我们作出了很好的证明。以本土文化为"原点"，兼纳国际化的诸多元素，生产出既具本土化内容又与国际化接轨的文化产品，可大大降低我国文化出口过程中的"文化折扣"，尽快打开国外市场。

第四章 传媒经济与文化产业研究

第一节 文化产业发展与国家文化软实力的提升[*]

文化产业对国家文化软实力建设有着十分突出的作用,这主要表现为文化产业可以为社会提供文化生产力、能够保障国家传播力以及能够提升国家影响力等几个方面。当前,随着中国经济建设取得举世瞩目的新成就以及中国传播基础设施的发展与壮大,国际文化软实力格局正面临着新一轮重构,中国应抓住这一大好机遇,加快文化产业发展、提升中国文化软实力。

国家文化软实力建设包括许多方面的内容,如制度建设、意识形态建设、国民教育、文化遗产保护、公共文化设施建设和文化产业发展等。在这诸多因素当中,发展文化产业、扩大文化出口、优化文化产品出口结构对国家文化软实力建设有着十分突出的作用。

一、文化产业发展为社会提供文化生产力

(一)文化与经济发展

文化对经济增长有着重大影响,文化与经济发展对国家文化软实力提升有着巨大贡献。文化生产力理论认为,文化就是一种生产力,文化产业对经济增

---

[*] 文章原载于《河北学刊》2011年第6期,与王锦慧合作,收入本书时,略有删改。

长的影响是通过文化生产力来实现的。文化生产力是一种价值创造能力、自我更新能力,特别是知识创新和社会调控能力,它的生成物是创新的观念和知识。

文化产业对社会创造力的贡献,可以由"资本"的概念得到说明。"资本"是经济理论的核心问题,也是经济增长的核心问题,任何可以带来收入流的财产我们都可以称之为"资本"。由此观之,人类所习得与遵从的特定文化实际上也是一种最普遍、最一般意义上的资本形态,因为它是人们为了换取将来利益而在早期进行的投资活动,可以产生巨大的价值增值。法国社会学大师皮埃尔·布尔迪厄(Pierre Bourdieu)首次提出文化资本的概念,并将其应用到社会学和文化研究中。1998年,澳大利亚经济学教授戴维·思罗斯比(David Throsby)在西班牙巴塞罗那举行的第十次文化经济会议上明确将"文化资本"引入经济学范畴,并指出,"文化资本"是以财富的形式表现的文化价值的积累,而且"推测'文化资本'在经济学中对经济产出和增长会起到什么作用是非常有用的"[1]。文化资本理论主要是沿着两个方向发展的:一是探讨文化资本与个人发展的关系,如教育背景、家庭背景等对个人事业的影响;二是研究文化产品和文化产业,试图在用来交换的文化类产品中发掘文化对产品价值的影响,并以文化产品及文化产业为基础,研究文化体制、文化制度对一个企业、区域、国家乃至全球经济的影响。

文化资本对经济增长的影响途径有二。一是文化资本的报酬递增。报酬递增的特性使得文化资本具有很强的"溢出效应"。二是文化资本对其他生产因素的制约。无论在什么社会中,与生产活动和财富积累有关的价值观念都将是决定经济发展程度与方向的重要因素。文化资本投资与积累的过程,也是一系列价值观、信念、看法和思维方式等不断扩展的过程,文化产业更是将人们所习得的一系列价值观、信念、看法和思维方式以规模化、产业化的模式发展,使人们所拥有的文化资本大规模地快速实现价值增值,进而影响经济增长,极大地提升社会创造力。

---

[1] 布尔迪厄. 文化资本与社会炼金术:布尔迪厄访谈录[M]. 包亚明, 译. 上海:上海人民出版社, 1997:202.

二、文化产业保障国家传播力

信息的传播能力影响着一国文化、价值理念与国家形象在世界范围内传播的广度、深度和效果。因此，信息的有效传播能力是国家文化软实力的重要组成部分。信息传播基础设施是人类从事信息传播活动的中介物，是信息传播得以顺利进行的必要手段；传播基础设施建设影响着信息的传播技术和信息传播发展能力，是提升国家文化软实力的重要环节。因此，十多年来，世界各国纷纷加大了对信息传播基础设施的投入。如2008年，美国四大移动通信运营商进一步扩充其3G网络，并将眼光投向4G；2009年，美国政府通过了总额为7870亿美元的经济刺激计划，其中72亿美元将用于改善网络宽带，特别是偏远山区的基础设施。2010年10月25日，英国政府公布了《国家基础设施规划》，其总投资额超过2000亿英镑，计划在2015年建成全欧洲最好的高速宽带网。欧盟于2008年发布宽带网络建设情况研究报告，提出宽带网络建设新目标，敦促各成员国重视宽带网络建设。2009年4月，澳大利亚总理宣布将投入约310亿美元建设国家超高速宽带网络，90%为光纤网络，辅以无线与卫星技术，提供全澳大利亚皆可使用的人人负担得起的宽带服务。截至2008年，中国大陆移动电话用户约6.4亿户，通过手机上网的人数近1.2亿，手机用户以每年20%的增长率递增，WAP的用户增长率则达到了100%。

受限于数据的全面性及准确性，本部分仅列举2002年和2007年的各国信息传播技术发展指数（IDI）和信息传播技术基础设施指数，对各国传播基础设施规模及传播技术发展作粗略比较，参见表4、表5。[①]

[①] 表4与表5中的数据系笔者通过整理国际电信联盟的统计资料所得。信息传播技术发展指数由信息传播技术基础设施、信息传播技术使用和信息传播技术技能三项指标来衡量，三者所占权重分别为40%、20%、40%。信息传播技术基础设施又由百人固定电话线率、百人移动电话拥有率、每个因特网用户的因特网带宽、拥有计算机的用户比例及有因特网接入口的家庭比例五项指标构成，每项指标所占权重均为20%。信息传播技术使用由百人因特网使用者数、百人因特网固定宽带拥有人数和百人因特网移动宽带拥有人数等三项指标衡量，每项指标所占权重为33%。信息传播技术技能由成人识字率、中等教育毛入学率、高等教育毛入学率三项指标衡量，每项指标所占权重为33%。

通过对以上两个表格的数据比较可以看出，尽管英国、加拿大、澳大利亚历年的国内生产总值没有美国高，然而信息传播技术发展指数以及信息传播技术基础设施指数的排名时常能高于美国。这说明，近年来英国、加拿大、澳大利亚等国更加重视信息传播能力及信息技术的发展，加大了对文化传播基础设施的投入。

目前中国已拥有世界规模最大的移动通信市场和通信运营商，中国互联网的用户数量在世界上首屈一指，且在不断增加中。通过对信息传播技术基础设施指数的比较可以看出，世界几大主要经济体的信息传播技术发展水平和信息传播技术基础设施规模都在不断提高。可以说，随着经济水平与信息传播技术的发展，各国和各地区迎来了发展文化产业和提升本国文化软实力的前所未有的机遇。

表4 信息传播技术发展指数一览表

年份 排名/IDI	排名 2002年	IDI 2002年	排名 2007年	IDI 2007年
美国	11	5.25	17	6.44
英国	10	5.27	10	6.78
澳大利亚	13	5.02	14	6.58
加拿大	9	5.33	19	6.34
中国	90	1.95	73	3.11

表5 信息传播技术基础设施指数一览表

年份 排名/IDI	排名 2002年	IDI 2002年	排名 2007年	IDI 2007年
美国	35	4.30	34	6.22
英国	8	6.82	10	8.16
澳大利亚	19	5.97	19	7.24
加拿大	15	6.34	15	7.43
中国	71	1.95	64	3.87

三、文化出口提升国家影响力

文化产品内在地蕴含着生产者的思想和观念，文化产品输出的同时就是文化观念的传播辐射。文化产品出口对于拉动一国经济增长、改善国际收支等经济目标以及传播各国文化和促进国际文化交流等方面都发挥着越来越重要的作用。世界各国和各地区纷纷把促进文化产品出口作为提高本国及本地区文化影响力及文化竞争力的手段。

2002—2003年度，澳大利亚文化产品的进出口总额达到52.5亿澳元（约合38.8亿美元），比1994—1995年度增长52.6%。据加拿大联邦统计局统计，2005年，加拿大文化产品的进出口总额达到113.1亿加元（约合101.5亿美元），比1996年增长65.2%。

2003年，英国文化产品的出口额达到116.0亿英镑（约合213.6亿美元），比2000年增长22.1%，年均增长6.9%。主要国家近年来文化产品出口额比较参见表6、表7、表8。

表6 主要英语国家文化产品出口情况一览表[①]　　（单位：亿美元）

	1996年	2000年	2005年
美国	175.29	246.5640	255.44
英国	124.39	173.6314	190.30
澳大利亚	23.55	43.9514	48.83
加拿大	93.12	111.8680	113.77

表7 1997—2006年中国文化产品总体情况一览表　　（单位：亿美元）

	1997年	1998年	1999年	2000年	2001年	2002年	2003年	2004年	2005年	2006年
文化产品出口额	228.61	234.25	242.61	284.74	288.45	350.22	419.19	501.43	613.60	699.83
增长速度		2.5%	3.6%	17.4%	1.3%	21.4%	19.7%	19.6%	22.4%	14.1%

[①] 表6中的数据系笔者根据联合国贸发会资料整理而得。

续表

	1997年	1998年	1999年	2000年	2001年	2002年	2003年	2004年	2005年	2006年
文化产品进口额	24.19	19.74	20.36	22.42	23.74	24.60	29.85	33.26	36.76	41.29
文化产品贸易总额	252.80	253.99	262.97	307.16	312.19	374.82	449.04	534.69	650.36	741.12
增长速度		0.5%	3.5%	16.8%	1.6%	20.1%	19.8%	19.1%	21.6%	14.0%

表8 1997—2006年中国文化产品和服务出口结构一览表①

	1997年	1998年	1999年	2000年	2001年	2002年	2003年	2004年	2005年	2006年
手工艺品	11.1%	10.7%	10.4%	10.6%	10.3%	10.0%	9.9%	9.2%	9.1%	9.6%
影视媒介	0.0%	0.0%	0.0%	0.0%	0.0%	0.0%	0.0%	0.0%	0.0%	0.0%
设计	80.5%	80.1%	79.8%	78.8%	77.7%	74.2%	75.2%	76.5%	76.7%	75.1%
音乐媒介	0.0%	0.1%	0.1%	0.2%	0.4%	0.5%	0.5%	0.3%	0.2%	0.2%
新媒体	0.9%	1.1%	1.1%	1.2%	2.6%	6.7%	6.3%	5.8%	6.4%	7.4%
出版物	1.3%	1.4%	1.5%	1.5%	1.7%	1.6%	1.7%	1.8%	1.9%	2.3%
视觉艺术品	6.2%	6.6%	7.2%	7.7%	7.4%	7.0%	6.4%	6.3%	5.6%	5.5%
版权	18.2%	21.8%	24.8%	25.5%	26.5%	24.8%	17.1%	21.0%	11.5%	
广告	78.5%	73.0%	72.9%	70.9%	66.7%	69.7%	77.6%	75.4%	78.7%	
文化娱乐	3.3%	5.2%	2.3%	3.6%	6.7%	5.5%	5.3%	3.6%	9.8%	

通过比较表6和表7的数据可以发现，十年来中国文化贸易发展迅速，文化产品贸易额由1997年的252.8亿美元上升到2006年的741.13亿美元，并一直为文化产品出口第一大国。然而，通过表8可以看出，文化出口额的简单比较并不能说明中国已经成为文化贸易大国和文化软实力强国。因为中国文化出口额的优势主要体现在手工艺品、设计、视觉艺术品和新媒体这些外围的文化产品上，具有核心内容的影视媒介、音乐媒介、出版物及版权、文化娱乐等文化出口比重低、竞争力弱。

---

① 表8中的数据来源于李怀亮、方英主持的中国传媒大学"211工程"重点学科建设项目"中国文化贸易结构研究"和科研培育项目"我国文化产业经济增长效应的实证分析"的阶段性成果资料。

四、中国文化软实力提升的机遇

米歇尔·杜培恩、大卫·沃特曼合撰的《远东地区电视节目制作与贸易的经济状况》一文指出，假设一个国家的国内生产总值越高，或者这个国家的广播电视基础设施规模越大，这个国家从美国进口电视节目的比例就越低；相反，如果一个国家国内生产总值越小，或者其广播电视基础设施规模越小，这个国家从美国进口电视节目的比例就越大。1994年，沃特曼和罗杰斯对9个东亚国家进口节目所进行的统计调查和系统分析再次证明了这一理论：一个国家的国内生产总值或者该国的广播电视基础设施（BTEI）越大，国产节目的比例也就越大，对进口美国节目特别是连续剧的依赖度也就越低。[1]

电视节目作为传媒产品具有一定的代表性，笔者认为，杜培恩和沃特曼对于电视节目进出口的研究结果同样适用于其他文化产品。因此，本部分的基本理论假设为：一个国家的国内生产总值越高，或者这个国家的传播基础设施规模越大，这个国家对其他国家文化产品的依赖就越低，出口文化产品的可能性就越大，因而文化软实力就越强；相反，如果一个国家国内生产总值越小，或者其传播基础设施规模越小，这个国家从外国进口文化产品的比例就越大，出口可能性变小，从而在国际软实力竞争中处于不利地位。

随着中国国内生产总值的迅速增长及广播电视基础设施的不断扩大，中国文化产业在国内生产总值中的比重越来越大，中国文化产品的出口数量和出口国越来越多。加快中国文化产业发展步伐，扩大文化产品的进出口规模，不仅是当前世界经济发展的趋势，也是拉动中国经济增长、提升文化软实力的重要环节。

据国家统计局的数据，截至2006年，中国大陆共有文化产业单位34.6万个，从业人员996万人，文化产业从业人员占中国大陆全部从业人员（7.52

---

[1] WATERMAN D，ROGERS E M.The economics of television program production and trade in Far East Asia［J］.Journal of communication，1994，44（3）：89–111.

亿人)的1.3%，占城镇从业人员（2.65亿人）的3.8%。文化产业总产值为5123亿元，比上年增长了17.1%，超过了同期国内生产总值及第三产业增长速度。2004年到2007年，中国文化产业的工业增加值每年以1000亿元的速度增长，2007年已达到6300亿元，占国内生产总值的比重为2.55%。据《中国文化产业发展战略研究》预测，到2015年，中国文化产业经济总量将达到1.6万亿元，占国内生产总值的比重为3.98%；就业人口达3000万人，占第三产业就业人口比重的8.69%。中国文化产业占国内生产总值比重的发展态势参见图2。

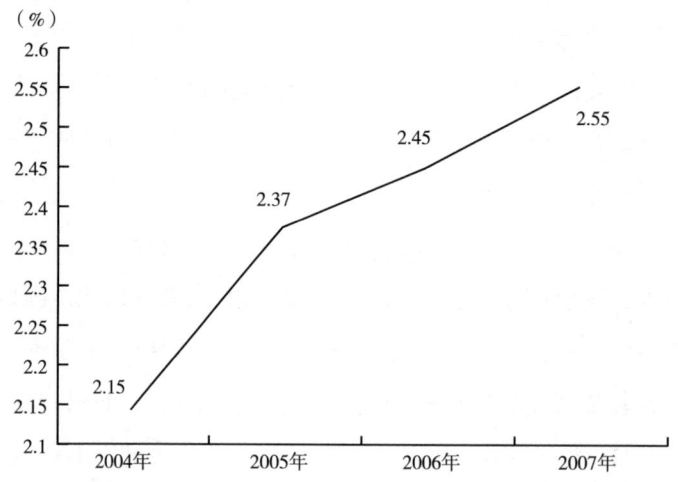

图2　2004—2007年中国文化产业增加值占国内生产总值的比重

因此，本部分再次证实了杜培恩和沃特曼的理论假设："一个国家的国内生产总值越高，或者这个国家的传播基础设施规模越大，这个国家对其他国家文化产品的依赖就越低，出口文化产品的可能性就越大，因而文化软实力就越强。"由此而言，中国经济的持续快速发展、信息传播能力的不断提升，不仅为中国文化走向国际提供了一种可能，而且为中国文化软实力的大力提升提供了机遇。

第二节　文化产业与经济增长关系的理论研究[*]

一、文化与经济增长的关系

在社会有机体中经济、文化与政治相互依赖和不可分割，纵观文化与经济二者关系研究的历史，研究者对文化与经济发展大致存在五种不同的观点。第一种观点由古典经济学家提出，认为特定的文化观念是决定人们行为乃至市场扩展、经济进步必不可少的诸多条件中的一个。第二种观点主要由马克斯·韦伯（Max Weber）提出，他认为特定文化特别是新教伦理是促进资本主义产生与现代经济发展的最重要因素。第三种观点认为文化与经济发展无关。第四种观点承认了文化对经济发展具有影响作用，认为一些文化因素具有促进作用，而另一些文化因素会阻碍经济发展，文化对经济发展的影响是"中性的"。第五种观点由道格拉斯·诺斯（Douglass North）提出，他将文化意识形态看作一种影响合约实施的不可缺少的变量，而合约的实施最终决定经济发展的状况。随着文化及文化产业的发展，其对经济增长的影响越来越显著，文化对经济的发展有促进作用的观点逐渐成为主流。

韦伯认为西方通过宗教改革而形成的新教文化孕育了一种"资本主义精神"，这种精神对于近代资本主义的产生和发展起了巨大的推动作用。[①] 威廉·阿瑟·刘易斯（William Arthur Lewis）在分析影响经济增长的因素时认为经济增长依赖于人们对工作、财富、节俭、生育子女、创造性、陌生人和

---

[*] 文章原载于《经济问题》2010年第2期，与方英、王锦慧合作，收入本书时，略有删改。
① 韦伯.新教伦理与资本主义精神[M].彭强，黄晓京，译.西安：陕西师范大学出版社，2002.

冒险等的态度，这些态度都是从人的头脑深处产生的，属于文化的范畴。① 诺斯在运用文化因素来解释经济增长时认为，制度和意识形态共同决定了经济绩效，意识形态是影响经济绩效的个人选择的关键。② 阿马蒂亚·森（Amartya Sen）认为，资本主义经济的高效运行依赖于强有力的价值观和规范系统。③ 福山认为文化因素和经济生活是密不可分的，文化直接影响甚至决定经济效率。从上述关于文化与经济关系的论述中可以看出，文化对经济增长有着重大的影响，这已成为学者的共识。④

虽然文化对经济增长的作用是不容置疑的，但文化的所有核心内容诸如价值信念、伦理规范、道德观念、宗教、思维方式等与技术及经济的发展并不永远都是正相关的，一个社会文化中所携带的一些属性经常会在文化作用技术和经济增长的过程中起到相反的作用，所以，任何一种文化都存在对技术进步和经济增长的有利和不利因素，这也就告诉我们，一种文化对经济的有效作用并不意味着我们需要将这种文化全盘推广到其他社会中去，文化的经济增长作用并不是"通用"的。

二、文化产业与经济增长的关系

国内外对文化产业与经济增长关系的研究主要针对以下四个方面。

（一）文化生产力论

文化生产力理论认为文化就是一种生产力，文化产业对经济增长的影响是通过文化生产力来实现的。文化生产力是一种价值创造能力和自我更新能力特别是知识创新和社会调控能力，它的生成物是创新的观念和知识。19世纪德国国家经济学派的代表人物弗里德里希·李斯特（Friedrich List）提出了

---

① 刘易斯.经济增长理论[M].周师铭,沈丙杰,沈伯根,译.北京:商务印书馆,2005.
② 诺斯.制度、制度变迁与经济绩效[M].刘守英,译.上海:上海三联书店,1999:132.
③ 森.以自由看待发展[M].任赜,于真,译.北京:中国人民大学出版社,2002.
④ 福山.信任：社会美德与创造经济繁荣[M].彭志华,译.海口:海南出版社,2001.

国家生产力概念,把国家生产力区分为物质力量和精神力量,并强调精神力量和脑力劳动者的重要性,坚决反对只把体力劳动者看作生产力的传统观点,他认为生产力不是指单一的物质生产力,还包括精神生产力。

法兰克福学派的"文化工业"理论以批判的视角来研究当代文化,他们认为文化工业的最终产品是迎合大众精神消费需求的各类产品,即所谓大众文化。文化工业所生产的文化产品丧失了文化本该具有的批判和否定精神,文化工业追求利润的最大化将无法实现艺术的超越性,使文化产品的艺术价值降低;文化工业的商品化生产是程序化或复制化和标准化的,这会丧失传统文化艺术的"韵味"。因此,法兰克福学派是反对文化工业化的,认为文化不是能够产业化的生产力。英国文化学派以1964年英国伯明翰大学的当代文化研究中心的成立为标志,他们在对英国文化保守主义和法兰克福学派批判的基础上,形成了自己对大众文化的独创性见解,从制度和权力等微观政治角度来考察分析文化产业,突出文化产业生产和消费中的能动作用,并主张用辩证的观点来看待高雅文化与通俗文化,大力提倡大众文化。英国文化学派认为文化产品是可以批量生产的,文化是可以产业化的生产力。

2010年,我国的文化产业处在发展初期,中国学术理论界对文化产业的研究彼时尚处在探索之中,因此,对文化生产力的理解还没有形成统一的表述。当时,国内关于文化生产力的定义大致有以下几种观点。一是认为文化生产力是创造社会财富的能力。一些学者认为文化生产力是指具有一定智能知识的劳动者运用和掌握科学技术创造社会财富的能力。二是认为文化生产力是创造精神产品和推动人类发展的能力。一些学者从狭义的文化观出发,把文化生产力局限于精神领域,认为文化生产力是指人类有目的地创造各种思想、观念、意识、文化、艺术等精神产品,并与物质手段相结合转化为现实生产力,推动人类发展的能力。三是认为文化生产力是一种创造力。有些学者认为文化就是人化,人的世界就是一个文化世界,人类在创建文化的同时创造了人自身,文化是人类特有的生存方式和掌握世界的方式。四是认为文化生产力是一种创作、制造文化产品和提供文化服务的能力。通过对文化生产的分析,有学者认为总体意义上的文化生产力是指人类全部社会生活以及人自身的生产和再生产，文化生产渗透于三大生产，是它们的共同内容和构成。而通常意义上的文化生产是指精神生产。文化生产渗透于社会生活的各个领域，是社会文化生产力的实现。因此，文化生产力是创作、制造文化产品以及提供文化服务的能力。

（二）文化资本论

"资本"是经济理论的核心问题，也是经济增长的核心问题，任何可以带来收入流的财产都是资本。根据资本的定义，人类所习得与遵从的特定文化实际上也是一种最普遍、最一般意义上的资本形态，因为它是人们为了换取将来的利益而在早期进行的投资活动，可以产生巨大的价值增值。法国社会学大师皮埃尔·布尔迪厄首次提出文化资本的概念，并将其应用到社会学和文化研究中。1998年澳大利亚经济学教授戴维·思罗斯比在西班牙巴塞罗那举行的第十次文化经济会议上明确地将"文化资本"引入经济学范畴，指出"文化资本"是以财富的形式表现的文化价值的积累，同时指出"推测'文化资本'在经济学中对经济产出和增长会起到什么作用是非常有用的"。文化资本理论主要是沿着两个方向发展：一是探讨文化资本与个人发展的关系，如教育背景、家庭背景等对个人事业的影响；二是研究文化产品和文化产业，试图在用来交换的文化类产品中发掘文化对产品价值的影响，并以文化产品及文化产业为基础，研究文化体制、文化制度对一个企业、区域、国家乃至全球经济的影响。

文化资本投资与积累的过程是一系列价值观、信念、看法和思维方式等不断扩展的过程，文化产业更是将人们所习得的一系列价值观、信念、看法和思维方式以规模化、产业化的模式发展，使人们所拥有的文化资本大规模地、快速地实现价值的增值，进而影响经济的增长。文化资本对经济增长的影响途径一是文化资本的报酬递增，报酬递增的特性使得文化资本具有很强的"溢出效应"；二是文化资本制约其他生产因素的利用，无论在什么社会中，与生产活动和财富积累有关的价值观念都将是决定经济发展的程度和方向的重要因素。

（三）文化产业促进了传统产业的升级

1. 文化产业是新兴的朝阳产业

产业下游化是世界经济发展的一条重要规律。文化产业处于产业链的中后端，是经济发展的趋势和重点。美国经济学家费里兹·马克卢普（Fritz Machlup）研究发现，对经济增长起决定性作用的主导产业正在发生质的变化，他提出"知识产业"的概念，把知识产业分为教育、研究与发展、通信媒介、信息设备和信息服务5个分支，计算出1958年美国以印刷出版、摄影录音、戏剧、音乐电影、广播电视、广告等为主要代表的通信媒介业占知识产业总价值的28.1%，占国内生产总值的比重为8%，仅次于教育产业。[①] 安迪·普拉特（Andy Pratt）认为文化产业是现代化经济体系重要的、增长的部分。[②] 在文化产品的消费方面，诺贝尔经济学奖获得者乔治·斯蒂格勒（George Stigler）和加里·斯坦利·贝克尔（Gary Stanley Becker）1977年在论文《偏好是无可争辩的》一文中指出，从音乐消费中产生的边际效用依赖于消费者已经消费的总量及其欣赏音乐的能力，而欣赏音乐的能力又是以往音乐消费的函数。音乐消费资本的投入和消费是相互促进的，音乐消费的边际效益会随着时间而增长。随着经济全球化、文化全球化与经济文化一体化进程的加快，特别是随着文化产业的发展，并没有出现像法兰克福学派的阿多诺与霍克海默等学者所预料的那种所谓"资本主义系统结构性崩溃"，相反，在文化产业化进程中，大众文化产品的生产及消费应运而生，文化突破了社会阶层的局限性，精英文化逐步拉近了与大众的距离，人们对文化产业的态度发生了彻底的转变，文化不再被视为社会发展的一个辅助性行为，而是社会的一个重要驱动力。

2. 文化产业是文化与高科技紧密结合的产业

文化产业是高新技术与文化紧密结合的产物，是表达文化生产力自身特性和张力的一个最直接的产业。大量文化产品的高科技含量表明，高科技与

---

① 马克卢普. 美国的知识生产与分配［M］. 孙耀君，译. 北京：中国人民大学出版社，2007.
② PRATT A C. The cultural industries production system: a case of employment change in Britain, 1984–91［J］. Environment and planning, 1997, 29（11）：1953–74.

文化的有机结合将为文化的创新和发展提供更为广阔的前景,文化创新则与技术创新一起,构成了未来社会经济持续高速发展的不竭动力。文化产业发展加快了工业信息化步伐,促进了传统产业的升级进步。

3. 文化渗透到工业产品中提高了产品的附加值

从文化产业与其他产业的关系上看,文化产业几乎与传统经济的所有部门都有联系,几乎所有的人类生活方式和生产方式都在不同程度上与它产生关系。日本著名经济学家日下公人提出,"21世纪的经济学将由文化与产业两部分构成""文化必将成为经济进步的新形象,文化与经济的紧密结合,首先表现为文化对经济的渗透,产品的文化内容的价值比重迅速增大,而物质形式的价值比重正相应地下降"。托马斯·劳伦斯(Thomas Lawrence)和尼尔森·菲利普斯(Nelson Phillips)认为文化产业迅速发展的渠道之一就是文化产品渗透原来的工业产品制造业,提高工业产品的文化与设计的密集度,进而提高工业产品的竞争优势。①

4. 国内的相关研究

我国学者主要从产业集群和产业融合两方面来研究文化产业与传统产业的互动关系。张潇扬②认为文化产业园能够有效促进文化产业与工业制造业的互动并带动文化产业发展。王亚川③总结了文化产业集群的两种模式:由产业横向关联而形成的产业集群和由产业纵向关联而形成的产业集群,即产业链的聚合。另外一些学者从产业融合的途径研究文化产业与传统产业的互动关系。毛蕴诗、梁永宽④通过分析行业边界模糊理论,阐述了信息产业与传统产业的融合趋势,信息产业借助信息技术等高科技产业的推动作用,拓宽文化传播途径,加快文化传播速度,促使文化产业飞跃发展。同时提出通过文化与工业制造业的融合能够凸显工业制造业的核心价值,发挥文化对经济社会

---

① LAWRENCE T B, PHILLIPS N.Understanding cultural industries [J].Journal of management inquiry, 2002, 11 (4): 430-441.
② 张潇扬.发展文化产业的三条重要路径[J].理论学习,2006(9): 21.
③ 王亚川.文化产业发展的若干趋势分析[J].产经评论,2006(4): 15-19.
④ 毛蕴诗,梁永宽.以产业融合为动力促进文化产业发展[J].经济与管理研究,2006(7):9-13.

的支撑作用，提高综合竞争力。

（四）文化产业推动区域经济增长

随着经济与文化的发展，越来越多的学者认为文化产业的发展对地区经济的增长有推动作用，这一观点已成为主流。德里克·韦恩（Derek Wynne）研究了英国文化产业发展与相关城市和地区发展的关系后发现，文化产业的迅速增长不仅是英国的大城市经济发展的显著推动力，而且是英格兰中北部一些旧的工业城镇经济发展的显著推动力。① 弗里德里希·格纳德（Friedrich Gnad）的研究也发现文化产业的发展是德国 Ruhr-Gebiet 地区经济发展的显著推动力。② 克里斯·菲洛（Chris Philo）和格雷·凯斯纳（Gerry Kearns）、③ 布莱恩·格雷厄姆（Brian Graham）、格雷格·阿什沃思（Greg Ashworth）、约翰·坦布里奇（John Tunbridge）④ 认为文化产业的迅速发展可以升级与重塑地区文化资源，提升各处文化资源的历史和艺术的吸引力，进而吸引更多的参观者；还可以提升地区形象，吸引高层次的投资者和高素质的劳动者，促进该地区的经济增长。

另外，在文化产业与就业方面，A.C. 普拉特（A.C.Pratt）的研究表明英国文化产业 1991 年的就业人数近百万（占总就业人数的 4.5%）。⑤ 艾伦·斯考特（Allan Scott）的研究显示美国的文化产业在 1992 年满足了 300 万人的

---

① WYNNE D.The culture industry: the arts in urban regeneration [M].Avebury: University of Michigan, 1992: 13-23.

② GNAD F, SIEGMANN J.Culture industries in Europe: regional development concepts for private-sector culture production and services [M].Essen: Ministry for Economics and Business, 1999: 172-177.

③ PHILO C, KEARNS G.Culture, history, capital: a critical introduction to the selling of places [M] // THRIFT N J, GLENNIE P D. In selling places: the cityas cultural capital, past and present. Oxford: Pergamon Press, 1993: 81-97.

④ GRAHAM B, ASHWORTH G, TUNBRIDGE J E.A geography of heritage: prower, culture and economy [M].London: Arnold, 2000.

⑤ PRATT A C.The cultural industries production system: a case of employment change in Britain, 1984-91 [J].Environment and planning, 1997, 29 (11): 1953-74.

就业需求（占总就业人数的 2.4%）。①

  我国学者认为文化产业具有发展经济与繁荣市场的功能，文化产业在整个国民经济中可以占有相当大的比重，甚至可以发展成为国民经济的重要的支柱产业。大力发展第三产业中的文化产业，将有利于产业结构的调整，有利于解决中国经济现存的诸多问题，有利于中国经济的可持续发展；文化产业的经济属性表现为它在给人们带来经济享受的同时，能带来经济效益，创造就业岗位，在市场经济条件下，形成自我积累、自我发展的良性循环；有学者用面板数据实证分析中国文化产业经济贡献的影响因素，得出人均文化娱乐消费、文化机构数目对文化产业的发展及经济的贡献有正面影响，而政府对文化产业的财政扶持、对文化产业的经济贡献有负面影响的结论。

三、结论

  随着文化产业实践的发展，一个国家文化产业的繁荣发展对其经济的可持续发展的重要性日益凸显。因此，对文化产业与经济增长的相互关系的研究对一国实现经济、文化平衡发展具有重大的理论和现实意义。现有的国内外文化产业与经济增长的相关理论研究不乏真知灼见，为各国文化产业的发展提供了良好的理论指导。但是，纵观国外相关的研究成果，已有经济增长理论并没有明确地将文化因素纳入其研究框架。而且大多从实用的角度研究文化产业的经济价值，对文化因素对经济增长的作用机理并无明确结论。国内对文化产业与经济增长关系问题进行系统、深入、全面的理论研究的论著也不多见，相关的实证分析更是少之又少。随着我国文化产业的发展及其对经济贡献度不断加大，更多的文化产业与经济增长的相关问题有待理论界探讨和完善。

---

① SCOTT A J.The cultural economy of cities：essays on the geography of image-producing industries [M].London：Sage，2000.

第三节　文化产业创新创造活力提升的重要渠道[*]

文化力量具体表现为文化战略定力、价值引导力、文化创新力、文化市场活力和国际影响力等。全面理解中国特色社会主义文化政策体系，整合文化力量的各种要素，将有助于全面提升文化产业创新创造的活力。

提升文化战略定力是文化创新创造活力的基础。坚持马克思主义在意识形态领域为指导地位的根本制度，为中国特色社会主义文化建设提供了战略定力。全面贯彻落实习近平新时代中国特色社会主义思想，健全用党的创新理论武装全党、教育人民工作体系，是当代中国文化建设的主心骨，是中华民族文化自信的首要来源。习近平新时代中国特色社会主义思想是中国共产党治国理念的集中体现。长期以来，我们党团结带领人民，不断探索实践，勇于改革创新，形成和发展党的领导以及政治、经济、文化、社会、生态文明、军事、外事等各方面制度。党的十八大以来，我们党领导人民统筹推进"五位一体"总体布局，协调推进"四个全面"战略布局，推动中国特色社会主义制度更加完善、国家治理体系和治理能力现代化水平明显提高。这一整套政治制度和治国理念，是实现中华民族伟大复兴的根本保证，是中华民族文化建设的灵魂。

提升文化价值引导力是文化创新创造的首要目标。坚持以社会主义核心价值观引领文化建设制度，提升文化的价值引导力，为中国梦的实现提供强大的精神动力，是中国文化建设的首要目标。坚定文化自信，牢牢把握社会主义先进文化前进方向，广泛凝聚人民精神力量，激发全民族文化创造活力，构筑中国精神和中国价值，形成中国力量，是当代文化建设的根本任务。中国文化产业的高质量发展，必须以提升文化产品和文化服务的价值引导力为

---

[*] 文章原载于《红旗文稿》2020 年第 7 期，收入本书时，略有删改。

目标。对文化产业发展质量的评价，可以从文化产品的市场竞争力、社会影响力和价值引导力三个层面展开。在市场竞争力层面，侧重于覆盖率、到达率和市场占有率等指标。在社会影响力层面，侧重对文化内容欢迎度进行测评，通过需求偏好、用户黏性等指标来测评消费者对文化产品的态度和效果。在价值引导力层面，最主要是要看文化产品对消费者的行为方式改变的影响。文化传播效果的测度，最终要看文化内容接受者对社会主义核心价值观、对中华优秀传统文化的认同度以及其行为方式（包括交往行为、消费行为、生活习惯等方面）的变化。在我国的出口文化产品中，缺少以内容为核心的产品，电影电视剧等视听产品和音乐类录音制品所占比例很小，反映了我国文化产业在创意性、思想性、感染力、影响力和价值引导力方面严重不足。面对新形势，我国应积极调整战略，促进中国对外文化贸易从注重产品贸易向注重文化服务贸易转变，从注重市场占有率向注重国际社会价值引导力转变。

增强文化市场活力是文化创新创造的必然选择。一个活力迸发的市场是文化产业健康发展的前提，也是文化创新创造的基础。建立健全的，把社会效益放在首位、社会效益和经济效益相统一的文化创作生产体制机制，是增强文化市场活力的必要途径。增强文化市场活力，首先要遵循社会主义先进文化发展规律，满足社会主义市场经济要求，深化文化体制改革，加快完善有利于激发文化创新创造活力的文化管理体制和生产经营机制。党的十八大以来，随着文化体制改革的不断深化，文化市场活力得到全面释放。新一轮的改革以简政放权为特征，加快转变文化行政部门职能，使市场在资源配置中起决定性作用，更好地发挥了政府作用；鼓励各类市场主体公平竞争，优胜劣汰，促进文化资源在全国范围内流动，不断建立健全文化市场体系；不断深化文化金融合作，文化企业跨地区、跨行业、跨所有制并购重组持续升温，文化资本市场更加活跃；鼓励文化和旅游产业相结合，激发了新的产业动能。

文化市场的活力来自市场主体。建立健全的现代文化产业体系和市场体系，首先要积极培育具有创新活力的文化市场主体。激发文化市场的活力就是要激发企业的活力，要从根本上认识到企业主体在文化市场上的重要作用，把企业作为市场的主体进行培育和扶持。文化产业区别于一般产业的显著特征是中小微企业构成了产业主体，是产业的主要支撑。中小微企业是一个国家或一个地区的文化创意产业的生力军，许多大企业也都是由中小企业发展壮大和兼并重组而成的。一个健全的文化市场应具有大中小企业齐头并进的格局。应把对中小企业的支持放在重要地位，为它们创造良好的成长环境，通过孵化支持，助力中小企业的成长。激发文化市场的活力，需要充分利用现代信息技术，发展新型文化业态。当前，数字经济已成为推动经济和社会持续转型的重要力量，引起各国政府的高度重视。随着传统产业的数字化转型，数字技术在医疗、农业和城市管理等领域正得到创新融合应用。数字革命深刻改变就业市场 ICT（信息及通信技术）投资，会导致在制造业、商业服务和贸易、交通和住宿方面的劳动力需求下降，而在文化、娱乐和其他服务建设方面的需求出现增长。

推动构建人类命运共同体，增强中华文化国际影响力。"人类命运共同体"包含相互依存的国际权力观、共同利益观、可持续发展观和全球治理观，集中体现在外交、经贸、人文等多个领域，拥有悠久的历史内涵、深切的现实关怀和坚定的未来愿景，必将对人类社会的互联互通、全球传播的新格局、文明交往的新话语注入源源不竭的思想动能。当前，人类社会前所未有地联结在一起，世界各国的相互依存度全面提高，世界的话语方式也发生了深刻的变化。走向"共同体时代"，中国发展经验得到更多国家的认可，人们开始思考"世界演进方式的丰富性"。"人类命运共同体"意识作为中国智慧和人类情怀的理论结晶，为文明和文化之间的平等对话和交流打开了"通路"。在推动构建人类命运共同体过程中，中华文化国际影响力将日益得到提升和拓展。

第五章　国际文化市场研究

第一节　多维视野下的国际电视节目市场——西方国际电视节目贸易研究综述[*]

从 20 世纪 70 年代开始，国际电视节目市场上形成了美国的电视节目向其他国家的单边"流动"。对于这种"美国支配"，西方学术界的观点可被归结为以下两大类：一类是从意识形态视角出发得出的观点，这类观点所关注的问题是媒介帝国主义、美国霸权问题，所持的基本上是一种"谴责话语"；另一类是社会科学的观点，主要关注的是经济模型和观众偏好问题。我国学者对第一类观点较为熟悉，对第二类观点则基本上没有关注。本节对这两派的学术观点进行了梳理，重点介绍了至今仍有广泛影响的三种分析国际电视节目贸易的经济模型。进入 21 世纪以来，西方学者对于国际电视节目市场的研究发生了较大的变化，由理论层面转向实际层面，更加注重对于国际电视节目市场的商业功能和文化功能的研究。西方学者的研究局限，主要在于他们基本上没有关注对于区域性电视节目市场的研究。

严重的文化贸易逆差已经构成我国参与国际文化经济竞争的一个"软肋"，而在文化贸易中电影、电视节目的贸易更是我们的弱项。因此，我们必须大力发展对外文化贸易，抓好文化产品的"走出去"工程。国家广电总局

---

[*] 文章原载于《现代传播（中国传媒大学学报）》2004 年第 6 期，收入本书时，略有删改。

等部门已经设立了"走出去"工程办公室。要做好这项工作,我们就必须对国际文化贸易的现状、问题、规律以及技术问题进行研究,从而做到知己知彼。但实际上,我们对国际文化市场的惯例和规则知之甚少。希望本节内容能起到抛砖引玉的作用,吸引更多的学者来关注国际电视节目市场并对其进行研究。

一、意识形态学派与社会科学视角

20世纪70年代以来,美国在国际媒介集团的角逐中长期处于领先地位的事实引起了传播学界许多学者的争论。1974年,卡拉·诺顿斯登(Kaarle Nordenstreng)和塔皮奥·瓦里斯(Tapio Varis)进行的研究指出了在国际电视节目市场上,美国的电视节目发行商具有突出的优势。在电视节目贸易上,美国和世界上其他国家之间的关系,是一种单边关系:美国的电视节目向其他国家的单边流动,是世界电视节目流动的基本模式。[1] 虽然也有学者指出,进入20世纪90年代,国际社会对美国电视节目的依赖度在降低,但对于美国电视节目在世界电视市场上的统治地位,几乎没有人怀疑。大家所争论的焦点在于美国娱乐产品在国际上占据支配地位的原因是什么。对于这个问题,梳理所有观点,总的看来可以将其归结为以下两大类:一类是从意识形态视角出发得出的观点,这类观点所关注的问题是媒介帝国主义、美国霸权问题,所持的基本上是一种"谴责话语"[2];另一类观点是社会科学的观点,主要关注的是经济模型和观众偏好问题。我国学者对第一类观点较为熟悉,对第二类观点则基本上没有关注。因此,我们不打算在此对第一类观点进行过多介绍,而是把重点集中在对于社会科学视角研究的评述,特别是后者所经常使用的经济模型。

持批判观点的学者建立起了"文化帝国主义"的论述主题,这方面的学

---

[1] NORDENSTRENG K, VARIS T. Television traffic: a one-way street? A survey and analysis of the international flow of television programme material[M].Paris: UNESCO, 1974: 70.

[2] MAHAMDI Y. Television, globalization, and cultural hegemony: the evolution and structure of international television [D].Austin: The University of Texas at Austin, 1992.

者有奥利弗·博伊德-巴雷特（Olive Boyd-Barrett）、①塞斯·汉默林克（Cees Hamelink）、②阿芒·马特拉（Armand Mattelart）③、赫伯特·席勒（Herbert Schiller）④，他们或者直接论述文化帝国主义主题，或者从文化帝国主义的主题引申出一个变种，但有一个共同点就是他们都质疑美国的电视节目国际发行商和美国的跨国媒介集团在把电视节目销到国际市场上去时的动机。文化帝国主义论的阵营里既有马克思主义者也有非马克思主义者，其论点不是一个论调，不是"铁板"一块。比如，赫伯特·席勒认为美国跨国公司故意消灭地方文化，灌输美国文化，为了促销美国商品和服务。对于这样一种观点，有些学者不认同，有些学者甚至完全反对。但无论如何，这派学者之间还是有许多相似之处的。而且，他们在国际文化交流的争论中作出了重要的贡献。亚希亚·穆罕默迪（Yahia Mahamdi）认为，这一派学者，指出了意识形态和文化支配的一些机制，并且把国际媒体交流这一问题放到世界政治的背景上来讨论，使这一问题的讨论有了一个更为开阔的视野。⑤然而，科林·柔池（Colleen Roach）却认为，虽然文化帝国主义学说对今天的传播学研究已没有多大贡献，但它也没有完全失去支持者。⑥

　　意识形态学派确实存在过于简单化的倾向，并且受到了许多传播学研究者的批评。对于美国在国际电视节目交流中的支配地位，许多传播学研究者采取了社会科学的解释方法。虽然采取社会科学研究方法的学者们都不赞成媒体帝国主义的观点，但这些学者之间也是有所区别的。我们可以把这派学

---

① BARRETT B. Media imperialism: towards an international framework for the analysis of media systems [J]. Mass communication and society, 1977, 116 (135): 297-314.

② HAMELINK C.Cultural autonomy in global communications [M].New York: Longman, 1983.

③ 马特拉.世界传播与文化霸权：思想与战略的历史 [M].陈卫星，译.北京：中央编译出版社，2001.

④ GERBNER G. The cultural arms of the corporate establishment: reflections on the work of Herbert Schiller [J]. Journal of broadcasting & electronic media, 2001, 45 (1): 186-190.

⑤ MAHAMDI Y. Television, globalization, and cultural hegemony: the evolution and structure of international television [D].Austin: The University of Texas at Austin, 1992.

⑥ ROACH C. Cultural imperialism and resistance in media theory and literary theory [J]. Media, culture & society, 1997, 19 (1): 47-66.

者分为两类，第一类学者在经济学视野之外也容纳非经济学的解释因素，第二类学者采用特定的经济学观点或经济学模型来为美国在国际电视节目市场的支配地位进行辩护。第一类学者认为，新的传播技术的发展会改变国际电视节目流动的不平衡性。特雷西·米歇尔（Tracey Michael）[1]对全球电视消费进行了研究，就消费趣味来讨论这一问题。约瑟夫·D.斯特巴尔（Joseph D. Straubhaar）[2]认为进口电视节目的数量会随着国与国之间相互依存但不对称的经济、政治与文化的相互关系而变化。第二类学者的典型代表有霍斯金、麦若斯、沃特曼、威尔德曼、西维克等人。他们把这一问题的讨论放在经济学的框架之内，认为国际电视节目的单向流动是自由市场力量造成的。自由市场力量为经济大国提供了比较优势，使他们能够在与小国的竞争中占据有利地位。这些学者已经建立起一套经济学模型来解释为什么美国的发行商会在国际电视节目市场的竞争中取胜。但是，这些模型都还是理论上的，没有经过实证研究的检验。

较早进行这方面实证研究的是米歇尔·杜培恩和大卫·沃特曼合著的《西欧进口电视剧的决定因素》[3]假设一个国家的国内生产总值越高，或者这个国家的广播电视基础设施规模越大，这个国家从美国进口电视节目的比例就越低；相反，如果一个国家国内生产总值越小，或者其广播电视基础设施规模越小，这个国家从美国进口电视节目的比例就越大。他们的研究证明了这一假设，另外，他们的研究还发现私营电视台的比例也是一个重要的参数。电视节目配额的存在与进口比例不相关，进口国是否为英语国家也与进口美国电视节目的比例没有关系。

---

[1] MICHAEL T. Popular culture and the economics of global television[J]. Intermedia, 1988, 16(8): 9–25.
[2] STRAUBHAAR J D. Beyond media imperialism: assymetrical interdependence and cultural proximity[J]. Critical studies in media communication, 1991, 8: 39–59.
[3] DUPAGNE M, WATERMAN D. Determinants of US television fiction imports in Western Europe [J].Journal of broadcasting & electronic media, 1998, 42（2）: 208–220.

二、国际电视节目贸易的经济学模型

1988 年,西方学术界发表了三种近似的经济模型。这三种模型奠定了西方学术界关于国际文化贸易研究的基本范式,直到今天仍然具有广泛影响。

第一个是威尔德曼和西维克的模型。这两个人的模型解释了国际电视节目贸易的模式和在国际媒介集团市场竞争中美国产品为什么会占据优势地位。他们最基本的理论是,在相对较大或较为富裕的国家,或者是属于共同语言圈的国家,对电影以及其他形式的音像节目生产的投资有较大的吸引力和动机。因此,较大规模的投资,会使其所生产的影视节目对观众来说具有较大的内在吸引力,也就会使其生产者在国际竞争中具有比较明显的优势。①

第二个模型是霍斯金和麦若斯创立的。他们两个所采取的角度稍有不同。他们不仅仅就国内市场的规模而且还用所谓"文化折扣"来解释美国在国际电视节目市场上的支配地位。如果一个电视节目让观众感到难以从文化上加以认同,这个节目对观众的吸引力就会减弱。

他们把文化折扣的概念运用到美国出口到国际市场上的电视节目,就美国价值观、配音和字幕等问题分析了美国电视节目在国外的"文化折扣",指出美国电视节目在海外所遭遇的"文化折扣"比来自其他国家的电视节目要小得多。美国电视节目生产商依靠好莱坞的传统影响,能够生产出大量高水平的制作,去迎合最广大的观众群。因此,对于外国观众来说,与从其他国家进口的电视节目相比,美国的影视节目更具有吸引力。②

第三个模型是沃特曼的模型。他的模型也建立在国内市场规模之上,而且包含了"文化折扣"的尺度。然而他的模型重点在于分析生产投资决策和节目出口国影视产业的国内基础设施规模,以及该国的国内生产总值和人口

---

① 参阅李怀亮《论国际文化贸易的现状、问题和对策》(《首都师范大学学报(社会科学版)》2003 年第 2 期)一文中对威尔德曼和西维克观点的介绍。
② HOSKINS C, MIRUS R, ROZEBOON W.US television programs in the international market: unfair pricing? [J]. Journal of communication, 1989, 39(2): 55-75.

等因素。一个国家向影视产业投入的经济资源越多，这个国家的制片商在世界电视节目市场上的竞争优势就越明显。①

上面这三种关于国际电视节目贸易的经济学分析模型，都包含了这样两种假设。

第一种假设：所有其他条件相同的情况下，比如说，不论国外节目还是国内节目都能够满足供应，各国都有充足的资金用于电视剧的生产制作。在这种情况下，和进口电视剧相比，观众更倾向于观看国产电视剧。也就是说，观众对说他们母语的电视剧，对那些当地生产的电视剧，或对那些文化上有亲缘关系或较为接近的电视剧，更情有独钟。比如，讲法语的比利时人就较为喜欢看法国的电视节目，讲德语的瑞士人会更喜欢德国的电视节目。不管是翻译也好，字幕也好，配音也好，都会构成一种"文化折扣"，从而减弱外国节目对本土观众的吸引力。持这种观点的学者包括普尔、斯特巴尔、特雷西以及威尔德曼和西维克。然而，这一假设也受到了一些学者的指责，认为它是不能成立的。比如赖特·米尔斯（Wright Mills）就指出，总体上来说，从美国或其他国家进口的电视剧特别受欢迎，尤其在本国拍摄不出娱乐性很强或者有其他特殊价值的电视剧的情况下就更是如此。另外一位学者乌尔夫·乔纳斯·比约克（Ulf Jonas Björk），也曾经指出这样一个事实：在瑞典，当地人宁愿看美国进口的电视剧也不愿意看瑞典本国生产的其他类型电视节目。这一情况并非只有瑞典存在，在整个欧洲，人们都宁愿看非本国生产的娱乐性节目，也不愿看本国生产的科教类节目。②

第二种假设：所有其他条件相同的情况下，比如说，不论进口节目是从哪个国家来的，所有投资大的制作都会比小制作更具有吸引力。一般来讲，低成本的制作在收视率和票房收入上，肯定比不过高成本的大片。如果制片人资金充足，他就可以花高价聘请一流的演员、导演和编剧，采用更好的设

---

① WATERMAN D.World television trade: the economic effects of privatization and new technology [J]. Telecommunications policy, 1988, 12 (2): 141-151.

② BJÖRK U J.Nordvision on Swedish television: the rise and decline of a regional program exchange [J].Scandinavian studies, 1998, 70 (3): 325-336.

备,制作更好的特技效果,从而增强节目的吸引力。

到目前为止,这些经济模型的相关的系统的实证研究还不多见。1994年,沃特曼和罗杰斯对9个东亚国家的进口节目进行了统计调查,并进行了比较系统的分析,研究的结果再次证明了这一理论:一个国家的国内生产总值或者该国的广播电视基础设施越大,国产节目的比例也就越大,对进口美国节目的依赖度也就越低,特别是连续剧。然而,这两位作者也指出,这9个国家的34个电视台进口美国节目的比例平均是20%,相对来说比较低。[①]

从上面的综述我们可以发现,美国学者对国际文化贸易研究的视野基本上局限于"美国支配"这一问题,围绕这一问题来建立各种分析模型。这些分析模型的基本目的是解释"美国支配"的原因,而对于其他国家之间电视节目贸易的问题和规律,基本没有涉及。比如各欧洲国家之间的贸易关系和各亚洲国家之间的贸易关系,虽然在国际文化贸易中不占最主要的地位,但还是不可忽视的。比如日本的动画节目,韩国的电影、电视连续剧等在亚洲国家都有相当数量的贸易额。中国学者除了对全球性电视节目市场的研究,还应该重视区域性的电视节目市场研究。对于西方学者所建立的三种经济学分析模型,既要充分利用,也应当积极发展。

还有一个现象是,德克萨斯大学的斯特巴尔教授、密歇根州立大学的威尔德曼教授、迈阿密大学的杜培恩教授和印第安纳大学的沃特曼教授等这一领域的代表性人物,目前对于这一问题的研究明显减少。这从一个方面表明,对于国际电视节目贸易的研究需要进一步深化、具体化,研究的范围需要进一步扩大。2003年,我们看到了对国际电视节目贸易市场进行具体、细致研究的论文。当然,这种文章不多见,是不是代表了国际电视节目贸易研究的一种新的转向,还不能妄下断语。但是,这毕竟是一种可喜的现象。

---

① WATERMAN D, ROGERS E M.The economics of television program production and trade in Far East Asia[J].Journal of communication, 1994, 44(3): 89-111.

三、对全球性电视节目贸易市场的研究

有三种类型的国际电视节目交易会：第一种是全球性的电视节目交易会，包括所有类型的节目和来自世界各地的参加者；第二种是地区性的博览会，主要是来自本地区的发行商向国际买主推介他们的产品；第三种是某一特定类型的节目交易会，参展节目集中在某一特定节目类型上，如纪录片。另外，有些国际性的电影节上也进行电影的电视节目改编权的交易。我们今天所讨论的话题集中在全球性的电视节目交易会上。

MIP-TV 在每年春天举行，是全球最主要的电视节目市场。这个市场创立于 1963 年，当初主要作为美国发行商和欧洲买主进行交易的地方，现在已经成为真正意义上的全球电视界的重要事件。在过去的十几年中，每年都有来自 100 多个国家和地区的电视节目公司和电视台参加 MIP-TV，充分说明了该电视节的国际性。另外，1994—2004 年，参加交易的电视公司的数量增加了大约 20%，反映了国际电视节目贸易的增长和 MIP-TV 在国际电视节目贸易中的重要地位。对于许多发行商和卖主来说，MIP-TV 是他们唯一能够参加的国际性重要展销会，相对来说，参加 MIP-TV 的费用较低。好莱坞的大公司曾经一度从 MIP-TV 撤出，但从 20 世纪 90 年代末开始，好莱坞的制片商们又重新开始对 MIP-TV 产生兴趣。因为春天正好是美国电视台替换节目的档期。美国的电视网从 1 月开始播出的电视剧一般到这个时候都要结束了，要有新的电视剧来替换。于是好莱坞的制片商们就把这些节目带到 MIP-TV，同步推向美国以外的国际节目市场。美国参展商所缴纳的参展费用对于 MIP-TV 来说是至关重要的。MIP-TV 的主办者 Reed-Midem 公司，想尽办法来吸引好莱坞的顾客。尽管该公司的总裁泽维尔·罗伊（Xavier Roy）先生曾说过"即使没有美国的大公司参加，MIP-TV 也照样会繁荣兴旺"[1] 这样的话，但他

---

[1] STEVE B.MIP-TV fights for its future: riviera mart vows to press on even if Hollywood bails out ［N］. The Hollywood reporter，1999-04-20（357）.

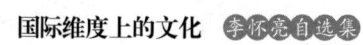

也不得不承认"他们的需求在变化,因为市场在变化,而我们必须使我们的展销会适应这种变化"。①

NATPE 也创立于 1963 年,不过创立之初仅仅是作为美国国内的业内同行之间的节目交易场所。然而,近年来,前来参加这一交易会的国际代表团越来越多,以至于有些美国国内的发行商抱怨说,这个展销会太拥挤了,已经起不到它应起的作用了。2002 年,许多美国国内的重要发行商没有参加该展销会,这一事件在美国电视界引起了巨大的争论。人们开始怀疑这个电视节目博览会还有没有用?特别是美国大型媒介集团和地方电视台的产权合并,更是加剧了人们的疑虑。数百家美国国内电视台每年都从十几家大型媒介集团购买大量的电视节目,自从 1996 年美国联邦电信法关于所有权的管制松动,大型媒介集团大量兼并地方电视台,兼并之后,电视台的数量锐减,电视节目的交易迅速集中,在几个大公司的办公室就可进行。然而,虽然国内的媒介集团大举进行产权合并,但是国际电视节目的生意越来越红火,例如,在 2002 年的 NATPE 交易会上,美国国内发行商的国际业务部门充分发挥了威力,极为风光。2002 年,NATPE 的发展充分说明电视节目的国际贸易已经成为国际媒介集团独立的、具有巨大利润空间的部门。

MIPCOM 创办于 1985 年,每年秋天在法国的戛纳举行,人们习惯于把这个展销会看成 MIP-TV 的小兄弟。它的参加者与 MIP-TV 基本相同。1992 年到 2000 年,MIPCOM 的参加者增长了 50% 多。MIPCOM 参加人数的急剧增长与国际电视节目贸易的迅速增长是一致的,说明国际电视节目贸易与节目博览会之间是"鱼水"的关系。和 MIP-TV 相比,MIPCOM 更注重于美国和欧洲电视节目的交流,因为大制片厂有较为完整的收视率资料,他们可以用这些资料来说明他们的新节目会同样流行。另外,MIPCOM 的创立再次说明西方电视节目和西方的电视机构支配了国际电视节目贸易。虽然好莱坞八大公司的买卖主要在每年 5 月份举行的地区性的洛杉矶展映会上进行,那里

---

① STEVE B.MIP-TV may fall off USA-list: timing and belt tightening reduce studios' interest in cannes market [N].The Hollywood reporter, 1999-03-30(357).

有他们最主要的客户，在那里他们签订了大单合同，但毕竟他们的节目不会在洛杉矶的一次交易会上全部售出，剩下的节目仍须找到买主。MIPCOM 就为他们提供了这样一个场所，因为那里有大量不去出席洛杉矶交易会的中小客户。

虽然国际电视博览会在国际媒介集团的运行中起着重要的作用，但是它们还没有引起媒介研究者的重视。研究国际电视贸易的学者习惯上都把注意力放在电视的跨国界流动以及贸易经济学上。对电视节目在全球范围内流动情况的研究几乎都是在证明来自美国的电视节目支配了世界的电视屏幕。当然，也有一些学者注意到了地区性电视节目制造商的重要性，看到国际电视贸易对美国进口电视节目的依赖正在减弱。如迪本斯、诺登斯仲、万瑞斯、帕特森、特雷西、沃特曼等人的研究在这方面都很有代表性。虽然这些研究说明了国际电视节目贸易的整体特征，但并没有接触到国际电视节目贸易的商业实践。

同时，西方主流经济学家和马克思主义经济学家都已经对有关国际电视贸易的特征、逻辑和政策等问题分别进行了深入细致的研究。比如阿雷恩、杜培恩、沃特曼、赫尔曼、霍斯金、马特拉、威尔德曼和西维克等人的研究证明美国国内市场的规模大、节目制作的数量多以及从美国进口电视节目比当地生产制作成本相对低廉等优势确立了美国电视节目在世界范围内的支配地位。同时有一些经济学家指出，世界范围内的电视市场一边倒的倾向在逐步减弱，国与国之间的相互依赖性变得越来越重要。这些经济学家所做的工作对于电视节目的贸易研究来说，都是重要的贡献。但是，的确还没有经济学家对国际电视节目博览会进行过专门的研究分析。只有杜培恩、辛克莱等人在他们的论文或著作中简单地提到过国际电视博览会，到 2004 年为止只有一篇专门讨论国际电视博览会的论文，即穆罕默迪 1992 年发表的《电视、全球化和义化霸权：国际电视的结构与演进》一文。[①] 可以说，对丁国际电视博览会的专门研究，还是一个盲区。因此，我们对国际电视贸易中具体

---

① MAHAMDI Y. Television, globalization, and cultural hegemony: the evolution and structure of international television [D]. Austin: The University of Texas at Austin, 1992.

的、实践层面的东西知之甚少。个别媒体学家对国际电视贸易中的商业实践进行过研究，但这种研究仍然是比较理论化的。比如斯考特·罗伯特·奥尔森（Scott Robert Olson）曾把文化研究和管理理论结合起来，对美国电视市场的多样性进行过研究，从竞争力和地理分布的角度对美国国内电视产业进行分析，得出的结论是美国的影视节目在文化上是最为"透明的"，这种"透明性"使其文化产品容易穿越国界，取得国际市场的成功。① 奥尔森的主要兴趣在于对美国文化"透明性"的符号学研究，而产业和商业层面的考虑在他的研究中并不占有突出位置。

和上述学者相比，有学者对于国际电视贸易商业层面上的研究比较深入，探讨了国际电视节目流动的多种形式、不同形式贸易背后的商业交易的类型、购买者的趣味和选择等。在对 MIP-TV 的专业人士进行深入调查访问的基础上，有学者较为清晰地描绘出了国际电视贸易博览会的商业交易情况。但由于他们主要的兴趣在于用国际电视博览会的例子来印证主流经济学家们对于国际电视贸易中的不平等、不公正的论述，所以他们没有对 MIP-TV 本身进行任何详细的论述。

各种行业贸易展有一些共同的特征。管理和市场研究者们对行业贸易展的共同现象进行了研究，比如探讨公司怎样通过贸易展来达到自己的目的。在商业界，不论各行各业，其对贸易展的利用基本上都是相同的。由于影响购买决策的因素比较复杂，贸易展览会究竟会起到多大的作用不好用量化的指标来衡量，但大多数研究者们仍然认为贸易博览会不失为一种有效的工具。因为贸易博览会提供的各种前销售和非销售机会，可能会对买主未来的购买决策起到关键性作用，特别是对于那种较为复杂的购买决策来说更是如此。起码来说，在贸易博览会上，有四种非销售行为是非常重要的：建立和巩固与买主的关系、收集行业发展和竞争者的信息、引起人们对于自己新产品的注意、创立并保持自己公司的形象。另外，贸易博览会在文化上的作用非常

---

① OLSON S R. Hollywood planet: global media and the competitive advantage of narrative transparency [M]. Mahwah, N.J.: Lawrence Erlbaum Associates, 1999.

大，如建立参加者的文化身份，使他们在商业文化上得到指导和锻炼，培养他们对于产业运作的共同理念等。

蒂莫西·海文（Timothy Havens）的《展示全球电视：论全球电视博览会的商业与文化功能》一文①，对上述三个国际电视节目博览会进行了较为深入的探讨。蒂莫西指出，全球性电视节目博览会的商业和文化功能包括：①在国际电视节目的销售中，人际关系是十分重要的，买卖双方需要经常接触、及时沟通。全球电视节目博览会为这种即时的沟通创造重要的平台。全球电视博览会在商业上最大的作用也许就是提供买卖双方经理们之间的这种关系网。②制造"议论"。营造关系网之外，发行商、销售商们还想方设法使人们对他们的节目产生兴趣，并让人们激动起来。方法之一就是聚谈和制造"议论"。聚谈的形式多种多样，从销售柜台前领取免费样品时三五成群的聚谈，到在郊外城堡中举行的非请莫入的高消费黄昏晚宴。通过这种聚谈，生产商们把他们的竞争者排除在了外面，实际上，在这种聚谈中发行商们实现了他们的分众化促销策略。③全球电视节目博览会上的促销活动还有更重要的作用，那就是在国际电视界展示自己的公司品牌。下面我们要谈谈销售柜台的布置在构筑可识别的公司身份方面所起的作用，以及在国际电视界这种身份表达了怎样的文化差异。我们之所以讨论展柜的布置是因为在国际博览会上，展柜是一个公司表示自己身份与风格的最显而易见的明显标志，各个公司的促销活动会强化他们的展室和展柜所表达的这种身份和品牌。

发行商要使他们自己从众多的竞争者中凸显出来，最重要的手段就是形成和展示自己的品牌。一个具有吸引力的品牌会使发行商的产品增加附加值。在诸如国际电视交易会这样的市场上，商家云集，产品众多，一个发行商怎样让买主从众多的竞争产品中分辨出自己的产品呢？这时候，公司品牌就起到了重要的作用，品牌就是公司效益可持续增长的来源。在国际电视界建立公司品牌标识的策略有两个：一个是节目风格类型，另一个是民族身份。

---

① HAVENS T.The business and cultural functions of global television fairs［J］.Journal of broadcasting & electronic media，2010，47（1）：195–208.

全球电视节目交易会这一现象值得引起来自各种学科背景的媒体学者们的关注。媒体经济学家可以分析参加博览会的成本和利润，侧重经营的媒体经济学家可以对其展映活动进行研究，管理学家可以对交易会上的品牌策略进行案例研究，也可以对博览会上人际关系网的作用进行研究，媒体批评家从利用人类学的视角对博览会的商业文化进行分析。对于国际电视节目交易的文化差异问题，更值得我们进行深入的探讨，比如，我们可以对销售经理们怎样理解、克服文化差异进行专题研究。

总之，对国际电视节目博览会的研究，有助于我们更好地把握国际电视产业的运行规律，理解其奥秘，从而更快更好地走进国际电视市场。

第二节　FTA 与中韩影视产业合作新空间[*]

2015 年 12 月，中韩自由贸易协定（FTA）正式签订，将对中韩两国文化影视产业领域的合作产生深刻影响。在电影领域，两国更注重在技术、编剧、投资等方面的深层次合作；在电视剧领域，韩剧更注重在中国视频网站平台的内容输出；在综艺节目领域，将出现更多的中韩联合制作的电视节目。

20 世纪 90 年代韩国电视剧风靡中国开始，中韩文化产业之间经过了产品输出、服务输出、相互投资到商业存在设立等一系列过程。2015 年以来，韩国制作人纷纷在中国开办文化公司。如《花样姐姐》韩国组总导演李根昱在上海开办了"上海韩悦盛世文化传播有限公司"。该公司涉足文化媒体行业，以韩国资深电视制作人为企业代表，汇聚中韩两国电视业界精英，具备从前期研发到后期合成核心能力的国际化专业团队。韩国的媒体人罗英石、金英熙、金泰浩等，已经在"韩流"风口下和中国合作不断。中韩自由贸易协定签订以后，这样的公司还会更多。中韩自由贸易协定对两国文化产业领域的合作产生深刻广远的影响。

---

[*] 文章原载于《视听界》2016 年第 4 期，收入本书时，略有删改。

一、中韩自由贸易协定与上海自贸试验区负面清单的比较

对比中韩自由贸易协定与上海自贸试验区负面清单中有关文化政策可以看出以下变化：

（1）水平承诺。在《附件8-A-2 中方具体承诺减让表》最开始的水平承诺中强调"对于……许可中所列所有权、经营和活动范围的条件，将不会使之比中国加入世界贸易组织之日时更具限制性"，为整个政策文本奠定了限制更少、更加宽松的基调。

（2）视听服务。关于本项目，中韩自由贸易协定《中方具体承诺减让表》中仅提到了录像制品的分销服务和录音制品分销服务，"允许韩国服务提供者在不损害中国审查音像制品内容的权利的情况下，与中国合资伙伴设立合作企业，从事除电影外的音像制品的分销"，同时《附件8-C 电视剧纪录片动画片共同制作》强调了"缔约双方鼓励双方开展用于播放目的的电视剧、纪录片及动画片共同制作"。由于目前中韩自由贸易协定的负面清单会在以后的贸易谈判中逐步确定，现在还不能判断中国对上海自贸试验区负面清单中关于投资广播电视节目制作经营公司、投资设立和经营各级广播电台（站）、从事文化产品进口业务、在中国境内设立代理机构或编辑部等方面的限制是否会有所松动。

（3）电影制作、发行、放映。中韩自由贸易协定《中方具体承诺减让表》等相关的条款只涉及电影院服务方面，明确提出"允许韩国服务提供者建设和/或改造电影院"，但外资份额仍然不得超过49%，与上海自贸试验区负面清单中"电影院的建设、经营须由中方控股"规定一致。但是，《附件8-B 合作拍摄电影》单独细述了中韩自由贸易协定中关于中韩两国电影合作各方面的鼓励支持性政策，包括视为国产影片的授予权益、双方投入、入境便利、器材进口、电影发行、技术合作等，在双方投入方面，合作影片的创作投入和资金投入的比例都规定在20%—80%且计算资金投入时可将非现金投入包括在内，宽松程度和支持力度颇大。

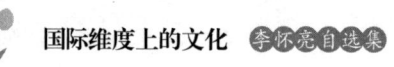

（4）文化娱乐。中韩自由贸易协定《中方具体承诺减让表》"允许韩国服务供应商与中国伙伴设立合资或契约式合资的演出经纪机构或演出场所企业。韩国投资不得超过49%。中方在契约式合资企业中享有决策权"与上海自贸试验区负面清单相符，未发生实质性变化。

二、电影领域：在技术、编剧、投资等方面深层次合作

2004年至2014年，中国内地引进的韩国电影只有20部，平均下来每年只有一两部。然而，中韩两国在电影领域的交流更多是通过合作拍片的方式实现的，两国的合作形式也随时间的推移和经验的增长而日趋丰富和深化。

早在2000年，由韩国导演金荣俊执导的《飞天舞》就邀请了韩国女星金喜善与中国演员王亚楠共同主演，影片的剧本虽然是根据韩国漫画改编，但故事的背景却是中国元朝，此片的成功也揭开了中韩电影合作的序幕。随后，中韩电影有了更频繁的合作，2001年崔岷植、张柏芝出演《白兰》；郑雨盛、章子怡出演《武士》；徐克、甄子丹、金素妍出演《七剑》；2005年金喜善、成龙合作《神话》；2006年刘德华、安圣基、崔始源出演《墨攻》等。不过，这个阶段的合拍方式还是以简单的演员输出模式为主，拍摄出来的影片在中韩两国的"文化折扣"明显，集中表现为本国导演编剧的影片在本国的票房表现更好，而在另一国则表现平平。

更深层次的合作由2008年冯小刚导演的《集结号》开启，该片邀请了韩国《太极旗飘扬》的特效团队，加深了两国电影行业的技术合作，2013年的《大明猩》采用了韩国的CG技术，打破了好莱坞的技术垄断。此后，随着"韩流"在中国影响力的日趋扩大以及中国电影市场的快速增长，中韩两国电影在技术、编剧、投资等领域的深层次合作也逐步开展起来，中方负责投资和招募演员，韩方负责提供电影剧本和制作团队，这样的合作模式成为中韩两国在电影领域合作的重要形式。以2008年的电影《女人不坏》为标志，大量的韩国编剧和导演开始与中国内地影视剧公司签约合作，翻拍已获成功的韩国影片在中国内地上映。2012年至2014年每年一部的《笔仙》三部曲、

2013 年的《分手合约》、2015 年《重返 20 岁》均属此类范畴。

近年来，韩国电影票房总量稳步增长，但总体上国内电影市场趋于饱和；与之相对应的是，中国电影市场正处于急速扩大增容的状态，而专业人才和优秀剧本十分匮乏。因此，中韩通过合拍片进行合作既满足了中方向韩方学习先进技术、提高影片质量的需求，也令韩方有机会在世界电影票房中重新占下一席之地，扩大韩国文化在海外的影响力，是双方实现互利共赢的重要手段。

三、电视剧领域：从电视到网络，期待未来合作

从 1993 年内地首次播出的韩剧《嫉妒》，到 2001 年央视配音引进的 83 集《澡堂老板家的男人们》，从 2002 年纯爱的《冬季恋歌》到 2005 年的历史剧《大长今》，韩剧进入中国内地已经超过 20 个年头。除了原版剧播映权的销售外，韩国电视台还与中国的影视公司建立了内容改编权的合作，出现了一批翻拍、改编韩剧的剧目。例如，由《蓝色生死恋》改编的《一不小心爱上你》，由《妻子的诱惑》改编的《回家的诱惑》等。这些原版韩剧和"韩国模式剧"带来的是韩国文化对中国"80 后""90 后"一代人思想观念的深刻影响。2005 年后，国家广电总局出台《境外电视节目引进、播出管理规定》（总局第 42 号令），限制了境外电视剧在国内电视台的播出总量（不得高于 25%）和播出时间（19：00—22：00 不得播出），加之韩剧出现了缺乏内容创新、情节千篇一律等不足，"韩流"在中国曾一度进入低潮期。近年来随着网络新媒体的兴起，韩剧通过与视频网站合作的方式顺利地绕过了广电总局的"限播令"，从传统电视平台逐渐转向更能吸引年轻受众的新兴网络视频平台，反而取得了比之前更好的收视表现。以搜狐视频、爱奇艺等为代表的视频网站，专门上线了高清韩剧频道，与韩国三大电视台同步更新最新出品的韩剧资源。

2014 年 11 月，国家广电总局出台了《关于进一步落实网上境外影视剧管理有关规定的通知》，规定从 2015 年起在视频网站上播出的境外影视剧，必须先依法提交审核，在取得许可证后才能播出，且境外影视剧不得超过总量

的30%。此项政策对于新出品韩剧的流行造成了一定的影响，但各家视频网站通过引进已播出完结的影视剧作为应对，并且参考电影合拍片的方式与韩国电视台开展类似的电视剧合拍工作。

四、综艺节目领域：深度合作引领未来

从2012年浙江卫视引进国外节目《中国好声音》开始，中国各家卫视之间的黄金时段收视比拼进入了引进国外节目模式的竞争阶段。从2013年起，以《我是歌手》《爸爸去哪儿》《奔跑吧兄弟》为代表的一系列韩国模式节目成为中国电视荧屏的收视主力。与欧美综艺节目着力展示名人嘉宾的"真性情"相比，韩国综艺节目多数走温情路线，善于展现日常生活中细节式的温暖，相对更容易被中国观众接受。与欧美节目方单纯出售节目制作宝典有所不同的是，韩国节目方希望以联合制作这一更具深度的合作方式对节目质量予以最大限度的保障，并尽可能地了解中国观众的收视品位、中国电视台的运作模式，为进一步扩展中国市场做好准备。在拍摄制作 Running Man 的中国版本《奔跑吧兄弟》时，浙江卫视和SBS电视台采取了混编团队的方法进行联合制作，最终呈现的中国版并不是对韩国原版的简单复制，在保留其中的精华特色的基础上，也有区别于原版的独特之处。利用微信、微博等新媒体终端对节目进行营销推广、拍摄贺岁档综艺电影也是除节目制作之外，我国电视从业人员亟须学习和提高的重要市场运作技能。不久的将来，单一的节目模式引进或将演变为中韩联合制作的合作方式，通过这种更接近观众的模式，韩国娱乐公司可以推广更多新人，中国电视台也可以从中获得从策划制作到营销推广等多方面的经验收益。

五、FTA为中韩文化产业合作提供了新的空间

（一）贸易模式多样化，资本、人才等要素流动更方便

从协定范围看，其涵盖了货物贸易、服务贸易、投资和规则等共17个

领域，这必然使得两国间文化沟通加强，交流合作新纽带得以加固。贸易协定加大了中韩娱乐文化市场的开放面，强化了文化娱乐产品版权保护的力度，为两国娱乐文化的长期交流与发展提供保障，也必然加大了对熟悉中韩两国文化的人才需求。

以双方合作拍摄电影为例，本次中韩自贸协定《附件 8-B 合作拍摄电影》为合拍电影所涉及的各方面提供了鼓励政策和贸易便利条件，并将各项单独列出，支持力度可谓空前，使得双方合拍电影中所涉及的资金资本、人才供给、文化资源、产品创意等各要素可以更加通畅地交流、应用与互补，从产业链上游为文化生产及贸易提供了新视野和新平台，进一步发挥中韩两国间的贸易和投资潜力，促进东亚生产网络的发展。

（二）价值链延伸，贸易新平台的建立促进国际产业的跨界融合

中韩自由贸易协定作为一项高水平、全面的新型合作协定，不仅包括传统的货物贸易自由化条款，还包括服务贸易条款和投资条款，以及更广泛的经济政策，如竞争政策、知识产权、电子商务、环境、经济合作等。协定签署后，中韩两国产业互补机会增多，两国将在产业对接升级方面实现更大面积融合。在过渡期中，优势产业可以提前准备，做好渠道和产品，以便蓄势待发，而一些敏感行业应抓住机遇，积极调整，以应对挑战。

相对于韩国的产业发展水平，我国影视产业总体水平还处于产业链的较低端，韩国企业在资本、技术和管理经验上都占有较为明显的优势。自贸试验区启动后，韩国在资本技术密集型产业上的优势将对我国相关产业发展造成压力，如化妆品、电子产品、橡胶及制品、机械产品等竞争性产业，对我国企业研发具有高附加值、高技术含量的产品提出更高的要求。中韩两国之间投资规模存在较大差距，我国对韩投资处于相对弱势地位。为充分利用自贸试验区建立机遇开发韩国市场，我国企业必然需要加大对韩投资力度，但韩国严格的市场准入条件要求我国企业的技术水平和产品标准进一步升级。中韩自贸试验区设立的目的是实现优势互补和产业合作融合。如何打造中韩经贸新格局，促进产业融合和转型升级，将成为地方政府面临的考验。

第三节　美国文化全球扩张和渗透背景下的百老汇*

在数字化时代，从产值或观众数量等方面看，戏剧演出已经无法与可以低成本大量复制的电影、电视、音频、视频、数字产品等现代大众娱乐形式相抗衡。但是，美国百老汇及其戏剧产业园以良好的市场机制及产业化运作，获得了经济效益和社会效益的双赢：在延续美国音乐剧繁荣的同时，不断继续着全球范围内的推广和扩张；在赢得巨大商业利益的同时，在世界范围内传播美国文化、精神及价值观。当然，它也直接为纽约这座城市的旅游、文化和经济发展作出了巨大贡献。

百老汇戏剧产业园区从1880年起到现今已有144年历史，其间经历了第一次和第二次世界大战。20世纪以来，新生代的崛起，摇滚乐等新文化的出现，广播、电影、电视、互联网等各种工程科技迅猛发展，其他各种体育娱乐活动的兴盛，都对百老汇戏剧产业产生过强烈冲击，也使其发展经历了两次兴衰起伏。

与不少人认为的音乐剧是枯燥呆板的没落艺术正好相反，百老汇音乐剧多年来一直散发着迷人魅力，并通过其演出剧目多角度地映射着美国人一直引以为豪的美国精神。每年有成千上万不同阶层、种族及职业的观众从世界各地专程为观赏百老汇的音乐剧、话剧、滑稽讽刺剧、歌舞剧等演出来到纽约，在美国戏剧文化中畅游的同时为纽约这座城市创造出10多亿美元的票房和无法具体统计的巨大的"长尾经济"效益。大家耳熟能详的《歌剧魅影》《音乐之声》《妈妈咪呀》《芝加哥》等音乐剧长期占据百老汇演出排行榜前列，有的甚至连续上演20多年，10,000多场。根据统计，百老汇音乐剧最受观众欢迎和推崇。

---

* 文章原载于《红旗文稿》2016年第13期，与葛欣航合作，收入本书时，略有删改。

一、美国文化的对外扩张和渗透

1997年，美国国会文件中提到了关于文化艺术发展的目标，提出了四点明确的指导思想：（1）帮助美国自我认同；（2）提高生活质量，促进经济的发展；（3）提高公民素质；（4）改进个人生活。①美国是聚集众多民族的移民国家，对移民国家来说，文化发展意味着城市文明和各种族凝聚力的提升，文化艺术正好能恰到好处地通过其特质使各种族移民和社会机构和谐相处、共同发展，在取得经济效益的同时实现社会效益。所以，政府对符合文化艺术发展目标和指导思想要求的文化活动和项目都会大力支持。另外，美国的传播政策，虽然没有声明要重建美国的世界领导地位，但美国政府的这一目标非常明确。近半个多世纪以来，美国国内的文化产业政策基本上是越来越放松管制，其理论基础是市场理论和多样化原则。虽然美国大众文化的全球性扩张在大多数情况下属于非政府部门的文化企业为巨额利润所驱动而进行的经营性活动，但在实际操作中日益受到政府的鼎力支持，尤其在对外宣传和文化贸易方面更与美国外交不可分割地联系在一起。

在美国政府支持和经济利益驱动下，美国文化产业的投资者大量向全世界投资，利用经济全球化大环境不断向别国输出带有美国标志的文化产品，在使经济全球化的红利涌向美国的同时，向世界各国传播美国的意识形态、价值观念和生活方式。正是因为文化所特有的这种潜移默化、润物无声的渗透性影响，让世界其他国家的民众在不知不觉中认同美国及其意识形态和价值观的可能性大大提高。同时，使美国的文化产业成为全球化程度最高的产业之一。

以获取巨大的商业利益为基础，以对其他国家进行意识形态渗透的全球对外文化战略为旨归，在美国政策、外交、媒体技术等多种因素的综合作用下，美国文化既在国内取得经济效益和社会效益的双赢，又在世界众多国家

---

① 黄发玉.纽约文化探微[M].北京：中央编译出版社，2003：113.

大行其道，让美国文化产品风靡全球。

百老汇在每个历史时期都向全世界展示着不同的魅力，并映射着与之相对应的美国精神：20 世纪 30 年代的《万事皆空》、40 年代的《俄克拉荷马》、60 年代的《芝加哥》、80 年代的《猫》、90 年代的《为你疯狂》和 21 世纪的《妈妈咪呀》等誉满全球。以这些时代标杆为代表的一系列百老汇的剧目和成功演出，带动着整个百老汇"剧院区"（theater district）的戏剧、演出、旅游、消费等众多文化产业，带动着纽约相关行业发展并提供了大量就业岗位，在经济效益和美国精神及文化传播两方面屡创佳绩。可以说，美国百老汇已毫无悬念地成为当今世界商业演出的典范之一，也成为美国文化对外扩张和渗透的重要旗帜。

二、百老汇的经济效益与社会效益

以 2014—2015 年度演出季为例，百老汇为纽约经济贡献了 125.7 亿美元，其中占大头的是超过 98 亿美元的、将百老汇作为去纽约旅游理由的游客的各种消费支出，仅剧院和演出团体制作演出的支出就为纽约提供了超过 27 亿美元的收入。

另外，单这一年度演出季，百老汇就为纽约提供了包括制作人、经理人员、导演、演员、舞台技工、票务、引座员、促销宣传、设计师、建筑工人以及与百老汇相关的食宿、交通、购物等相关的工作岗位约 90,000 个。事实上，每在剧院表演艺术上投入 1 美元，就能产生 4.3 倍的附加值。这 4.3 倍的附加值包括了游客在纽约的其他连带消费和随机消费、食宿交通消费、购买纪念品及服装饰品等衍生品消费。2015 年，纽约市常住人口约为 850 万人，游客却连续 6 年创新高，于 2015 年增至约 6000 万人。由百老汇剧院表演艺术增加的大量就业岗位和其对纽约市的经济发展及城市的文化内涵与品质的提升，无疑已使其成为纽约乃至美国经济发展的直接贡献者。

对于一个国家来说，文化产业除了在良好的市场机制下合理运作和经营以获得盈利这一目标外，其被赋予的更重要的职能和使命是争取社会效益和国家利益。国家利益、社会效益和经济效益是一个三维统一体。国家利益包括社会效益和经济效益,在一定条件下,社会效益和经济效益也可以相互转化。外百老汇和外外百老汇在追求社会效益的同时,间接地给社会带来了经济效益;百老汇的商演直接表现为经济效益,但它始终与国家利益和社会效益相伴相随。

  百老汇的存在和发展其实就是美国文化、意识形态及价值观传播、浸润和扩张的工具和载体,借助文化产业推广具有美国意识形态性质的文化产品,在全世界宣扬美国梦是美国政府的大政方针。更不用说社会效益与经济效益的并驾齐驱本来就是百老汇在美国及其市场经济中能够生存和发展的必要条件。很多时候,外百老汇和外外百老汇等非营利性质的机构票房收入并不能完全支撑其运营,表面上一直宣扬自由经济的美国市场本应该依照优胜劣汰的法则让其自生自灭。但事实是政府制定了一系列优惠政策对其进行扶持,许多私人企业家也慷慨解囊对其进行投资和捐款。对此,相关权威调查研究机构给出了以下分析:百老汇非营利和营利性的剧院在法律意义上有着根本区别,外百老汇和外外百老汇的机构或剧院具有公益性质,社会效益大于经济效益,其投资和资助费用一律免税,经营收益也可享受免税优惠。经营利润不允许分配,只能用于投入再生产,财务收支必须公开透明,社会公众可以通过www.guidestar.com(指南星网)直接查询所有非营利机构的收支状况。这些机构或剧院一旦破产,清算后的资产属于社会公共财产。营利性剧院的所有投入都是商业投资,每一笔经营都需要按照规定纳税,投资人按股本分红。从百老汇及美国其他文化产业一直以来的运营效果看,美国政府制定非营利政策以强调社会效益的初衷已经实现——政府对这个领域的直接投入已经逐步降低,民间与私人的参与和投资热情不断高涨,更多圆了美国梦的成功人士向非营利性演出机构捐款已不仅是因为减税免税优惠,而是因为他们希望体现自身价值,提升百老汇的社会效益,实现自己的精神追求。

  事实上,不管是否出于本意,但积极参与市场经济,在不断追求经济效益的同时努力促成社会效益最大化,尽可能地把美国的意识形态和价值观向全球每一个角落传播和渗透,是百老汇高质量生存和快速持续发展的秘诀之一，是其能够在一百多年誉满全球，几经时代大潮冲击而屹立不倒的法宝。

三、百老汇戏剧产业的管理机制

在美国戏剧行业的管理中，工会扮演着重要角色，百老汇当然也不例外。全国性的较大的美国戏剧工会包括：（1）演员工会；（2）舞台美术家工会；（3）导演和编舞家工会。

百老汇没有政府直属的管理部门。一般由百老汇联盟、百老汇协会、百老汇艺术家联盟、演员基金会、戏剧联盟等协会组织，对百老汇整条产业链上的各个环节进行切实有效的管理和保护。百老汇协会成立于1911年，是致力于发展西中城（包括百老汇剧院区）经济与文化的非营利性协会。其成员包括业主、大公司、酒店、广告商、工会、公民协会、剧院公司、开发商、银行、律师事务所、航空公司和出版商等。该协会与纽约其他人文及商业协会一同致力于提升百老汇戏剧区的服务水平，努力营造利于该区发展的良好氛围。百老汇联盟成立于1930年，作为一个全国性的演出市场交易和对外贸易的服务协会，其宗旨就是同剧院所有者和管理者一道致力于提升戏剧的商业利益，并和戏剧工会和其他协会组织就工资、福利保障、安全措施、休息时间等进行商讨谈判。

此外，百老汇联盟设立了百老汇粉丝俱乐部、百老汇绿色联盟及百老汇旅游等机构，旨在推动公益性事业、观众拓展以及旅游演出事宜。百老汇联盟还特别构建了百老汇相关信息的线上数据库，数据库中可以轻松查询百老汇纽约本地及海外巡演所涉及的剧目、剧院、角色、歌曲、获奖情况、政策等诸多信息。数据库还会统计百老汇每周的票房情况和上座率等。

百老汇戏剧演艺产业能够在市场化条件下坚守、生存、扩张且不断发展的一个重要前提是，法律在行业治理中发挥着举足轻重的作用。百老汇尊重法律、运用法律并且受到法律的全方位保护。美国在法规政策上给予了戏剧演艺业大力支持，一系列法规在保障和促进美国包括百老汇在内的商演及非营利艺术组织的繁荣和可持续发展方面功不可没。可以毫不夸张地说，没有相关法律与政策的支持就不会有美国演艺业与百老汇今天的创新、发展、扩张和繁荣。

因为版权得到法律严格的保护，业内人士也都非常注重版权保护，迄今为止，百老汇上演的剧目还没出现严重的盗版情况，版权之间的交易严格按照法律程序进行。艺术家可以心无旁骛地专心创作，不用担心自己的作品被盗版，心血付诸东流。

剧目的制作人是剧目生产制作的最顶端环节，他必须与剧场、保险公司、工会、营销宣传公司、票务公司等签订有法律保障的各种契约，与编导、演员等签订演出合同。尽管百老汇戏剧产业的从业人员签的都是单独合约，但每个行业都有自己的工会，相关行业工会会代表个人与资方谈判，维护他们的利益。

四、百老汇戏剧产业的运营模式

在百老汇整条产业链的资源配置中，不仅位于演艺产业链下游的剧院分布集中，其上游的剧目策划、资金筹措和投资选择，中游的演职员培训、票房营销方式及渠道，相关衍生产品的设计、制作、销售等都按照社会化规模生产。整条产业链由一大批专业化公司分工负责，每一个环节的业务都会由专业化公司中的一家或几家承接，而负责某一环节的公司又会与其产业链上游或下游的公司签订短期或长期协议进行合作。

这就使得剧院可以选择有实力的制作公司签订剧目，制作方可以签约心仪的创作班子或成员，演员可以选择制作人签演出合同，而大批专业自由人可以选择与不同公司和戏剧项目组签约，形成一个合理的金字塔式的产业结构。这大大降低了演艺企业的运营成本，为百老汇取得更好的经济效益和社会效益奠定了基础。

外百老汇和外外百老汇的非营利剧目及演出是美国戏剧演艺业繁荣发展的重要组成部分，百老汇戏剧产业能够发展到今天，得益于外百老汇和外外百老汇上众多非营利性剧团的蓬勃发展，大量优秀剧目和演艺人才都是在非营利剧里被发现后最终站上百老汇的商业舞台，美国在政策法规上也给予其较大力度的支持。

随着时间的推移和市场化进程的加速，百老汇中的商业剧院与非营利性剧团不再像最初那样泾渭分明，而是共同合作，开发出了符合市场要求，降低运营成本和风险的商业化与非营利相结合的运作模式。该模式主要包括以商业剧院为主体的三种形式：设立非营利性机构、联合非营利性剧院和投资非营利性剧院的实验剧。

以百老汇演出市场三大寡头之一的舒伯特集团为例，舒伯特集团是美国百老汇最大的剧场集团，除了在百老汇的17家剧院外，它在外百老汇、华盛顿特区、波士顿、费城都拥有剧院，并且其下属的舒伯特票务公司在美国互联网票务中位居第二。其一直致力于美国戏剧演艺业的复兴，旗下的舒伯特基金会和舒伯特档案馆一直坚持资助剧院、舞蹈表演、教育和公共事业等非营利性机构，其中舒伯特基金会对于剧院的支持和捐赠始终占据其业务的70%左右。由于舒伯特基金会每年都会投入相当资金，重点扶持许多剧团和舞团并与之建立了良好的互动关系，所以能够间接地吸引大批非营利性剧院的创意人才为其服务。

另外，相关企业逐渐意识到同非营利性剧院的合作不仅能及时发现富有创意的题材、吸引优秀演职人员，更重要的是能把非营利性剧院当作一个预演的实验室，降低了演出风险和成本。商业剧院与非营利性剧院的结盟并投资非营利性剧院的实验剧，已经成为百老汇中非常普遍的现象。

五、百老汇的市场营销方式

百老汇戏剧的宗旨是"以美国歌舞来演绎美国故事"，只要能迎合大众、吸引票房，任何束缚都可以被打破，怎样的形式都可以被接受，这是美国百老汇戏剧在百余年市场化竞争中所形成的一个重要特点。

百老汇戏剧从最开始的剧院集聚到如今建立起成功的演出品牌，与其以观众为本的多样化的营销方式密不可分。演出业作为一种传统的文化服务行业，除了演出本身的质量需要行业的严格把控之外，其知名度和观众接受度也是该演出能否成功收获经济利益的重要因素。因此，演出的市场营销及宣传就显得尤为重要。作为商业演出的直接操作者，剧院经营者和制作人会利用各种方式促成交易，用灵活的操作手段在保证演出质量的前提下降低成本，吸引更多观众，努力让各方参与者都获利。

百老汇剧目的宣传特别注重氛围的营造和环境的布置，力求使演出的大幅广告牌在时代广场的各种奢侈品牌中依旧醒目，让观众及游客在踏入百老汇的范围之后立刻感受到其繁华蓬勃的艺术气息。百老汇经典剧目的宣传营销十分密集，除了演出场地附近大厦的墙面会挂上巨幅演出广告牌、剧场面向时代广场的一侧会贴上大幅演出广告、大厦外墙的 LED 广告会滚动播放剧目中的经典角色及标识、潜在观众在大街上会遇到装扮成剧中人物的宣传人员外，剧场入口和通道等处还会安装带有演出标识的灯箱及剧目角色的模型，有时甚至连观众席都会被装饰成剧目相关风格。这种高密度、全方位的宣传方式的目的只有一个，就是利用观众们目之所及、耳之所闻、身之所处的每一处让观众加深对剧目的印象和期待，使观众在进入剧场观剧之前就陷入营销宣传所营造的"戏剧梦"中，提升观众的观剧体验，提高剧目口碑。

百老汇的票务系统非常发达，观众可以通过线上或线下多种方式购买各类剧目的全价票和特价票，包括通过窗口售票、"打折票房"、电话售票和网上售票等。各种特价票出售网站也越来越受到观众的欢迎。另外，百老汇会定期开展一些门票促销活动，如买一赠一的优惠活动及特价票抽奖活动，抽中即可用相当低的票价购得剧院第一排正中间的位置。这些活动几乎成了另一种聚集人气的宣传方式。多种方式并存的票务系统和丰富有趣的营销措施也确实起到了很好的成效，使得在百老汇上演的音乐剧几乎场场满座。

第六章 国际传播研究

第一节 西方话语霸权的消解与中国软实力的系统性构建[*]

一、中国软实力的新崛起

改革开放以来中国经济的迅速崛起，引起了全世界的瞩目。然而，对于中国的软实力建设的成效，国内评价较为谨慎，国外评价则有贬抑之嫌。从国内来讲，党和政府提出了要把中国建设为社会主义文化强国的目标，清醒地认识到国际软实力对比"西强我弱"的局面长期没有得到改变。在这个问题上，学术界更多地看到中西，特别是中美软实力建设之间的巨大差距，更强调软实力建设过程中如何学习西方的经验。从国际范围来看，虽然中国的软实力得到一些国家和地区如部分"一带一路"共建国家的赞赏，但是西方国家不论是对中国软实力建设的成绩还是对其未来发展，基本上持负面的评价。比如，美国乔治·华盛顿大学政治和国际事务学的教授沈大伟指出：中国确实走向了世界，但只是部分。沈大伟根据调查得出："中国的软实力及其文化在全球的吸引力仍然非常有限。"他进一步阐述："在中国寻求全球大国地

---

[*] 文章原载于《对外传播》2018 年第 7 期，收入本书时，略有删改。

位的过程中，已发现国际形象和软实力的重要性。但是，在这个领域，我们虽然见证了越来越多中国在国外的文化活动，但中国对全球文化潮流的影响很小。"① 约瑟夫·奈认为，中国在软实力上的投资和努力实际上鲜有回报。② 有些人甚至更进一步预测，中国的"魅力攻势"是注定要失败的，中国的软实力建设是一个"不可能完成的任务"。

客观上说，中国软实力的建设的确还有很长的路要走，但如果把它的前景看得那么暗淡，则未免失之偏颇。这里存在一个衡量标准，或者说看问题的角度的问题。如果按照西方标准来看，中国的软实力建设的确是一个"不可能完成的任务"。按照西方标准来看中国问题，就会得出"中国崩溃论"或者"中国威胁论"的结论，但实践证明这些结论都站不住脚。西方的学者在研究中国问题时往往很自然地会用西方经济社会发展的标准设计一个模型，然后用这个模型来判断中国政治、经济和社会的未来走向，而不是把中国当成一个研究客体，深入研究该客体自身的运行规律和内在逻辑，这样就容易犯主观主义的错误。特别是西方"中心—边缘"的思维范式会使西方学者习惯性地漠视"边缘"国家的历史，贬低"边缘"国家的影响。可喜的是，由于多极化时代的到来，随着世界秩序的深刻变化，原有的"中心—边缘"思维模式也在逐步消解，为中国的软实力建设提供了发展的空间。

实际上，中国的软实力建设并不像这些国际学者所说的那么悲观。软实力理论是在大国博弈的现实基础上提出来的，其倡导者约瑟夫·奈把一个国家软实力的来源界定为三个方面：文化、政治理念和外交政策。③ 从外交政策这个维度出发，我们可以看到，随着世界多极化的到来和世界格局的历史性深刻转变，美国自第二次世界大战结束以来奉行的单边性"民主外交"政策，

---

① DAVID S.China goes global: the partial power [M].New York: Oxford University Press, 2013: 17.
② Nye J S.Why china is weak on soft power [N/OL].The New York Times, 2012-01-17 [2012-02-18].https://www.nytimes.com/2012/01/18/opinion/why-china-is-weak-on-soft-power.html.
③ NYE J S.The paradox of American power:why the world's only superpower can't go it alone [M]. New York: Oxford University Press, 2002: 48.

为世界和美国自身带来一系列严重后果，越来越受到强烈的质疑。这种质疑不仅来自国际社会，也来自美国国内。随着特朗普政府外交政策的逐步清晰化，以民主为核心和旗帜的美国外交政策也发生了深刻的变化。美国的外交政策将不再以推进全球民主为宗旨。这将对美国既有的软实力内核产生重大影响。美国学者苏珊娜·诺塞尔（Suzanne Nossel）说，特朗普的"美国优先"是"把民主和对世界的领导权放在了最后"①。威廉姆学院人文学教授苏珊·邓恩（Susan Dunn）认为特朗普的外交政策完全抛弃了约瑟夫·奈提出的软实力。②由此可以看出，随着全球化的退潮，美国政府的软实力策略已经发生很大变化，以推动全球"民主"为核心和旗帜的美国软实力政策正在让位给贸易保护主义和民粹主义主张。

随着"一带一路"倡议的实施，全球治理的中国方案和"人类命运共同体"倡议，得到了国际社会的广泛欢迎。习近平主席2017年1月17日在达沃斯世界经济论坛发表演讲之后，英国广播公司的报道引用研究全球化问题的专家的观点认为，"中国领导人提出'人类命运共同体'的倡导符合人类发展大趋势"。新加坡国立大学李光耀公共政策学院特聘讲座教授、亚洲和全球化研究所所长黄靖指出："中国在全球化遭遇阻力和挑战时提出'人类命运共同体'，是一个势在必行之举，符合全球化发展潮流的倡导。"英国国王学院的中国问题观察家凯利·布朗（Kerry Brown）说："在全世界的眼中，美国地位有所下降，中国变得更加重要，因此习近平讲话具有重要的象征意义。"③

在新的国际环境下，中国的和平自主外交政策得到了更广泛的认可。中

---

① NOSSEL S. America first puts freedom and leadership last［N/OL］.CNN，2017-03-05［2018-08-04］.http：//www.cnn.com/2017/03/05/opinions/trumps-worrying-foreign-policy-nossel-opinion/index.html.

② DUNN S.Trump's America first has ugly echoes from U.S. history［N/OL］.CNN，2016-04-28［2018-04-30］. https：//edition.cnn.com/2016/04/27/opinions/trump-america-first-ugly-echoes-dunn/index.html.

③ 人类命运共同体"理念为何受瞩目？［EB/OL］.（2017-01-17）［2018-01-16］.https：//www.bbc.com/zhongwen/simp/indepth-38655017.

国为世界的和平发展和全人类的进步贡献了智慧和思想。"人类命运共同体"的理念，有着中国优秀传统文化中的"和合"基因，体现了中华民族追求世界各民族"美美与共"的理想。在习近平新时代中国特色社会主义思想的指导下，中国的软实力建设必将迈上一个新的台阶。

二、西方话语霸权的消解

一个半世纪以来，西方不仅在军事和经济上处于支配地位，而且在国际话语体系中形成了霸权。人们理解世界和解释世界的方式，长期受到"西方中心"的支配和影响。正如美国乔治城大学查尔斯·库普坎（Charles Kupchan）教授所说，从19世纪开始，欧洲国家"开始输出主权、管理、法律、外交和商业的欧洲思想。在这个意义上讲，欧洲不仅主导了世界其他部分，使其黯然失色，而且在独特的欧洲价值和机制基础上建立了全球秩序。欧洲人成功地把他们的地区性秩序复制成了全球层面上的基础性规则"①。也就是说，当代国际社会的制度和标准体系都是由西方扩展来的，西方的思想体系奠定了当今社会的基础性思想框架，我们只能在这个框架内，用西方的观点和方法进行思考，西方的制度文明成为现代性话语的唯一合法性来源。

在西方现代性话语霸权之下，西方具有唯一的"合法性"，西方之外的地方都被视为"其余部分"（the rest）。在西方的叙事话语中，"其余部分"在历史上为人类发展所作出的贡献被严重低估甚至视而不见，"其余部分"是蒙昧野蛮专制的代名词，需要用西方的文明标准去开发，不论它拥有什么样的历史背景、处于什么样的经济发展阶段，都只能套用西方的模式。西方中心主义的文化霸权理论，采用二分法原则，把世界分成"中心"和"边缘"，把"其余部分"和西方对立起来，认为西方不仅代表了政治民主和人权，甚至政治民主和人权本来就是西方文化的本性，而非西方的"其余部分"则是倾向

---

① KUPCHAN C. No one's world: the west, the rising rest, and the coming global turn [M]. New York: Oxford University Press, 2013: 52.

于专制的。西方中心主义构造了这样的元叙事：西方是进步的力量，是创新和启蒙思想的载体，西方在推动世界"其余部分"进步。

在第二次世界大战之后自由世界秩序和西方话语的构建过程中，美国起到了关键的作用，特别是美国的军事力量。美国的理想主义和"美国例外"对战后世界秩序的建立起到了重要的作用。西方世界在"自由秩序"构建过程中，特别突出地强调了"自由、民主、美国理想"等"合法性"一面，"强调西方机构、所有权和文化吸引力等因素，而有意回避军事力量在当今世界秩序创建和维持过程中的作用"。①如果没有第二次世界大战之后美国在世界各地的驻军，如果没有美国对法国和意大利等国家共产主义运动的武力威胁，如果没有美国在拉丁美洲、非洲和亚洲武装颠覆其敌对政府，如果没有美国政府在世界各地强硬地推行其政治、经济的利益和标准，西方话语霸权的构建是不可想象的。

进入 21 世纪以来，以中国为代表的世界"其余部分"崛起，如俄罗斯、巴西、印度以及南非等国家逐渐在国际舞台上成为越来越重要的角色，美国霸权的衰落、世界多极化成为不可逆转的趋势，西方的话语霸权也受到了越来越多的挑战。反对恐怖主义、维护国际金融稳定、应对全球气候变暖以及网络安全等问题，不是一个国家能够单独完成的任务，需要多边协作、共同努力。在这些问题上，金砖国家特别是中国已经成为重要的贡献者。在现有的国际秩序之内，中国作为负责任大国的行动受到了国际社会的广泛关注和赞赏。中国已成为重要的国际捐助国，是一个贡献者而不是"搭便车者"。中国的国际形象在明显提升，"中国威胁论"和"中国崩溃论"不攻自破。随着"一带一路"倡议的响应者和受益者越来越多，中国在国际社会的话语空间将越来越大。

三、中国软实力的系统性构建

中国的软实力越来越受到国际社会的广泛关注，贬抑者有之，赞赏者亦

---

① STUENKEL O. Post western world [M]. Cambridge: Polity Press, 2016: 3.

有之。不论如何，中国软实力的日益增强已经成为一个有目共睹的事实。这不是一个偶然出现的事情，也不是孤芳自赏或零星散乱的现象，而是一个有思想灵魂、有行动计划、有平台机制、有内在逻辑的系统性构建。

在理念方面，中国提出了超越民族国家和意识形态的界限，打造"人类命运共同体"的全球观，强调以合作共赢为核心的新型国际关系，各国共同面对人类发展特定阶段面临的复杂难题，集中体现了中国智慧和中国担当，为世界提供了包含价值理念、制度设计在内的全球治理新思路。在2016年10月的G20峰会上，习近平主席和各国元首就加强政策协商、创新增长方式、全球经济金融治理、国际贸易和投资等议题达成许多重要共识。在2016年11月的亚太经合组织工商领导人峰会上，习近平主席指出："我们应该构建平等协商、共同参与、普遍受益的区域合作框架，坚定推进亚太自由贸易区建设。要重振贸易和投资的引擎作用，增强自由贸易的开放性和包容性，维护多边贸易体制。要积极引导经济全球化发展方向，着力解决公平公正问题，让经济全球化进程更有活力、更加包容、更可持续，增强广大民众参与感、获得感、幸福感。"① 在2017年举行的瑞士达沃斯论坛上，习近平主席强调，要"坚持协同联动，打造开放共赢的合作模式。人类已经成为你中有我、我中有你的命运共同体，利益高度融合，彼此相互依存"②。由于世界经济下行，经济全球化逆转，一些西方国家纷纷采取贸易保护主义措施，中国正在扮演着四重角色：利益攸关方、关键行动者、议程设计人和变革领航员。从杭州G20到瑞士达沃斯论坛，习近平主席站在全球人类发展历史的高度所作的这一系列深刻的阐述，既表明了中国勇于面对全球历史变革关键时刻的复杂挑战，又坚定了各国对经济全球化发展的前景和信心，发出了中国声音，贡献了中国智慧和中国担当，这是中国软实力的核心与灵魂。

制度和机制是国际影响力和软实力的基础保障，思想和主张只有通过制

---

① 习近平.习近平在亚太经合组织工商领导人峰会上的演讲［N/OL］.新华社，2006-11-19［2017-01-18］.http://www.xinhuanet.com/politics/2016-11/20/c_129370744.htm.
② 习近平.习近平出席世界经济论坛2017年年会开幕式并发表主旨演讲［N/OL］.新华社，2017-01-17［2017-02-08］.http://www.xinhuanet.com/world/2017-01/17/c_1120331492.htm.

度安排和运行机制保障,才有可能转化为现实力量。中国积极参与和利用现有世界体系,在既有的制度安排中争取合理的发展空间。中国是联合国安全理事会常任理事国,目前在联合国维和部队中,中国的贡献达到了1/5。中国参与了世界贸易组织、国际货币基金组织、巴黎气候协定等的一系列重要的国际事宜的讨论。同时,中国积极推动国际规则的改革和调整,争取国际规则和治理体系的发言权。习近平主席指出:"过去数十年,国际经济力量对比深刻演变,而全球治理体系未能反映新格局,代表性和包容性很不够。全球产业布局在不断调整,新的产业链、价值链、供应链日益形成,而贸易和投资规则未能跟上新形势,机制封闭化、规则碎片化十分突出。"① 由于既有体系的这种局限,中国和其他金砖国家一起成立了金砖国家新开发银行(NDB),倡导成立了亚洲基础设施投资银行(AIIB)。这些新的制度安排将有助于使中国的理念和主张落到实处。

在实践方面,中国提出的"一带一路"倡议,已经得到100多个国家和国际组织的响应和支持,40多个国家和国际组织同中国签署了合作协议。随着一系列重大项目的落地实施,中国企业对共建国家的投资已达到500多亿美元。仅2016年,中国企业在"一带一路"20多个共建国家累计投资超过185亿美元,为东道国创造了18万个就业机会。"一带一路"朋友圈正在迅速扩大。在《巴黎协定》的达成、签署、生效、落实过程中,中国起到了关键的作用。在国际援助方面,中国在自身长期处于发展中国家水平的情况下,在1950年至2016年累计对外提供援助4000多亿元,实施各类援外项目5000多个,举办11,000多期培训班,为发展中国家在华培训各类人员26万多名。② 在非洲,中国正在获得越来越高的美誉度和吸引力。

在当今世界,金融危机的阴影犹在,战乱冲突时有发生,恐怖主义、难民危机、气候变暖、网络安全等非传统安全威胁持续蔓延,霸权主义、冷战思维依然盛行,而贸易保护主义、民粹主义又在世界范围内迅速蔓延,"人类

---

① 习近平.习近平出席世界经济论坛2017年年会开幕式并发表主旨演讲[N/OL].新华社,2017-01-17[2017-02-08].http://www.xinhuanet.com/world/2017-01/17/c_1120331492.htm.
② 余晓葵,冯蕾.构建人类命运共同体的中国担当[N].光明日报,2017-03-02(1).

命运共同体"理论的提出，为国际社会吹来了暖风，带来了光明。中国正以负责任大国的担当引领世界前进的方向，国际软实力格局发生了重要变化，中国作为重要的推动力量将更多国家汇入构建"人类命运共同体"的大潮。

第二节 "后全球化时代"的国际文化传播[*]

本节选择西方全球化理论家最有代表性的全球化定义，从世界市场和世界传播的无限扩展这两个维度，对全球化的本质特征、逻辑起点、运动过程和动力转换进行分析，指出以西方化为特征的全球化已经走到终点，世界将进入"后全球化时代"。以推进西方现代化为核心的全球化已经终结，世界将进入以新兴市场国家发展需求为内生动力的全球合作时代。全球化延续了"冷战思维"，这个新的"后全球化时代"，与冷战时期和全球化时代相比，其意识形态的对抗性可能减弱，为多元文化的多主体交流传播提供更为广阔的空间。全球化时代国际文化传播领域试图突破的"美国/欧洲中心主义"有可能不再以"挑战"的姿态出现，新的、真正的多元文化、多主体平等交流传播的话语体系有可能成为主流话语。虽然目前民粹主义在全球范围内普遍抬头，但不会影响世界文化多元、开放格局的形成。中华文化的国际传播在"后全球化时代"存在更为广阔的空间。

全球化无疑是20世纪80年代以来对当代社会影响最大的关键词之一，而金融危机以来的种种迹象表明，全球化已经开始退潮。英国公投脱欧和美国特朗普逆袭当选，被看作这种退潮的两个标志性事件。就在笔者于2017年刚刚写下这个题目的时候，ABC News报道了美国时任总统奥巴马在雅典的演讲，其中提到了他对全球化的看法。他说全球化为世界带来了许多经济利益，"全球化、技术和整合的力量，带来了如此巨大的进步，创造了如此巨大的财富，并且深刻地揭示了错误的路线"。针对英国脱欧和特朗普的意外当

---

[*] 文章原载于《现代传播（中国传媒大学学报）》2017年第2期，收入本书时，略有删改。

选，他也警告说目前"部落主义"和"民族主义"正在抬头，引发人们对于全球化体制的怀疑。这也许是全球化的副作用造成的。"全球化增强了不公平的感觉，技术的进步减少了劳动力和就业岗位，制造业开始转移到国外。这种不公平（的感觉）是对我们的经济和民主制度的最大的挑战。"全球化出现了一些负面影响，"对目前全球化的道路需要进行航线校正（coursecorrection）"①。奥巴马是全球化的维护者和代表性政治人物，他对于全球化退潮的解释具有普遍的代表性。

奥巴马演讲两天之后出版的《经济学家》认为"西方领导人对于全球化的无力的辩护显得陈旧过时"②。笔者想指出的是，全球化的退潮，不仅是因为"负面影响"，也不是简单的航线修正就可以挽回的，作为一个运动，美国和其他西方国家发动并主导的全球化已经终结；作为一个时代，"全球化"已经过去，世界即将进入"后全球化时代"。世界将进入一个多中心、多引擎、多条道路和多种价值观并存的时代。与此相对应的，西方学术界关于"中心"与"边缘"，"东方"与"西方"的话语体系，将成为过时的理论。本节无意全面阐述"后全球化时代"的各个方面，而只是指出这样一种趋势，并把它作为一个背景，来讨论国际文化传播的发展趋势。

一、"全球化"理论：逻辑的起点与终点

从本质上来讲，全球化运动是冷战的延续。冷战时期全世界被分为两大阵营，一个是以苏联为代表的社会主义阵营，另一个是以美国为代表的资本主义阵营。冷战的结束曾被描述为历史的终结。此后，资本主义跨国集团公司在全球范围内畅通无阻，凭借雄厚的资本实力、领先的技术水平、先进的

---

① OBAMA B. Donald Trump and I 'could not be more different' [N/OL].Sky News, 2016-11-16 [2016-12-21].https://news.sky.com/story/barack-obama-donald-trump-and-i-could-not-be-more-different-10659507.

② What the World Thinks about Globalisation [EB/OL]. (2016-11-18) [2016-11-28].https://www.economist.com/graphic-detail/2016/11/18/what-the-world-thinks-about-globalisation.

管理经验、多样化的营销手段以及制定游戏规则的先发优势，在国际市场上获得了垄断性的市场地位和丰厚甚至超额的利润。跨国公司利用技术优势、品牌优势和渠道优势，把研发设计和营销留在发达国家，把利润率最低、能源耗费最大的制造环节转移到发展中国家，利用微笑曲线实现了利益最大化。经济的全球化为西方发达国家带来了巨大的经济利益。与经济全球化同步展开的文化全球化，也使以美国为代表的西方文化成为世界范围内的主导性文化和支配性文化。美国的电影、电视剧、图书、流行音乐、动漫等文化产品借助市场优势在全球成为最为流行的大众文化，形成了所谓"麦当劳化""可口可乐化"。好莱坞几乎成为世界电影的代名词，美国文化帝国主义造成了世界文化的同质化，被指为文化"巨无霸"和文化"压路机"。苏联解体到21世纪金融危机爆发之前这几十年，轰轰烈烈的全球化运动达到了极盛时期。

在铺天盖地的全球化运动中，也形成了系统的全球化理论。以阿尔让·阿帕杜莱（Arjun Appadurai）、乌尔里奇·贝克（Ulrich Beck）、约翰·汤林森（John Tomlinson）和罗兰·罗伯逊（Roland Robertson）为代表的全球化理论家，创造了一整套概念、理论、工具、方法来对全球化进行系统的理论思考。他们的著作不仅对全球化这一事实进行整体性把握，而且把全球化当作一个受广泛关注的学术领域。这些学者共同搭建的全球化理论体系，是一个开放性的系统。在这套体系中，全球化被当作一个无所不包、不可阻挡的趋势。他们所描述的全球化是非常复杂的、系统交织的、分形的，有时也是非常晦涩难懂的。他们虽然有时也会提及全球化的负面效应，但更多的是对全球化的积极肯定。在他们那里，全球化"被描述为非领土化、无所不包以及相互联结，一句话，你很难指出来什么东西是外在于全球化的，或者说有什么东西是没有受到全球化的影响的"①。由于全球化理论的这种开放性、复杂性和晦涩性，我们在此也无意对其进行一个系统的梳理和评价，而是想找出所有全球化定义中最受到广泛接受的说法，并以此为出发点展开我们的讨论。

---

① PHILIPSEN L, BAGGESGAARD M A. Against globalization: introduction to theme section [J]. Journal of aesthetics & culture, 2013, 5: 1-2.

全球化理论家们给出的"全球化"定义很多，我认为弗雷德里克·詹姆士和罗兰·罗伯逊的说法不仅最具代表性，而且把他们两人的定义结合起来看，基本上可以确定"全球化"的基本性质。弗雷德里克·詹姆士说，全球化的实质就是"对于世界传播以及世界市场边界的无限扩大的意识"[1]。罗兰·罗伯逊认为，"全球化主要被用来描述西方现代性观念在世界范围内扩散的历史进程"。全球化理论所要讨论的并不是地理空间的问题。"空间的问题主要是通过全球性的概念提出来的更加具体和独立的问题。"[2] 由此可以看出全球化的两个基本维度：世界传播与市场体系。全球化的本质是按照西方现代性的观念来塑造世界。下面我们就先沿从两个维度中的"市场体系"维度来做一个简单的回顾。

冷战时期世界被分成两大阵营：社会主义和资本主义。社会主义经济的特点被概括为生产资料公有制和计划经济，资本主义经济的特点被概括为生产资料私有制和市场经济。这一时期西方主流经济学家的主要使命就是要从理论上证明计划经济是荒谬的，只有市场经济才是适合人类社会发展的经济模式。比如，诺贝尔经济学奖获得者弗里德里希·哈耶克（Friedrich Hayek）所关注的核心问题是：人类的知识和智慧是分散在不同的大脑当中的，不可能把所有的知识都装进一个脑子里面去，经济管理和商业决策是在去中心化的经济秩序之中展开的。在经济活动中，价格的波动、个人资产的处置、利润高低、合同签约以及商品和服务交换的能力，这些都需要基于转瞬即逝的、分散的甚至碎片化的信息来作出决定。因此，由一个中央政府来代表全社会控制和管理经济，是不可能实现的，也必然是会阻碍生产力发展的。哈耶克自由主义经济学的核心概念是"浮动的价格和利润"：价格和利润传达了信息，它们传达了生产者和消费者与不同产品和服务之间的供求关系的信息，因而能够指导生产。没有浮动的价格和利润，一个经济体就无法实现满足人

---

[1] JAMESON F, MIYOSHI M.The cultures of globalization [M]. Durham: Duke University Press, 1998: 11.

[2] ROBERTSON R.Globalization:time-space and homogeneity-heterogeneity, in featherstone [M]. London: Sage, 1995: 25-27.

类需求的最佳生产活动。市场经济社会，在最大程度上可以被简单地界定为：允许成年人和有行为能力的人在不伤害他人的前提下，按照自己的意愿做自己想做的事情。①

"世界市场的边界扩展"被詹姆士当作全球化运动的两个维度之一，是非常有见识的概括。冷战结束以后，以西方的现代性在全球的扩展为核心的全球化运动，其核心内容就是市场经济体系的扩展。苏联解体后，俄罗斯等原成员国进行经济私有化改革，放弃了计划经济体系。另一个社会主义大国中国，对市场经济也进行了深入的探索。中国的改革总设计师邓小平指出，市场经济并不是资本主义特有的，社会主义也可以有市场，资本主义也可以有计划。党的十八大已经正式把市场经济列入党的纲领性文献，认为市场经济对资源配置起着基础性和决定性作用。中国已经成为市场经济国家，其市场经济地位已经得到世界多数国家的承认。从"世界市场的边界扩展"这个维度来看，全球化的任务已经完成。

从全球化的另一个维度，也就是詹姆士所说的"世界传播……的无限扩大的意识"来看，随着传媒技术的飞速发展、互联网及移动互联网的迅速普及以及传播基础设施的完善，目前信息的传播"弥合了时间和空间的界限""互联网内容的传播速度已经达到光速水平""我们已经生活在一个信息过剩的时代"。由于新媒体技术的发展，"从社交媒体到智能手机再到各种网站，普通人不仅可以获得资讯，而且可以参与内容生产，报道重大事件的发生"②。无须赘述，我们可以知道"世界传播……的无限扩大的意识"已经深入每个普通人的日常生活。

从詹姆士所说的全球化的两个维度来看，全球化运动的使命已经完成，计划已经实现。再从全球化运动的"负面效果"来看，这个运动也应该结束了。全球化的"负面效果"之一是，发达国家作为全球化的推动力量，把研发与市场留在其国内，而把产业链的低端制造环节和夕阳产业转移到发展中

---

① EBENSTEIN A. Friedrich Hayek: a biography[M].Florida: Martin's Press, 2001.
② USHER N.Interactive journalism- hackers, data, and code [M]. Illinois: University of Illinois Press, 2016: 2-10.

国家，造成这些国家的资源过度开采、环境遭到污染。"负面效果"之二是，在发达国家内部，"许多人，尤其是穷人、穷乡僻壤的居民、许多国家的农民和失业的工人等等在心中出现了一种挫败感，一种隐隐约约的无序感"①。在美国畅销的《乡巴佬的挽歌》(*Hillbilly Elegy*)② 非常生动地描述了产业空心化之后美国中西部地区产业工人的艰难处境，是对奥巴马所说的"不公平感"的一个形象阐释。从负面效果来看，我们有理由说，全球化运动也该收尾了。

二、"全球化"实践：引擎转换

在全球化运动的过程中，美国一直延续冷战思维，把世界划分为两个阵营：英、法等欧洲国家和日、韩等亚洲国家是盟国（allies）；俄罗斯、中国和朝鲜是敌对国（foes）。在欧洲用北约（NATO）来对抗俄罗斯；在亚洲部署萨德（THAAD）来遏制中国和朝鲜。奥巴马推行跨太平洋伙伴关系协定（Trans-Pacific Partnership Agreement，TPP）的目的是搞亚太"再平衡"，遏制中国的崛起。特朗普要取消跨太平洋伙伴关系协定，质疑全球防御系统，并且要与俄罗斯改善关系，使美国的"所有盟友都产生了恐惧"③。

当时，英国《经济学家》认为世界已经进入"特朗普时代"（trump era）。特朗普当选美国总统"把开放市场和西方的自由民主的幻觉打碎了。历史复仇般的倒退了。他的胜选和他胜出的方式，如重锤击打着支撑美国政治的标准和美国世界大国的地位。美国的盟友感觉旧秩序在崩溃，产生了动摇。对全球化失败的恐惧使市场受到双重损失。虽然脱欧后的英国人已经尝到这种

---

① 据阿兰·巴迪欧 2016 年 11 月 9 日在加州大学洛杉矶分校的演讲。
② VANCE J D.Hillbilly elegy［M］.New York：Harper Collins Publishers，2016.
③ MCFAUL M. Our allies are afraid. heres how trump can reassure them：his wild-card approach to foreign policy wont sit well with european and asian partners［N/OL］.The Washington Post，2016–11–17［2017–03–06］. https：//www.washingtonpost.com/opinions/global-opinions/our-allies-are-afraid：heres-how-trump-can-reassure-them/2016/11/17/6656a378-acdd-11e6-8b45-f8e493f06fcd_story.html.

滋味，但这次大选的后果将很快让英国的全民公决黯然失色"①。

《经济学家》所谓"特朗普时代"，也就是西方全球化运动的逆转期，美国一直是"促进市场开放""消除贸易壁垒""自由贸易"的推进者。里根当选美国总统的时候提的口号是"让美国再次伟大"，实现目的的手段是推进全球化，消除各种壁垒、推倒"柏林墙"。特朗普当选总统后，提的口号跟里根一样，实现的手段却是要"建墙"，要提高关税壁垒，反对全球化及其带来的负面效应。其实，这不是特朗普一个人的想法，这反映了他所代表的一种思潮。

20世纪90年代，全球贸易的增长速度是全球经济增长速度的两倍以上。根据IMF的研究计算，在那个时代，全球经济每增长1%，能为贸易带来2.5%的增长。在那个全球化运动的鼎盛时期，欧洲联合起来了，中国抓住了历史机遇，迅速发展为"世界工厂"。自由贸易理论为越来越多的国家所接受，关税大幅下降，运输成本也降到了历史最低水平。但2008年以后，全球经济放缓导致贸易减少。全球经济每增长1%只能带来0.7%的贸易增长，和20世纪90年代相比大幅下降。根据荷兰统计学家发布的数据，全球贸易量于2016年第一季度与上年持平，第二季度下降0.8%。美国的情况也不例外。2015年美国进出口总值下降2000多亿美元，2016年前三季度再次下降4700多亿美元。这是第二次世界大战以来美国与其他国家的贸易首次在经济增长期间出现下降。由于在全球化期间西方跨国集团将研发和销售环节留在国内，而把制造环节转移到成本低廉的发展中国家，使全球化的好处不成比例地落在垄断资本家手中，全球化的代价却落到了失业的工人身上。超级富豪越来越富，穷人却没有得到政府的帮助，其面临的痛苦无法及时缓解。西方国家国内矛盾加剧。经济学家布兰科·米拉诺维奇（Branko Milanovic）2012年发表的"大象曲线"显示，1988年至2008年，世界上大多数人口的实际收入大

---

① The Trump era, Americas new president [N/OL].The Economist, 2016-11-12 [2017-01-12].
https://www.economist.com/leaders/2016/11/12/the-trump-era.

幅度上升，但美国和其他发达国家的大多数居民的收入没有上升。① 在这种背景下，全球化开始退潮，发达国家开始背弃全球化进程。世界贸易组织 2015 年全球贸易谈判以失败告终。根据世界贸易组织 2016 年 7 月公布的数据，2008 年以来其成员国共实施了 2100 多项新的贸易限制措施。

过去几十年，资本、市场和技术从西方发达国家向更广泛的发展中国家转移和扩散，使许多原来处于"边缘"的发展中国家有条件实现经济跨越式发展。伴随着这种转移和扩散，世界的经济格局和利益关系发生了结构性调整。原来推动全球化的西方国家和被认为是"边缘"的发展中国家对全球化的态度也发生了逆转。英国《经济学家》杂志委托一家名为 YouGov 的调查机构，对 19 个国家的民众对待移民、贸易和全球化的态度进行了民意调查。调查数据显示，新兴市场国家和西方国家之间的民众态度差距巨大。受到工资增长停滞的困扰，西方国家开始背弃全球化。在美国、英国和法国，只有不到一半的受访者认为全球化是"向善的力量"。西方人认为世界正在变得更加糟糕。即使是相对而言比较乐观的美国人也感到郁闷，只有 11% 的人认为在全球化运动中世界变好了。相反，经济增长最快的国家对全球化持更为积极肯定的态度。越南、菲律宾、印度、泰国、马来西亚、印度尼西亚等国对全球化持肯定态度的受访者超过 70%，其中越南最高，达到 90% 以上，而法国、美国、英国等国家对全球化持肯定态度的受访者都在 50% 以下，在 19 个调查对象中是最低的。法国、美国、英国等国家的受访者对外国人来并购本国企业持反对态度，而亚洲国家的受访者则认为这不构成什么问题。②

和东南亚其他国家一样，中国也是全球化运动的受益者，此前也对经济全球化持肯定的态度。中国提出"一带一路"倡议，合作伙伴主要是新兴经济体和发展中国家，经济发展普遍处在上升期，经济总量为 21 万亿美元，占全球总产出的 26%。中国积极推进这一地区的"五通"，即政策沟通、设施联

---

① MILANOVIC B. Global inequality：a new approach for the age of globalization ［M］. Cambridge：Harvard University Press，2016.

② What the world thinks about globalisation ［EB/OL］.（2016–11–18）［2016–11–28］.https：// www.economist.com/graphic-detail/2016/11/18/what-the-world-thinks-about-globalisation.

通、贸易畅通、资金融通、民心相通。创建"三同"，即利益共同体、命运共同体和责任共同体。同时，中国积极推进亚太自由贸易区的建设。中国领导人习近平在亚太经合组织第二十四次领导人非正式会议第一阶段会议上的发言明确阐述了中国对于经济全球化的态度。习近平指出，亚太经合组织应该"坚定不移引领经济全球化进程。经济全球化进入阶段性调整期，质疑者有之，徘徊者有之。应该看到，经济全球化符合生产力发展要求，符合各方利益，是大势所趋。我们不能因为一时困难停下脚步，要在参与经济全球化进程中，注重同各自发展实践相结合，注重解决公平公正问题，引领经济全球化向更加包容普惠的方向发展。我们要用行动向世界宣示，亚太对经济全球化决心不变、信心不减"①。

西方国家所推动的全球化绝不仅仅是经济的全球化，"全球化"和"经济全球化"绝不是一个概念。西方所指的"全球化"是推进西方现代性（包括意识形态、政治经济体制和世界市场）向全球扩散的全球化，由于其负面效应，西方国家作为推动者已经失去动力。目前，世界发展中国家和新兴经济体对于经济发展的内驱力，将成为"经济全球化"的新动力。由于动力机制不同，由新兴经济体推动的"经济全球化"将不会是已近尾声的以西方现代性为核心的全球化的2.0或3.0版本，而是以经济增长为核心的全球经济合作机制。

三、国际文化传播的新趋势

如上所述，以西方国家为主导的全球化运动，有着很强的西方化色彩，在拓展市场的过程中伴随着西方社会制度和价值观的推广。软实力理论的倡导者美国学者约瑟夫·奈（Joseph Nye）将一个国家创造软实力（吸引力）的

---

① 习近平.面向未来开拓进取促进亚太发展繁荣——在亚太经合组织第二十四次领导人非正式会议第一阶段会议上的发言［EB/OL］.（2016-11-21）［2016-11-28］.http://politics.people.com.cn/n1/2016/1121/c1001-28884354.html.

来源定义为三个方面：它的文化、政治价值观和外交政策。①从著名的马歇尔计划到后来的历任美国总统的政策，都十分强调美国价值观和意识形态的输出，甚至不仅是市场经济体系和民主制度，西方国家希望其他国家就连文化和审美趣味也都要向西方标准看齐，造成了严重的文化同质化。在原有的国际政治经济框架之下，全球的文化潮流却大部分还是由美国等西方国家带领控制。作为美国的盟友，由于政治制度和意识形态一致，日本漫画和"韩流"在美国流行，并在亚洲乃至世界形成一定的影响力。2012年，韩国音乐人"鸟叔"的音乐视频"江南 Style"通过 You Tube 在全球流行。而一些评论家，如美国 CNN 广播公司的著名主持人和《华盛顿邮报》的专栏作家法里德·扎卡利亚（Fareed Zakaria）认为，由于政治制度和意识形态不同，中国永远不可能创造出这样全球流行的"Style"。②有学者甚至认为中国想在文化意识形态领域挑战美国的地位是"不可能完成的任务"③。可以看出，在旧有的以西方化为宗旨的全球化运动过程中，中国文化的国际传播如逆水行舟。意识形态的对抗性对中国文化的阻止作用超过了所有的贸易壁垒。

随着"后全球化时代"的到来，西方化现代性推动的乏力和新兴市场国家经济发展内生力需求带动的"经济全球化"的展开，将对意识形态的对抗性起到一定的缓冲作用。特朗普当选美国总统后，韩国官员忧心忡忡地对《华盛顿邮报》记者迈克尔·迈科夫（Michael McFaul）说，"特朗普从来只谈钱，绝口不提价值观的事"，迈科夫希望美国总统多提"民主""自由"和西方价值观，因为价值观是西方盟国之间的精神纽带。当然，迈科夫也看到，指望特朗普总统像以前的总统那样去国外推行民主太不切实际了，但是他希

---

① NYE J S.The paradox of American power：why the world's only superpower can't go it alone [M]. New York：Oxford University Press，2002.
② JOUSTRA R. The kung fu panda problem：gangnam style goes global [N/OL]．CONVIVIUM，2012-10-26 [2015-07-12]．https：//www.convivium.ca/articles/the-kung-fu-panda-problem-gangnam-style-goes-global/.
③ SUN W. Mission impossible? soft power，communication capacity，and the globalization of Chinese media [J]．International journal of communication，2010（4）：54-72.

望特朗普至少要在名义上"捍卫民主"①。特朗普是一个反对全球化的人士。他认为美国的模式不一定适合全球所有国家，也不主张在海外输出美国价值观。他的观点并不是孤立出现的。贝淡宁（Daniel A.Bell）的《中国模式：精英政治与民主的局限》以及杰森·布伦南（Jason Brennan）2016年的新书《反对民主》代表了西方知识界在英国脱欧公投和美国大选之际对民主选举制度本身局限性的反思。

这种迹象表明，"后全球化时代"与冷战时期以及全球化时代相比，其意识形态的对抗性可能出现某种程度的缓和。这种缓和是付出了冷战与西方化的沉重代价后换来的，来之不易，有可能为国际之间的文化交流和不同文化的国际传播打开一定的空间。在这个新的空间中，国际学术界和国际社会将不仅用西方的一个标准或一个维度来看待世界。国际文化界一直主张的文化多元化将真正被人们所肯定。去掉意识形态的"滤镜"，不再把彼此作为"假想敌"，从多元文化的不同视角进行更多的换位思考，会使国际文化交流和传播更有实效。当然，由于这种缓和刚刚出现一些苗头，我们还不能对空间的广度持太乐观的态度。

在以西方化为特征的全球化过程中，我们很难发现什么东西或哪个领域是处于全球化之外的，现代性成了所有事物的标准，一切都被纳入西方的框架。以国际艺术传播为例，"当代艺术的全球化是西方艺术体制观念深刻而广泛扩散的结果（比如艺术学校和商业画廊），而西方的艺术体制观念是建立在特定审美理念基础之上的。所有非西方的艺术作品在全球范围内的流动都是在西方艺术审美观念统治的体制框架内发生的。也就是说，在全球当代艺术界流通的作品，不管它是在什么地方产生的，全都是由专家按照西方艺术观念的特定标准发现并挑选出来的。如果不符合这个标准，就会被当代艺术界

---

① MCFAUL M. Our allies are afraid. heres how trump can reassure them：his wild-card approach to foreign policy wont sit well with european and asian partners［N/OL］.The Washington Post, 2016-11-17［2017-03-06］. https：//www.washingtonpost.com/opinions/global-opinions/our-allies-are-afraid：heres-how-trump-can-reassure-them/2016/11/17/6656a378-acdd-11e6-8b45-f8e493f06fcd_story.html.

踢出圈。尽管有些作品是在不同的地方,甚至不同的地缘文化中产生的,但它们必须在同样的认知语境中流通"①。但是,对西方标准唯一化的挑战即使在全球化运动最鼎盛的时期也没有停止过。早在1991年,在伦敦成立的新国际主义视觉艺术研究所(INIVA),就向西方标准唯一化提出了挑战:"所谓'国际'视觉艺术的主流,变成了西欧和美国的代名词。这种以西方/欧洲为中心的定义,其局限性就在于它把无比丰富的世界文化艺术的实践(包括在西方地域内的少数族群文化)排除在了当代艺术展览和艺术史之外。""'新国际主义'就是要把世界上众多文化的成就纳入话语体系,使之能够参与世界艺术的各种展览,并被写进世界艺术历史,从而填补这一鸿沟。"②2010年出版的洛特·飞利浦森(Lotte Philipsen)的《使当代艺术全球化》(*Globalizing Contemporary Art*)把"挑战传统的当代艺术的欧洲中心主义范式"作为全书的核心论题。从当代艺术发展的实践来看,艺术也早已"突破原来的欧洲中心主义。世界各地大量出现的双年展即一个突出的案例。世界重要的双年展使全球社区具象化。第三世界被推上了全球艺术的舞台。打破地域和国家之间的界限已经成为双年展组织者的一条规则。……展出来自世界'边缘'的作品,用意不仅在于对抗欧美作品占主流的传统,而且在于对西方世界的艺术创造理念提出疑问"③。实际上,绝不仅限于国际艺术传播领域,几乎在所有领域,都有对西方化的抵制和挑战。如果说在以西方化为特征的全球化时代,这种挑战还比较"边缘"的话,在即将到来的"后全球化时代",这种挑战将进入主流话语,甚至将不以"挑战"的姿态出现。"后全球化时代"的主流话语将是新的、真正属于多元文化的话语体系。

当然,在这个"新的、真正属于多元文化的话语体系"形成之前,我们也不能不看到,随着去全球化呼声的逐渐高涨,目前在全球范围内出现的民

---

① PHILIPSEN L.Unbound:the circulation of works of art among different cultures[J]. Journal of aesthetics & culture,2013,5(1):226-68.
② PHILIPSEN L.Globalizing contemporary art[M].Aarhus:Aarhus University Press,2010.
③ DUMBADZE A,HUDSON S.Contemporary art:1989 to the present[M].New York:John Wiley & Sons,2012.

族主义和民粹主义可能对国际文化传播和国际文化交流造成一定的影响。这一话题笔者想另文探讨，这里就不展开了。笔者想说的是，任何形式的民族主义或民粹主义都不可能阻止世界文化多元、开放的格局。在"新的、真正属于多元文化的话语体系"中，中华文化的国际传播将获得更多的机遇，取得更多的成就。

第三节　从全球化时代到全球共同体时代[*]

全球化时代已经进入第二阶段：全球共同体时代。随着全球权力转移和逆全球化的发展，由西方推动的全球化已难以为继。全球共同体时代是对全球化的深化和纠偏。全球共同体时代的三大特征是：休戚与共，人类命运紧密相连；守望相助，人类必须寻求更大范围的合作；开放包容，世界的治理模式和话语方式将呈现多样化的态势。全球共同体时代面临三大挑战：包括自然灾害、经济衰退以及人类自身的偏见。人类命运共同体理念超越了历史上的共同体理论，从人类命运的高度来理解"一种关于归属的观念"，是对人类集体"意义、团结和集体行动的寻求"。人类命运共同体理念是中国处理国际事务的指导思想。世界正在改变，在各种自然灾害打击和环境的持续恶化下，人类命运共同体意识将具有更为广泛的国际共识，成为国际社会主流话语体系。

民粹主义、单边主义等在全球的扩散，大有终结全球化的趋势，而通过仔细考察就可以发现，它们看似让全球化雪上加霜，实则把全球化推到了 2.0 版本，也就是全球共同体时代。全球共同体时代是对全球化的深化和纠偏，而不是终结和替代。当把地球村（global village）、全球化（globalization）、全球共同体（global community）这三个词放在一起来思考的时候，可以发现：地球村是一个时空压缩的概念，全球化是一个带有西方化特色的概念，而全球共同体则是一个人类命运视角的共情性概念。

---

[*] 文章原载于《现代传播（中国传媒大学学报）》2020 年第 6 期，收入本书时，略有删改。

一、权力转移与逆全球化

全球化无疑是 20 世纪 80 年代以来对当代社会影响最大的关键词之一。经济全球化实现了全球范围内产业结构的调整和产业链的融合，促进了经济增长和贸易发展。权力转移与逆全球化的根基深植于全球化运动的内在机制。根据全球化战略理论家们设置的全球价值链理论，西方发达国家的跨国集团把资本密集和人才密集的研发环节留在发达国家内部，而把污染环境、耗费材料并且利润率最低的制造业环节转移到发展中国家，最后面向全球市场来销售产品，获取高额利润。西方资本主义跨国集团公司在全球范围内畅通无阻，凭借雄厚的资本实力、领先的技术水平、先进的管理经验、多样化的营销手段以及制定游戏规则的先发优势，在国际市场上获得了垄断性的市场地位和丰厚甚至超额的利润。这个被称为"微笑曲线"的价值链理论，在短时间内实现了全球资本、人力资源和市场的优化资源配置，实现了全球范围内的产业转移。新兴市场国家正是在经济全球化的过程中，抓住了制造业环节的外溢机会，实现了经济的迅速发展。中国传统的艰苦创业精神和发明创造智慧在中国与全球化的碰撞中擦出了火花，让中国成为"世界工厂"，实现了经济腾飞。以中国为代表的新兴市场国家由此在国际事务中获得了越来越多的话语权，这便是西方话语内部所说的权力转移。由于在全球化期间西方跨国集团将研发和销售环节留在国内而把制造环节转移到成本低廉的发展中国家，使全球化的好处不成比例地落在垄断资本家手中，全球化的代价却落到了失业的工人身上。"微笑曲线"让跨国集团的报表保持了"微笑"，同时让一些发达国家的"经济主权"受到了挑战：由于工厂外迁，造成个别发达国家内部的制造业空心化，原来的制造业基地经济下滑、民生衰退。超级富豪越来越富，穷人面临的痛苦却没有得到政府的及时缓解，导致西方国家的国内矛盾日益加剧。经济学家布兰科·米拉诺维奇 2012 年发表的"大象曲线"显示，1988 年至 2008 年，世界上大多数人口的实际收入大幅度上升，但美国和其他发达国家的大多数居民的收入没有上升。[①] 在这种背景下，全球化开始退潮，发达国家开始背弃全球化进程。英国脱欧和特朗普当选美国总统以后，国际社会出现了一股逆全球化的动向。西方国家内部民粹主义情绪高涨。美国丢弃全球化积极推手的角色，背弃多项国际协定，大搞单边主义，主张"美国优先"，提高关税壁垒，挑起贸易争端，给全球产业链造成损害，使本来已经十分疲软的全球经济"雪上加霜"。

二、全球共同体时代特征之一：休戚与共，人类命运紧密相连

现有的世界秩序是建立在"民族国家"理论基础之上的。民族国家实现了民族与国家的统一，并与资本主义经济活动结合在一起，显示着巨大的优势。民族国家这种国家形式也被世界范围的其他国家接受和模仿从而向全球拓展，不仅成为近代以来主导性的国家形态，而且进一步构建了民族国家的世界体系。随着民族国家的构建和扩张，民族这种特定的人类群体受到了越来越多的关注，"民族"（nation）也成为被用于广泛的描述和分析人类群体形式的概念工具。这也凸显了一个事实，民族这种人类群体，一开始就与国家联系在一起。民族国家不仅是民族这种人类群体得以凸显的逻辑前提和历史前提，而且构成了民族概念的逻辑基础和理论预设。以往的共同体理论，不论是村落共同体、社区共同体、阶层共同体还是行业共同体，都是在民族的范围内被讨论的。斐迪南·滕尼斯（Ferdinand Tönnies）把共同体看作一种与社会相对的生活，"特指那些凭借传统的自然感情而紧密联系的交往有机体"[②]。本尼迪克特·安德森（Benedict Anderson）认为，"民族是一种想象的政治共同体——并且，它是被想象为本质上有限的，同时享有主权的共同

---

① MILANOVIC B.Global inequality—a new approach for the age of globalization [M].Cambridge：Harvard University Press，2016：48.
② 滕尼斯.共同体与社会：纯粹社会学的基本概念[M].林荣远，译.北京：商务印书馆，1999：154.

体"①。齐格蒙特·鲍曼（Zygmunt Bauman）认为，基于人与人之间差异性的共享基础上的共同体形态，是一种基于他人和社会对个体平等权利和机会给予尊重上的共同体。②而在类型上，民族共同体、宗教共同体、种族共同体，乃至科学共同体、艺术共同体等，都曾出现在共同体的类型学视野中。同样，脱离近代以来的"民族"概念的内涵，就无法对"中华民族"的内涵和特点进行合理的解释。③民族国家理论包括的概念和方法也成为我国民族学研究的基础性框架。

不同于以往的共同体理论，人类命运共同体理论超越了民族国家层面，把全球作为共同体的范围，把共同命运作为连接人类的纽带，深刻地揭示了人类前途命运和时代发展趋势之间的内在逻辑，有着深刻、丰富的理论内涵。打造人类命运共同体的内涵，"强调要建立平等相待、互商互谅的伙伴关系，营造公道正义、共建共享的安全格局，谋求开放创新、包容互惠的发展前景，促进和而不同、兼收并蓄的文明交流，构筑尊崇自然、绿色发展的生态体系。这五个方面形成了打造人类命运共同体的总布局和总路径……从不同角度诠释了人类命运共同体的内涵，相辅相成、缺一不可，形成一个完整统一的有机整体"④。

三、全球共同体时代特征之二：守望相助，人类必须寻求更大范围的合作

2020年3月27日，习近平主席在与时任美国总统特朗普通话时表示："中美合则两利、斗则俱伤，合作是唯一正确的选择。希望美方在改善中美关系方面采取实质性行动，双方共同努力，加强抗疫等领域合作，发展不冲突

---

① 安德森.想象的共同体：民族主义的起源与散布[M].吴叡人，译.上海：上海世纪出版集团，2005：6–7.
② 鲍曼.后现代性及其缺憾[M].郇建立，李静韬译，上海：学林出版社，2002：242.
③ 周平.中华民族的性质和特点[J].学术界，2015（4）：18.
④ 王毅.携手打造人类命运共同体[N/OL].人民网，2016-05-31［2016-07-08］.http://theory.people.com.cn/n1/2016/0531/c40531-28394378.html.

不对抗、相互尊重、合作共赢的关系。"①共同体时代，世界各民族的合作变得更加广泛、深入和必要。中美关系如此，世界各民族的关系也一样。在国际事务中，中国秉持人类命运共同体理念，在国际和区域层面建设全球伙伴关系，走出一条"对话而不对抗，结伴而不结盟"的国与国之间的交往新路。在共同体时代，中国倡导世界各国摆脱结盟或对抗的窠臼，顺应时代发展潮流，平等相待、互商互谅，探索构建不设假想敌、不针对第三方、具有包容性和建设性的伙伴关系。这为各国正确处理相互关系指明了方向和途径。在这种全球蔓延势头得不到遏制的情况下，世界各国必须深刻地意识到，我们共处于一个休戚相关的命运共同体中，我中有你、你中有我、互联互通、彼此包容，加强沟通、增进联系，深化政策协调，是摆脱当前困境的最好选择。

四、全球共同体时代特征之三：开放包容，世界的治理模式和话语方式将呈现多样化的态势

"西方中心"长期支配和影响着人们理解世界和解释世界的方式。19世纪，欧洲国家"开始输出主权、管理、法律、外交和商业的欧洲思想。在这个意义上讲，欧洲不仅主导着世界的其他部分，使其黯然失色，而且在独特的欧洲价值和机制基础上建立起了全球秩序。欧洲人成功地把他们的地区性秩序复制成了全球层面上的基础性规则"②。有学者认为，过去的一千年"欧洲一直是世界政治的中心""世界历史，至少五百年以来的世界历史，是欧洲的历史"。③第二次世界大战以来，西方不仅在军事和经济上处于支配地位，而且在国际话语体系中形成了霸权。也就是说，当代国际社会的制度和标准体

---

① 习近平.习近平同美国总统特朗普通电话［N/OL］.新华社，2020-03-27［2020-04-08］.http：//www.xinhuanet.com/politics/2020-03/27/c_1125776865.htm.

② KUPCHAN C.No one's world：the west，the rising rest，and the coming global turn［M］.New York：Oxford University Press，2013：78.

③ ALLISON G. The thucydides trap：are the U.S. and China headed for war?［N/OL］. The Atlantic，2015-09-24［2016-01-10］.https：//www.theatlantic.com/international/archive/2015/09/united-states-china-war-thucydides-trap/406756/.

系都是由西方扩展来的，西方的思想体系奠定了当今社会的基础性思想框架，我们只能在这个框架内用西方的观点和方法进行思考；西方的制度文明成为现代性话语的唯一合法性来源。

在西方现代性话语霸权之下，西方具有唯一的"合法性"，西方之外的地方都被视为"其余部分"。在西方的叙事话语中，"其余部分"是倾向于专制的。西方中心主义的文化霸权理论，采用二分法原则，把世界分成"中心"和"边缘"，西方是进步的力量，是创新和启蒙思想的载体，西方在推动世界"其余部分"进步。在第二次世界大战之后自由世界秩序和西方话语的构建过程中，美国起到了关键的作用，特别是美国的军事力量。西方世界在"自由秩序"构建过程中，特别突出地强调了"自由、民主、美国理想"等"合法性"一面，"强调西方机构、所有权和文化吸引力等因素，而有意回避军事力量在当今世界秩序创建和维持过程中的作用"①。

如罗兰·罗伯逊所说，全球化的实质是"西方现代性观念在世界范围内扩散的历史进程"②。全球化时代有两个显著特征：第一，全球化的主导话语体系是自由国际主义的国际霸权；第二，市场经济、多党竞争的社会治理模式被说成人类发展的终极模式和普遍价值，与其条条框框不符的其他治理模式，统统被打上愚昧、落后、专制的标签，都没有存在的合法性。

进入21世纪以来，以中国为代表的世界"其余部分"崛起，如俄罗斯、巴西、印度以及南非等金砖国家逐渐在国际舞台上占据越来越重要的地位，美国霸权衰落，世界多极化成为不可逆转的趋势，西方的话语霸权也受到了越来越多的挑战。随着权力由西方向东方的转移，自由国际主义的话语霸权将被打破，人类命运共同体理念将得到越来越广泛的国际共识，上升为主流意识形态，获得主流话语权。全球化时代，西方的政治领袖和学术精英把西方的治理模式看作世界上唯一的、终极的治理模式，认为其他模式没有合法性，而实际上，因为历史发展阶段的不同、政治经济文化的发展不平衡，每

---

① STUENKEL O.Post Western world［M］.Cambridge：Polity Press，2016：3.
② ROBERTSON R.Globalization：time – space and homogeneity – heterogeneity，in featherstone，lash［M］.London：Sage，1995：25.

个国家都应该找到最适合自己的发展道路和治理模式。

第四节　人类命运共同体理论与国际软实力格局的重构*

在党的十九大报告中，习近平总书记指出，世界命运握在各国人民手中，人类前途系于各国人民的抉择。中国人民愿同各国人民一道，推动人类命运共同体建设，共同创造人类的美好未来。① 这一宣示，是在习近平总书记构建人类命运共同体理论引领国际软实力格局重构的背景下提出来的，是以科学理论塑造国际软实力格局的重要体现。

软实力理论是在大国博弈的现实基础上产生的，其倡导者约瑟夫·奈把一个国家软实力的来源界定为三个方面：文化、政治理念和外交政策。从外交政策这个维度出发，我们可以看到，随着世界多极化的到来和世界格局的历史性深刻转变，美国自第二次世界大战结束以来奉行的单边性"民主外交"政策，为世界和美国自身带来一系列严重后果，越来越受到强烈质疑。相反，习近平主席"一带一路"倡议的实施，特别是共商共建共享的全球治理观和构建人类命运共同体的倡导，得到了国际社会的广泛欢迎。习近平主席2017年1月17日在达沃斯世界经济论坛发表演讲之后，据英国广播公司报道，研究全球化问题的专家认为，"中国领导人提出'人类命运共同体'的倡导符合人类发展大趋势"。新加坡国立大学亚洲和全球化研究所所长黄靖指出，"中国在全球化遭遇阻力和挑战时提出'人类命运共同体'，是一个势在必行之举，符合全球化发展潮流的倡导"。中国为世界的和平发展和全人类的进步贡

---

* 文章原载于《红旗文稿》2017年第21期，收入本书时，略有删改。
① 习近平.决胜全面建成小康社会夺取新时代中国特色社会主义伟大胜利——在中国共产党第十九次全国代表大会上的报告[EB/OL].（2017-10-18）[2017-10-28].https://www.gov.cn/zhuanti/2017-10/27/content_5234876.htm.

献了智慧和思想。在新的国际环境下，习近平主席构建的人类命运共同体理论，将成为外交层面中国软实力建设的重要指导思想，对中国软实力的提升起到极大的促进作用。

一、美国"民主外交"政策的困局

"美国外交政策的核心要素是推进民主。""民主外交"是美国外交政策的核心，也是美国软实力的核心内容。冷战结束以来，美国把在全世界推广"民主"当作自己的使命。历代美国领导人都把这种传统理念落实到其具体的外交政策和外交实践当中，不遗余力地在海外推广"民主"。美国之所以这么做，是因为这与其切身利益密切相关，而且这也不是什么秘密："美国公开地宣告民主化代表了美国的战略利益。美国希望在海外推广民主获取自身在安全防卫和经济方面的利益。一直以来，推广民主对美国维护自身利益的功能都是非常明显的。"把"推进/推广民主"这样冠冕堂皇的说法，和自身利益搅在一起，甚至常常打着"民主"的旗号来获取自身的经济利益，这就必然造成美国"民主外交"的内在困局。

美国的"民主外交"政策为美国的国家利益带来了极大好处，对其软实力提升起到了重要作用。约瑟夫·奈在谈及美国霸权时曾说："美国当然不仅仅限于使用武力。在过去的世纪中美国一直在与这个或那个国家打仗。世界各地的许多民众——虽然肯定不是全部——都相信美国的战争是出于高尚的动机，本质上代表了正义的、善的力量。特别有趣的是，中国在过去几十年中几乎没有对外战争，但从总体上来说，中国仍然是被人质疑的。"显然，美国的"民主外交"政策，为其国家在经济上带来了好处，在政治上带来了声誉。

但是，我们也要看到，美国"民主外交"的这种内在困局大大削弱了其在国际社会的影响力，制约了其核心软实力的作用。比如，美国经常会打着保护"人权"的名义进行武装颠覆他国政权的活动。有时它所推翻的政权恰恰是民选总统。它扶持谁、打压谁，唯一的依据是谁符合美国的利益。有时，

"民主"甚至会成为美国政府为其失误进行辩解的一种借口。比如，发动伊拉克战争的情形就是如此。虽然美国情报部门没有发现伊拉克与基地组织有任何联系，但布什总统仍然相信萨达姆·侯赛因是基地组织的幕后黑手。他的幕僚们花了大量时间和精力，四处演讲会谈，说服美国民众，使他们相信伊拉克藏有大规模杀伤性武器，对美国构成严重威胁。美国国会于2002年10月批准对伊拉克动武。布什政府不顾世界广大地区人民的强烈反对，发动了这场旷日持久、血腥残酷的战争。然而，入侵伊拉克后，美国并没有发现所谓大规模杀伤性武器。面对来自世界各地和美国国内的严厉批评，布什政府声明这场动用了大规模军队、耗资10亿美元以上并给伊拉克人民带来深重灾难的战争是为了在伊拉克并最终在其他阿拉伯国家推广"民主"，把人们对大规模杀伤性武器的注意力转移到了反对独裁统治上来。美国的"民主外交"不仅在国际社会受到越来越多的抵制和反对，在美国国内也越来越得不到民众的认可与支持。在过去几十年中，美国国内对于其历届政府所推行的"民主外交"政策，一直都有着激烈争论和严重分歧。美国民众对"民主外交"的支持率越来越低，他们正在丧失对于美国政府推行的"民主外交"的信心。美国的"民主外交"已日薄西山。

二、西方话语霸权的消解

一个半世纪以来，西方不仅在军事和经济上处于支配地位，而且在国际话语体系中形成了霸权。人们理解世界和解释世界的方式，长期受到"西方中心"的支配和影响。正如美国乔治城大学查尔斯·库普坎教授所说，从19世纪开始，欧洲国家"开始输出主权、管理、法律、外交和商业的欧洲思想。在这个意义上讲，欧洲不仅主导了世界其他部分，使其黯然失色，而且在独特的欧洲价值和机制基础上建立起了全球秩序。欧洲人成功地把他们的地区性秩序复制成了全球层面上的基础性规则"。

在西方现代性话语霸权之下，西方具有了唯一的"合法性"，西方之外的地方都被视为"其余部分"。在西方的叙事话语中，"其余部分"在历史上为人类发展作出的贡献被严重低估甚至视而不见,"其余部分"是蒙昧、野蛮、专制的代名词,需要用西方的文明标准去"开发",不论什么样的历史背景和经济发展阶段,都只能套用西方的模式。西方中心主义的文化霸权理论,采用二分法原则,把世界分成"中心"和"边缘",把"其余部分"和西方对立起来,认为西方不仅代表了政治"民主"和"人权",甚至政治"民主"和"人权"本来就是西方文化的本性,而非西方的"其余部分"则是倾向于专制的。西方中心主义构造了这样的元叙事:西方是进步的力量,是创新和启蒙思想的载体,是西方在推动世界"其余部分"进步。

第二次世界大战之后,在"自由世界"秩序和西方话语的构建过程中,美国特别是美国的军事力量起到了关键性的作用。美国的"理想主义"和"美国例外"对战后世界秩序的建立发挥了重要影响。所谓"美国例外",是与美国民族优越论、美国对世界的责任契约、不妥协的爱国主义等美国身份构建联系在一起的。西方国家在"自由世界"秩序构建过程中,特别强调了"自由、民主、美国理想"等"合法性"的一面,"强调西方机构、所有权和文化吸引力等因素,而有意回避军事力量在当今世界秩序创建和维持过程中的作用"。如果没有第二次世界大战之后美国在世界各地的驻军,如果没有美国对法国和意大利等国家共产主义运动的武力威胁,如果没有美国在拉丁美洲、非洲和亚洲用武装颠覆其敌对政府,如果没有美国政府在世界各地强硬地推行其政治、经济的利益和标准,西方话语霸权的构建是不可想象的。

进入21世纪以来,以中国为代表的世界"其余部分"快速发展,如俄罗斯、巴西、印度以及南非等金砖国家逐渐在国际舞台上成为越来越重要的角色,美国霸权衰落、世界多极化成为不可逆转的趋势,西方的话语霸权也受到了越来越多的挑战。反对恐怖主义、维护国际金融稳定、应对全球气候变暖以及网络安全等问题,不是一个国家能够单独完成的任务,需要多边协作、共同努力。在这些问题上,金砖国家特别是中国已经成为重要的贡献者。在现有的国际秩序之内,中国作为负责任大国的行动受到了国际社会的广泛关注和赞赏。中国已成为重要的国际捐助国,是一个卓越的贡献者而不是"搭便车"者。中国的国际形象在明显提升,"中国威胁论"和"中国崩溃论"不攻自破。随着"一带一路"倡议的响应者和受益者越来越多,中国在国际社会的话语空间也越来越大。

三、中国软实力不断提升

近年来,中国高举和平、发展、合作、共赢的旗帜,积极推动建设相互尊重、公平正义、合作共赢的新型国际关系。我们呼吁构建人类命运共同体,积极促进"一带一路"国际合作,积极参与全球治理体系改革和建设,不断贡献中国智慧和力量。这些都彰显了中国软实力的不断提升。

在理念方面,中国提出了"构建人类命运共同体"的全球观,秉持共商共建共享的全球治理观,倡导国际关系民主化。努力构建以合作共赢为核心的新型国际关系,呼吁各国共同面对人类发展特定阶段面临的复杂难题,集中体现了中国智慧和中国担当,为世界提供了包含价值理念、制度设计在内的全球治理新思路。在2016年9月的G20峰会上,习近平主席和各国元首就加强政策协商、创新增长方式、全球经济金融治理、国际贸易和投资等议题达成许多重要共识。在2016年11月的亚太经合组织工商领导人峰会上,习近平主席指出,"我们应该构建平等协商、共同参与、普遍受益的区域合作框架,坚定推进亚太自由贸易区建设。要重振贸易和投资的引擎作用,增强自由贸易安排开放性和包容性,维护多边贸易体制。要积极引导经济全球化发展方向,着力解决公平公正问题,让经济全球化进程更有活力、更加包容、更可持续,增强广大民众参与感、获得感、幸福感"[1]。在2017年1月举行的瑞士达沃斯论坛上,习近平主席强调,要"坚持协同联动,打造开放共赢的合作模式。人类已经成为你中有我、我中有你的命运共同体,利益高度融合,彼此相互依存"[2]。

---

[1] 习近平. 习近平在亚太经合组织工商领导人峰会上的演讲[N/OL]. 新华社,2016-11-19[2017-02-08]. http://www.xinhuanet.com/world/2016-11/20/c_129370744.htm.
[2] 习近平. 习近平出席世界经济论坛2017年年会开幕式并发表主旨演讲[N/OL]. 新华社,2017-01-17[2017-02-08]. http://www.xinhuanet.com/world/2017-01/17/c_1120331492.htm.

由于世界经济下行，一些西方国家纷纷采取贸易保护主义措施，经济全球化进程一定程度上受阻。在这样一个攸关世界经济发展前途的关键时刻，中国正在扮演着四重角色：利益攸关方、关键行动者、议程设计人和变革领航员。从杭州G20到瑞士达沃斯论坛，习近平主席站在全球人类发展历史的高度所作的这一系列深刻的阐述，既表明了中国勇于面对全球历史变革关键时刻的复杂挑战，又坚定了各国对经济全球化发展前景信心，发出了中国声音，贡献了中国智慧，显示了中国担当，这成为中国软实力的核心与灵魂。

在实践方面，中国提出的"一带一路"倡议，已经得到100多个国家和国际组织的响应和支持，40多个国家和国际组织同中国签署了合作协议。随着一系列重大项目的落地实施，中国企业对共建国家的投资已达到500多亿美元。仅2016年，中国企业就在"一带一路"20多个共建国家累计投资超过185亿美元，为东道国创造了18万个就业机会。"一带一路"朋友圈正在迅速扩大。在《巴黎协定》的达成、签署、生效、落实过程中，中国起到了关键作用。在国际援助方面，中国在自身长期处于发展水平和人民生活水平不高的情况下，在1950年至2016年，累计对外提供援款4000多亿元，实施各类援外项目5000多个，其中成套项目近3000个，举办11,000多期培训班，为发展中国家在华培训各类人员26万多名。在非洲，中国正在获得越来越高的美誉度和吸引力。①

在当今世界，人类面临许多共同挑战，世界面临的不稳定性和不确定性突出，世界经济增长动能不足，贫富分化日益严重，地区热点问题此起彼伏，恐怖主义、网络安全、重大传染性疾病、气候变化等非传统安全威胁持续蔓延，习近平主席构建人类命运共同体理论的提出，为国际社会吹来了暖风，带来了光明。中国正以负责任大国的担当引领世界前进，国际软实力格局发生了重要变化，中国将作为重要的推动力量汇入构建人类命运共同体的大潮。

---

① 笔者根据资料自行统计整理。

第五节 美国软实力政策的变化：
从小布什到特朗普[*]

软实力的概念最初是由约瑟夫·奈在 1990 年提出的，这一概念不仅得到学术界的广泛讨论，而且被全球的政策制定者所接受。从乔治·沃克·布什（小布什）到贝拉克·奥巴马，再到唐纳德·特朗普，三位美国总统对软实力的理解、重视程度和实际运用有很大的区别。在奈看来，小布什的"强制民主化"（coercive democratization）浪费了美国的软实力；奥巴马比较重视软实力建设，特别是"巧实力"（smart power）的作用；特朗普胜选后，美国明显偏离了软实力建设的轨道，开始向注重硬实力回归。

笔者认为，奥巴马相对来说更注重国际社会的协作和协商，其软实力政策比较平衡；小布什不顾国际社会的强烈反对，以军事"硬实力"来推广美国民主，武装入侵伊拉克，造成了中东局势的混乱；特朗普的美国优先政策将经济"硬实力"放在首位，忽略或不顾软实力，为了经济利益宁可牺牲自由贸易原则，最终将妨碍经济全球化进程，不利于人类社会的和平发展与福祉。美国作为世界大国，不应当以军事或经济硬实力为世界带来战争或贸易摩擦，而应当注重发挥软实力的作用，更多地强调人类合作、多边主义、相互尊重和文化多样性。

一、"软实力"的合法性

美国价值观在美国外交政策中处于核心地位，是美国软实力的源泉。美国软实力是世界秩序的组成部分和产物。软实力在某种程度上是一种合法性理

---

[*] 文章原载于《国外理论动态》2018 年第 8 期，与郝京清合作，收入本书时，略有删改。

论。理查德·阿米蒂奇（Richard Armitage）和奈写道："合法性是软实力的核心。如果一个人或一个国家认为美国的目标是合法的，我们就更有可能说服他们跟随我们的领导而不使用威胁或贿赂。合法性也可以在必须使用硬实力的情况下减少对抗，并降低成本。"① 在克里斯托弗·莱恩（Christopher Layne）看来，"软实力"无非是自由国际主义政策的一个朗朗上口的术语，这个政策自"二战"以来推动了美国的外交政策。"软实力政策"就是一种彬彬有礼的术语被用于描述美国自由国际主义思想的意识形态扩张。② 莱恩在一定程度上简化了软实力与自由国际主义的关系。由于自由国际主义在过去几十年一直是美国支配的和排他性的合法意识形态，因此，如果我们要讨论"软实力"，就必须首先探讨自由国际主义。这里，我们将通过三个主要的自由主义主题来讨论"自由国际主义"，即全球化、民主和人道主义，这三个话语支撑着华盛顿共识。

（一）全球化语境

罗兰·罗伯逊认为，"全球化"这个词主要被用于描述西方现代性观念在世界范围内扩散的历史过程。小布什和奥巴马都是全球化的热情支持者。小布什认为："自由市场和自由贸易是我们国家安全战略的关键优先事项。""自由贸易的概念在成为经济支柱之前就成了道德原则。如果你能做出别人认为有价值的东西，你应该能够把它卖给他们。如果别人做出你认为有价值的东西，那么你就应该能够买得到它。这是真正的自由，一个人或一个国家谋生的自由。"③ 奥巴马认为："全球化使我们的经济、我们的健康和我们的安全受制于世界其他地方发生的事情。世界上除美国外没有任何一个国家有能力塑造全球体系，也不可能围绕扩大自由、人身安全和经济福祉的一系列新国际

---

① ARMITAGE R, NYE J S.CSIS commission on smart power: a smarter, more secure America [M]. Washington D.C.: Center for Strategic and International Studies, 2007: 6.

② PARMAR I, COX M Soft power and US foreign policy: theoretical, historical and contemporary perspectives [M].London: Routledge, 2010: 73.

③ The National Security Strategy [EB/OL].（2006-03-16）[2018-08-04].https://history.defense.gov/Historical-Sources/National-Security-Strategy/.

规则达成共识。不管你喜欢还是不喜欢，如果我们想让美国更安全，就要让世界更安全。"① 除了政治家，诸多学者也把全球化作为一个研究领域，将全球化描述为复杂的、网络化的、不透明的过程，认为很难将某事物排除在全球化之外或认为它不受其影响。简言之，全球化或"扩散"的过程是包罗万象的、不可避免的、势不可当的，每个人都应该接受全球变化的必然性。

（二）民主推广

民主推广一直是美国外交政策的核心内容。美国在国外长期推行民主政治。传统上，民主化被公认为代表着美国的战略利益，民主化进程中理应产生安全和经济利益，美国在促进民主方面的自身利益一直非常明确。威尔逊在1917年1月的国会演讲中曾经指出："美国原则，美国政策同时也是每一个现代国家、每一个开明社会的人所期望的原则和政策。"威尔逊大战略的前提是，全球治理的最佳形式是民主，世界持久和平的唯一保证也是民主。从那时起，威尔逊主义一直是美国外交政策的主流思想。作为一个威尔逊主义的拥护者，奈写道："我们需要更多的杰弗逊和更少的杰克逊。威尔逊主义在相当长的历史时期内对世界政治的民主转型具有非常重要的意义。"②

从根本上说，软实力的作用是促进民主。20世纪的最后十年，软实力在促使塔利班政府停止对基地组织的支持方面并没有发挥任何作用，美国还是不得不运用军事硬实力去解决这个问题，但软实力在实现促进民主和人权等其他目标方面表现不俗。

（三）人道主义

传统上，美国人民认为权利属于个人。在他们看来，最基本的权利是公民的自由，如私有财产的权利、言论自由的权利、信仰的权利、法律平等保

---

① A-Z Quotes［EB/OL］.（2018-07-31）［2018-08-04］.http：//www.azquotes.com/quote/1095845.
② NYE J S.Soft power and American foreign policy［J］.Political science quarterly，2004，119（2）：270.

护公平审判的权利等。国家应承担尊重、保护所有个人权利的责任。此外，国家必须保证某些政治权利，如投票权以及向政府请愿、参与组织和竞选的权利等。在美国，所有基本权利和政治权利都受美国宪法的保护。第二次世界大战后，美国在全球范围内表达了对人权的关注，在联合国人权计划的发展中发挥了重要作用。1948年，联合国大会通过了《世界人权宣言》，以促进全世界的人权事业。但在20世纪50—60年代，由于反共产主义和越南战争，人权在美国的外交政策中并未占据重要地位。软实力比硬实力更有利于人权保护，但是一个国家的软实力只有在具有合法性时才能发挥作用、具有道德权威。奈在许多著作和文章中表达了他对人权问题的关心。他多次提到阿布格莱布监狱和关塔那摩监狱虐待囚犯的问题，认为那些做法与美国的价值观相悖，将损害美国的软实力。

二、小布什：“强制民主化”损害了美国的软实力

2003年，伊拉克战争的合法性曾受到严重质疑。小布什在担任总统期间绕过联合国的授权发动了伊拉克战争，并在战争结束后对伊拉克的公民的自由进行限制。为此，世界各地掀起反美浪潮，美国的道德地位受到动摇。在美国国内，由于战争的巨大代价和不可预见性，大多数美国人都主张从伊拉克撤军。奈一直尖锐批评美国对伊拉克的战争，他把"布什主义"视为"强制民主化"，并在《美国外交政策中软实力的未来》一文中阐述了小布什政府的强制民主化对美国软实力的损害。奈比较了两次海湾战争。在第一次海湾战争中，老布什通过联合国建立了一个自愿联盟，阻止了伊拉克对科威特的入侵。他的行动得到了联合国的授权，不仅如此，他把对伊拉克的军事行动严格限制在联合国授权的范围内。第一次海湾战争的合法性增强了美国的软实力，成功地证明了美国对以规则为基础的世界秩序的期望。与他的父亲不同，小布什未能理解广泛联盟合法性的重要性。尽管拥有军事霸权，美国仍无法独自实现所有的国际目标。随着苏联的解体，一些新保守派专家得出结论：冷战后的世界不是多极的，而是单极的。美国是"唯一一个拥有军事、

外交、政治和经济资产并可以选择在其所参与的世界任何地方的任何冲突中成为决定性成员的国家"①。小布什政府受到"新单边主义"观点的严重影响，高估和过度使用了军事硬实力。

奈并不反对军事干预，但他认为小布什未能理解广泛联盟合法性的必要性。小布什的"强制模式"是强加的，奈的"软实力"则是指通过吸引和说服别人得到自己想要的东西的能力。②

由于没有在伊拉克发现大规模杀伤性武器，小布什改变了他的言论，试图证明战争有助于促进伊拉克和其他相关国家的民主。正如詹姆斯·林赛（James Lindsay）所说的："自由成为一种抑制国内批评的有效修辞手段。它转移了人们对大规模杀伤性武器问题的注意力，迫使反对者要么同意他推广民主，要么解释他们为什么反对传播民主。"③这使小布什的民主推广变得可疑和虚伪。

奈和林赛对伊拉克战争的批评主要集中在小布什的行动方面，也有一些专家对导致布什行动的自由国际主义话语进行了批评。历史上，美国的外交政策是由自由国际主义塑造的。正如托尼·史密斯（Tony Smith）所说的："美国外交政策中最始终如一的传统是认为民主在世界范围内的扩张是国家安全最好的保护。"④但是，迈克尔·德施（Michael Desch）在《美国的自由原则——美国外交政策的过度反应的思想渊源》一文中指出："正是美国的自由主义使美国在某些情况下如此狭隘在特定的环境中，自由主义推动美国人在世界范围内传播他们的价值观，使他们看到反恐战争作为一个特别致命的冲突类型只能采用过激的策略。"因此，他建议："美国应该采取一种非自由的外

---

① KRAUTHAMMER C.The unipolar moment [J].Foreign affairs, 1990, 70 (1): 23-33.
② NYE J S.Notes for a soft power research agenda [M] //NYE J S. Power in world politics.London: Routledge, 2007: 163.
③ LINDSAY J M.George W. Bush, Barack Obama and the future of US global leadership [J]. International affairs, 2011, 87 (4): 770.
④ SMITH T.America's mission: the United States and the worldwide struggle for democracy in the twentieth century [M].Princeton, N.J.: Princeton University Press, 1993: 9.

交政策，采用现实主义来抑制自由主义的过激行为。"①

小布什以军事力量"硬实力"来推广美式民主的"软实力"，这与他所信奉的自由国际主义思潮有着密切的联系。以民主的名义对其他国家进行武装侵略，一方面造成了被入侵国的灾难和地区性混乱，另一方面也会为美国国内带来沉重的负担，为之付出巨大的经济代价，从而对美国的软实力造成损害。

三、奥巴马：用"巧实力"协调美国的利益和世界

在《软实力：世界政治中的成功手段》中，奈将软实力概念发展为"巧实力"。从那时起，他几乎在所有的作品中都使用这个术语。他用"巧实力"一词来描述成功地结合硬实力和软实力资源的策略。"巧实力是将以强制或支配为手段的硬实力与以吸引力为手段的软实力整合成一个成功的战略的能力。"②

奈认为，首先，一项巧实力策略应该了解双方的优势和美国力量的局限。优势不是霸权，影响不是控制。在恐怖主义、气候变化、毒品和流行病等新的复杂跨国关系的背景下，军事力量只能应用于应对这些新威胁的一小部分解决方案。美国不应该用"权力驾驭"取代"权力共享"。虽然美国仍然是最强大的国家，但它不能独自维持国际和平与繁荣。其次，巧实力是硬实力与软实力相结合的"综合大战略"。例如，在打击恐怖主义的斗争中，美国需要用强硬的力量对付核心恐怖分子，但除非赢得主流穆斯林的人心，美国就无法赢得胜利。美国不能强制推行其价值观。与强制性高压相比，软实力更有助于实现民主的推广，不过这需要时间和耐心。再次，强大的国内和国际经济是战略的关键支柱。美国经济不能孤立于全球能源市场，也不能屈服于代

---

① DESCH M C.American liberal illiberalism the ideological origins of overreaction in U.S.foreign policy［J］.International security，2007，32（3）：7-43.

② NYE J S.The future of soft power in US foreign policy［M］//NYE J S. soft power and US foreign policy：theoretical，historical and contemporary perspectives London：Routledge，2010：9.

价高昂、适得其反的贸易保护主义。最后，一项巧实力策略应该关注世界秩序的长期演进，美国应在国际体系中负起大国责任，生产全球性的公共物品。

巧实力是一种政治上更可接受的软实力版本。在2009年的就职演说中，奥巴马说："我们的力量需要谨慎使用；我们的安全来自我们事业的正义、我们榜样的力量、我们的人性以及我们克制的坚韧品质。"时任国务卿希拉里·克林顿也表示："美国不能仅凭自己的力量解决最迫切的世界问题，当然，世界没有美国也不能解决问题。我们必须使用所谓'巧实力'，包括我们可以使用的各种工具。"当奥巴马就任总统时，正逢新兴市场的快速经济增长，全球经济实力的平衡发生了变化。在他看来，权力更加分散，新的机构已经产生并发展起来，其他国家开始倾向于对美国的领导漠不关心，转而在其他地方追求利益，它们不再期望华盛顿提供方案来解决其主要问题。全球化重塑了地缘政治的地形，美国的霸权逐渐被其传统盟国以及新兴大国所取代。中国试图保护其在亚洲的利益并重塑其在全球金融体系的利益。巴西和土耳其试图与伊朗就其核武器计划达成协议。总之，这些利益纷争是不可调和的。

权力不仅在向各国分散，而且在向非国家行为体分散。在这种情况下，任何国家都无法给出单边的解决方案，而是需要倾听相关方的建议。奥巴马认为："如果美国多倾听，并强调共同利益，其他国家会更愿意合作。"他的一位顾问使用了"幕后推手"（leading from behind）这一短语来阐述奥巴马政府的外交政策。

奈认为，"奥巴马效应"推动了美国的软实力增强。在国内，奥巴马2008年选举的成功有助于消除人们对基于金钱和家族王朝的封闭的美国政治体系的消极成见。在国际上，他获得2009年诺贝尔和平奖是令人印象深刻的美国全球形象的"复兴"，也反映了世界对这位总统的信心。与小布什过分强调军事"硬实力"不同，奥巴马看到金砖国家的崛起改变了世界地缘政治的版图，认识到世界的复杂性，强调共同利益，并愿意与其他国家更多地协商协作，而不是一味采取单边主义政策，这不失为一种明智的选择。

四、特朗普:用"美国第一"向"硬实力"回归

特朗普认为世界秩序对美国而言是不公平的,因此他取消了《跨太平洋战略经济伙伴协定》,退出了《巴黎协定》,宣布北约已经过时,破坏了一些传统联盟,并希望重新就《北美自由贸易协定》进行谈判。他增加了10%的军费开支,大量削减了软实力预算。他的"美国第一"政策明显地背弃了美国的软实力战略,美国开始向"硬实力政策"回归。

(一)放弃软实力

许多评论家把焦点放在特朗普对美国软实力的打击上。美国曾经因为它支配的软实力而在世界上获益匪浅,对此,奈指出:"这些是二战以后华盛顿所取得的成绩:用软实力资源来吸引其他国家进入统一联盟,形成世界体系的机制,这个世界体系已持续60年。冷战是用软硬实力相结合进行遏制的战略取得的胜利。"① 但是,特朗普当选为美国总统后,华盛顿民主外交政策的轨迹被改变了,他的"美国第一"的政策似乎是美国传统外交政策的畸变。正如苏珊妮·诺赛尔所说:"特朗普'美国第一'的概念表明他似乎没有察觉到软实力的品牌的价值。美国的软实力品牌价值提升了美国社会和美国个性对国际社会的吸引力。"②

"美国第一"这句话在自由国际主义传统与华盛顿主流意识形态的话语体系下是"非法的"。国内外评论家们将"美国第一"与"反犹主义"、"白人民族主义"和"经济民粹主义"联系在一起。不止这样,特朗普的"美国第一"还与下述负面观念有关:孤立主义、保护主义、民粹主义、民族主义和种族主义——这些术语都是否定性的和不合法的。法里德·扎卡利亚(Fareed

---

① NYE J S.The decline of America's soft power [J]. Foreign affair, 2004, 83(3): 16–20.
② NOSSEL S. America first puts freedom and leadership last [N/OL].CNN, 2017-03-05 [2018-08-04].http: //www.cnn.com/2017/03/05/opinions/trumps-worrying-foreign-policy-nossel-opinion/index.html.

Zakaria）将其等同于民族主义和战争经济保护主义。①

特朗普对外交事务的看法受到了广泛的批评。在德国慕尼黑安全会议上，美国参议员约翰·麦凯恩（John McCain）不点名地批评了特朗普，感叹美国正在背离使美国和欧洲 70 多年以来形成西方联盟的共同思想基础——普世价值。

（二）放弃美国理想

特朗普在就职演说以及对国会的第一次讲话中说："我的工作不是代表全世界，我的工作是代表美利坚合众国。"这与美国宣扬普世价值传统相矛盾。托马斯·杰斐逊曾说，作为"自由帝国""我们认为我们有义务不局限于我们自己社会的限制，而是需要明智地认为我们是在为全人类服务"。

"为全人类服务"已经成为美国例外主义的符号，鼓励着一代又一代的美国人民和他们的领导人，并被嵌入美国的外交政策目标中，使美国产生了一种普遍的信念，即在世界舞台上表现善意和无私的慷慨是道德的，上帝赋予了有道德的美国人民塑造其他国家的权利。作为美国总统，特朗普宣布放弃传统的代表人类的信念无疑是对美国人普世价值的一种打击。

（三）倡导"美国第一"

从历史上看，美国领导人深信，美国价值观显然具有普遍性，在任何时候将美国国内原则适用于所有其他国家都是有益的，而特朗普的"美国第一"原则被认为是放弃了促进民主的使命，因此被视为民族主义。

2017 年 5 月 3 日，国务卿雷克斯·蒂勒森（Rex Tillerson）在国务院的演讲中概述了如何将"美国第一"议程转化为外交政策。他说，在过去的几十年中，美国外交政策的优先事项已经有点失去平衡。美国价值观是持久不变的，但其政策是可以被调整的："如果我们附加的条件太多，别人必须采用我们这个已经有很长一段历史的价值观，就会妨碍我们实现自己的国家安全利

---

① ZAKARIA F.The post-American world [M].New York：W.W.Norton&Company，2008：231.

益和经济利益。"①

历史上,利用软实力作为实现美国利益的手段或工具被证明是有效的。例如,"民主"作为价值观的核心,通常被用作软实力向全球推广。美国领导人认为,促进美国的民主模式将有利于其安全和经济利益,从而使国家更加安全和富有。软实力理论建立在大国博弈的现实基础上,它的倡导者奈认为一个国家的软实力来源于三个方面:文化、政治意识形态和外交政策。从外交政策的维度,我们可以看到,随着世界多极化的出现和世界格局的历史性转变,美国自"二战"结束后一直奉行的"民主外交"单边政策对美国和世界造成了一系列严重后果,因此受到越来越多的质疑。随着特朗普外交政策的逐步明朗,以民主为核心的美国外交政策也发生了深刻的变化。美国的外交政策不再试图促进全球民主,这将对美国现有的软实力产生重大影响。

五、结论

金砖国家等新兴的市场经济体发展迅速,它们对世界秩序发起的挑战也改变了美国的外交政策。尽管如此,自由世界秩序的框架将继续存在,美国将继续占主导地位,但"其他国家的崛起"将使世界经济的份额发生变化,因此世界秩序和以前难免会有些不同。理查德·N.哈斯(Richard N.Haass)认为,世界秩序已经升级到2.0版。传统的世界秩序是建立在主权国家的权力之上的。权力可以扩散到非国家行为者、恐怖分子、网络空间、难民、疾病、金融危机和温室气体,几乎可以到达任何地方。"一个国家内部发生的事情不再仅是那个国家所关心的问题。今天的情况需要更新的操作系统,可以称其为世界秩序2.0,它不仅包括主权国家的权利,还包括这些国家对他人的义务。""世界秩序2.0要求就扩大的规范和安排达成共识。任何一个共同体都不可能有无限的权利实现政治自决。"②

---

① TORBATI Y. US needs to balance foreign alliances:tillerson[N/OL].Reuters,2017-05-04[2017-06-04].https://www.reuters.com/article/idUSKBN17Z2ON/.
② HAASS R H.World order 2.0–the case for sovereign obligation[J].Foreign affairs,2017,96:2-3.

在这种情况下，凭借大国力量、以军事硬实力来武装入侵其他国家，或以经济硬实力来挑起贸易战争，都会给世界带来灾难，也会让美国付出沉重的经济代价，造成美国软实力的损失。当今世界政治多极化、经济全球化、文化多样化的发展趋势不可逆转，美国政府应当放弃军事和经济上的单边主义，更多地强调人类合作、多边主义、相互尊重和文化多样性，承认共同利益，与其他国家实现合作共赢。

后记：李怀亮教授的文化研究印象

李怀亮教授的学术生涯起始于对文学的热爱与研究，师承马克思主义美学家、文艺理论家和评论家陆贵山先生。李怀亮教授将导师的理念与精神内化于学术研究，把宏观辩证综合研究作为方法论；将马克思主义理论贯穿学术生涯，始终以人民为研究的出发点，不断探索中国文化的主体性，在文学批判中不断拓宽文化研究的边界。

从文化研究领域延展到国际文化贸易研究领域，李怀亮教授成为我国最早研究国际文化贸易的学者，李怀亮教授的《当代国际文化贸易与文化竞争》一书，是我国国际文化贸易领域最早的专著，填补了这一领域的空白。他发表的有关影视、文化和文化产业的长篇论文，引起了中共中央宣传部、文化和旅游部、中国作家协会党组、国家新闻出版署、中国电影家协会等部门领导的高度重视和多次表扬，取得了良好的社会效果，被视为我国国际文化贸易研究领域的代表性人物。

李怀亮教授将个人的学术追求与时代需要相结合。2006年，由李怀亮教授团队论证的设立国际文化贸易学本科专业的报告得到教育部批准，"国际文化贸易"成为我国高校的试办专业，李怀亮教授因此成为我国国际文化贸易学科建设的直接推动者。

李怀亮教授通过对文化产业和国际文化市场的深度研究，逐渐转向中国文化"走出去"研究，为该领域贡献了一系列的著作、文章和研究报告。他关于中国文化"走出去"的研究引起了有关国家部委的重视和较大的社会反响，他致力于做中国文化"走出去"的推动者。

后记：李怀亮教授的文化研究印象

李怀亮教授在担任中国传媒大学人类命运共同体研究院院长期间，从国际传播方向深入研究，撰写了大量围绕人类命运共同体、中国文化"走出去"、中国文化产业的发展问题的论文，多次应邀出席联合国教科文组织等机构主办的高端国际学术会议，并多次接受新华社、中央电视台等多家新闻单位的长篇专题采访。

文学研究奠定深厚学术功底

李怀亮教授早期的学术研究集中在中国小说领域，他敢于打破中国文学现代性起源的连续性叙事，通过对中国小说历史性的梳理，他质疑这种连续性叙事掩盖了晚清小说中蕴藏的现代性萌芽，提出晚清小说和古典小说相比有了质的区别，要被视为中国文学现代化的开端。李怀亮教授在《论晚清小说叙事方式的创新》一文中写道："虽然我们早已习惯把近代小说与古代文学联系在一起，而把现代文学的起点定为'五四'文学。然而，毫无疑问，晚清小说应该是中国现代新小说的起跑线。晚清小说，不论就其思想还是艺术而言，与中国古典小说相比，都具有了一种新的特质。但是，这仅仅是中国文学迈向现代化的艰难的第一步。"

李怀亮教授延续着中国小说的现代性脉络，走向了中国现代文学的更深处，从对鲁迅、骆宾基、巴金、老舍、李杭育等作家的研究分析中，探求中华民族性格的构建。在这些研究中，投射的是他本人的志趣与追求，他在《骆宾基1949年前的小说》中写道："骆宾基对外国文学的学习是自觉的，而中国传统文化对他的影响是以一种深入骨髓、不易被发现的形态，存在着潜移默化的作用。"中华优秀传统文化与中华美学精神是他这阶段的研究重点，他将陆贵山先生的宏观辩证综合研究融入学术研究中，内化成自己的理论思想，他曾写道："对于文艺创作来说，就是要从整个社会利益出发，为社会和谐与进步而贡献正能量，而不是去一味暴露社会阴暗面，刻意渲染人性的丑恶，挑起社会矛盾，制造不和谐氛围。"

从李怀亮教授的早期文学研究中可以看出，他始终以马克思主义理论为指导，积极地热爱着中国文学，不断思考中国优秀传统文化的价值，自觉地践行了将中华优秀传统文化同中国实际相结合的理念，不断走在文化研究的前沿，不断拓宽文化研究的边界，直至看到时代变局带来的时代新需要，积极回应国家的战略需求，带着自身的方法论和知识体系，从文化研究领域拓宽到时代前沿的国际文化贸易中。

国际文化贸易研究的开拓者

李怀亮教授是我国最早研究国际文化贸易的学者，也是我国国际文化贸易学科建设的直接推动者。他于2003年在《求是》杂志上发表名为"文化在综合国力竞争中的地位越来越突出"的文章，该文章指出"鉴于文化在综合国力中的重要作用，面对西方强势文化的挑战，提高中国文化国际竞争力的任务十分迫切"。当时我国正处于加入世界贸易组织后的关键时期，如何在国际文化市场中与其他国家进行文化贸易竞争，不仅是一个前沿的学术命题，更是一个紧迫的时代命题。

李怀亮教授围绕国际文化贸易领域，不断搭建学科体系，针对国际文化贸易的现状、问题、对策、路径、新趋势和影响因素进行深入研究，逐步引领我国国际文化贸易研究走向时代的前沿，和国家重大发展战略相结合，直接推动了我国国际文化贸易学科的建设，被视为该领域研究的奠基者。他从传媒经济领域探讨文化产业和经济增长，积极引入西方的研究视角和理论，从国际化的视野为提升国家文化软实力构建理论。

北京大学陈少峰教授在他的著作《中国文化产业十年》的第九章中，对1999至2009年中国文化产业研究的十位代表性学者进行了介绍，李怀亮教授是其中之一，该书对李怀亮教授的国际文化贸易研究给予高度评价。

中国文化"走出去"的推动者

习近平总书记指出，要推动中华优秀传统文化创造性转化、创新性发展，不断增强中华民族凝聚力和中华文化影响力,深化文明交流互鉴,讲好中华优秀传统文化故事,推动中华文化更好走向世界。当前,我们正处于百年未有之大变局,要深刻领悟国际形势的变化,统筹好国内和国外两个市场,在新秩序的背景下,引领国际文化贸易研究走向更广阔的领域。

李怀亮教授敏锐地对当前变局做出了研判,中国文化贸易"走出去"不仅需要解决好内部的系统性问题,更为重要的是要积极参与国际传播和竞争,以文明交流超越文明隔阂、文明互鉴超越文明冲突、文明共存超越文明优越。要以科学系统的方式建构中国文化"走出去"的路径,他在《中国文化走出去效果评估体系的构建》中写道:"建立文化走出去的效果评估体系,既是党和政府对文化走出去工作的要求,也是这项伟大事业的内在需要,具有重要的应用价值和社会意义。在国际文化竞争的大背景下,建设一套科学、客观、可量化、可操作的中国文化走出去效果评估体系,检验中国文化走出去的方法、渠道和效果与党中央提出的目标的匹配度和契合度。"

面对新的国际秩序,李怀亮教授提出中国应建立双元化话语体系应对无意曲解、以"合作+抗争"应对故意打压、以受众为核心优化传播方式。

中国文化"走出去"研究是系统性、跨学科的研究领域,李怀亮以国际文化贸易为出发点,深刻领悟百年未有之大变局,从国际化的视野进行系统地研究,成为中国文化"走出去"的推动者。

人类命运共同体理念的国际传播者

从文化研究到国际文化贸易再到中国文化"走出去",始终绕不开的话题就是"文化"二字。中华优秀传统文化是中国文化的核心,蕴含着中国智慧。文化作为国家软实力构成的重要部分,中国为世界提供中国智慧和中国担当需要一个全球性的治理新思路。

人类命运共同体理念的提出,李怀亮教授认为是秉持共商共建共享的全球治理观,是倡导国际关系民主化的尝试。他在《西方话语霸权的消解与中国软实力的系统性构建》一文中写道,"努力构建以合作共赢为核心的新型国

际关系,共同面对人类发展特定阶段常出现的复杂难题,集中体现了中国智慧和中国担当,为世界提供了包含价值理念、制度设计在内的全球治理新思路"。他深入剖析了人类命运共同体的理念内涵、构建路径以及在全球治理中的价值意义,为人类命运共同体理念在全球范围内推广普及作出了重要贡献。

李怀亮教授不仅在理论建构上对人类命运共同体进行学术研究,还身体力行地践行人类命运共同体理念的国际传播。在他领导下的中国传媒大学人类命运共同体研究院,在全球范围内建设了18家海外研究中心,并在此基础上成立了人类命运共同体国际学术联盟,致力于在国际上传播人类命运共同体。他在学理和实践两个层面都投身于人类命运共同体理念的国际传播中,成为人类命运共同体理念的国际传播者。

李怀亮教授的学术生涯起始于对中国文学真挚的热爱,他以马克思主义理论为指导,始终将学术研究与国家需要结合在一起,用国际文化贸易研究回应了时代的重大命题,致力于将中华优秀传统文化进行创造性转化,为向世界讲好中国故事构建学术理论体系,始终保持着对时代敏锐的观察,深刻领悟和践行人类命运共同体理论,以深厚的文学理论功底和多学科交叉的方法,积极开拓我国国际文化贸易研究,推动中国文化"走出去",并为人类命运共同体理念的国际传播贡献出自己的力量。

彭博